# 左宗棠德育思想研究

王　泓　著

ZHEJIANG UNIVERSITY PRESS
浙江大学出版社
·杭州·

**图书在版编目(CIP)数据**

　　左宗棠德育思想研究 / 王泓著. --杭州:浙江大
学出版社,2023.12
　　ISBN 978-7-308-24246-2

　　Ⅰ.①左… Ⅱ.①王… Ⅲ.①左宗棠(1812—1885)
－德育－教育思想－研究 Ⅳ.①G41-092

　　中国国家版本馆 CIP 数据核字(2023)第 180745 号

**左宗棠德育思想研究**

王　泓　著

| | | |
|---|---|---|
| 责任编辑 | 蔡　帆　李瑞雪 | |
| 责任校对 | 吴心怡 | |
| 封面设计 | 周　灵 | |
| 出版发行 | 浙江大学出版社 | |
| | (杭州市天目山路 148 号　邮政编码 310007) | |
| | (网址:http://www.zjupress.com) | |
| 排　　版 | 浙江大千时代文化传媒有限公司 | |
| 印　　刷 | 广东虎彩云印刷有限公司绍兴分公司 | |
| 开　　本 | 710mm×1000mm　1/16 | |
| 印　　张 | 12.5 | |
| 字　　数 | 201 千 | |
| 版 印 次 | 2023 年 12 月第 1 版　2023 年 12 月第 1 次印刷 | |
| 书　　号 | ISBN 978-7-308-24246-2 | |
| 定　　价 | 78.00 元 | |

# 目　录

# 绪　论

　　中华民族绵延不绝的悠久历史和灿烂文明,孕育出源远流长、根深叶茂的优秀传统文化,塑造了中华儿女的道德品质、民族精神和爱国情操。中国近现代史是距离我们最近的历史,也是令人感受最为真切的特定历史。"从1840年鸦片战争爆发到1949年中华人民共和国成立,中华民族遭受了世所罕见的外族入侵和内部动荡,中国人民遭受了前所未有的苦难,一度到了濒临亡国灭种的危险境地。"①在这一历史时期,一代代志士仁人与劳苦大众为拯救国家危亡、谋求民族生存而艰苦地上下探索和不懈地英勇奋斗,在这些众多的人物中,左宗棠是一位典型人物。人们初步了解后会感觉到左宗棠身上的众多"不可思议":他出身陆军,却号称近代海军之父;他出身行伍,却留下不少诗词文赋。他不仅率军征战,还带兵垦荒铺路;他不仅四处平乱,还关心民生疾苦,不忘发展洋务;战斗停歇,他四处修整水务。身逢乱世,他保卫家国义无反顾;身处异乡,他教育子女亦可兼顾。在他人面对列强妥协后退时,他不惧危险,奋勇向前;在他人西学长技头脑发热时,他保持冷静,思虑良多。左宗棠与众不同的神秘性格极具吸引力,进一步了解会发现左宗棠异于常人的原因所在:他年少苦读,渴望科考及第,屡试不中后萌生归隐念头;一生学儒,厚积修为德行;尊崇礼仪,规制自身傲气;注重实学,遍览时务群书;关注时势,入仕平乱御敌;经世致用,前往各地治政安民;西学洋务,以求自强自立。左宗棠厚积薄发,为救亡图存屡建功绩,令人钦佩。他的丰功伟绩不仅表现在抗击外敌侵略、保家卫国上,还表现在推动社会进步、强国富民上;他的爱国情怀不仅表现

---

　　① 习近平:《在纪念孔子诞辰2565周年国际学术研讨会暨国际儒学联合会第五届会员大会开幕会上的讲话》,《人民日报》2014年9月25日,第02版。

在四处征战的军事行动上,还表现在各地治理的经世致用上;他的经世致用不仅表现在垦荒、铺路、水务等方面,还表现在政治、经济、教育的众多领域;他的道德修养不仅表现在个人和家庭生活中,还推及治军御下和边疆教化。左宗棠身上整体展现出中华优秀传统文化特有的思想品质、实践模式、民族精神和爱国情怀,因此无怪乎其位列"晚清中兴四大名臣",同期的曾国藩以及后世的梁启超、鲁迅、毛泽东等名人均给予其极高赞誉,多地为其立祠纪念。"自强不息、厚德载物"可以用来形容他的高尚人格,这种高尚人格使人隐约察觉到左宗棠身上散发出的一种气质,是一种贯穿思想和行为的"德"。

"国无德不兴,人无德不立。"①"德"可谓个人之根基、社会之根基、国家之根基。以儒家思想为主流的中华优秀传统文化始终强调和凸显个人道德修养的根基作用,道德品质不仅是个人处世的行为规范,也是家庭礼仪的普遍准则和社会秩序的基本原则,"内圣"方可"外王","修身"才能"齐家、治国、平天下"。社会主义中国坚持马克思主义基本原理,传承弘扬中华传统美德,逐步创建形成了引领社会进步的道德体系。中国特色社会主义进入新时代,公民道德建设这一系统性工程成为全面建设社会主义现代化强国的战略任务,提升社会全体成员的道德素质是适应社会主要矛盾变化、促进社会全面发展进步的必然要求。新时代学校教育要全过程贯彻的育人宗旨是立德树人,而社会主义核心价值观是凝聚中国力量、培植中国精神的思想基础和道德基础,是社会成员明德修身的实践基础,也是社会德育立德树人的根本遵循。习近平总书记说:"核心价值观,其实就是一种德,既是个人的德,也是一种大德,就是国家的德、社会的德。"②这种"德"包含着个人、社会、国家的整体而全面化的价值追求,并可以从政治信仰、价值理念和道德品格方面对应于具体的"明大德、守公德、严私德"③三个层面。党的十八大以来,以习近平同志为核心的党中央高度重视公民道德建设,成效显著,社会成员持续提升践行社会主义核心价值

---

① 习近平:《青年要自觉践行社会主义核心价值观——在北京大学师生座谈会上的讲话》,《人民日报》2014年5月5日,第02版。

② 习近平:《青年要自觉践行社会主义核心价值观——在北京大学师生座谈会上的讲话》,《人民日报》2014年5月5日,第02版。

③ 习近平:《青年要自觉践行社会主义核心价值观——在北京大学师生座谈会上的讲话》,《人民日报》2014年5月5日,第02版。

观、传承中华优秀传统文化的自觉,不断提高思想觉悟、文明素养和道德水平。但物质生活的极大满足也滋生出许多社会问题,比如"物欲追求奢华无度,个人主义恶性膨胀,社会诚信不断消减,伦理道德每况愈下,人与自然关系紧张,等等"①。要思考解决这些问题,就要积极以"德"育人,"不仅需要运用人类今天发现和发展的智慧和力量,而且需要运用人类历史上积累和储存的智慧和力量"②。作为中华优秀传统文化的一部分,近现代史上的左宗棠思想及事迹能否进行继承和弘扬,能否成为涵养社会主义核心价值观的资源,左宗棠身上的"德"能否在当代社会德育及学校思想政治教育中发挥育人功能,是值得研究的课题,也是助力推进立德树人实践工作的好课题。

本书以左宗棠为切入点,挖掘近现代史上的中华优秀传统文化宝贵遗产,力求将传统德育思想与当代道德提升实践有效衔接,以期滋养社会主义核心价值观,助力新时代公民道德建设。这既是对传统德育思想的继承与弘扬,也是对当代社会成员德育及学校思想政治教育的丰富与发展。

本书的研究目的在于:

第一,对有关左宗棠的学术文献类的全部资料进行详尽的整理,力求较为客观地形成左宗棠德育思想的整体研究思路,从而实现对于左宗棠德育思想认知的体系搭建。笔者较为全面地阅读关于左宗棠的学术文献类资料并进行梳理、分类,力求归结出左宗棠德育思想的内容及表现形式,并进行深入分析和评价。在此基础上,以马克思主义的认识论和方法论为指导,对左宗棠德育思想进行客观分析和评判,探寻左宗棠德育思想的历史意义以及客观存在的闪光点与局限性,鉴别出左宗棠德育思想中可资利用的精华资源,坚持习近平总书记关于思想政治教育的重要论述,依据继承弘扬传统文化的指导方针,对左宗棠德育思想的合理元素进行价值转化,以助力新时代社会成员德育及学校思政教育。

第二,以马克思关于人的全面发展理论、社会存在与社会意识的唯物史观

---

① 习近平:《在纪念孔子诞辰 2565 周年国际学术研讨会暨国际儒学联合会第五届会员大会开幕会上的讲话》,《人民日报》2014 年 9 月 25 日,第 02 版。

② 习近平:《在纪念孔子诞辰 2565 周年国际学术研讨会暨国际儒学联合会第五届会员大会开幕会上的讲话》,《人民日报》2014 年 9 月 25 日,第 02 版。

理论、习近平总书记关于思想政治教育的重要论述为理论指导,分析当代社会成员不同群体存在的道德问题,在批判继承的基础上对左宗棠德育思想的精华资源进行创造性转化和创新性发展,并将其当代价值应用定位于一种支援性资源的育人功能,力求助力解决当代社会成员道德提升过程中遇到的问题。立足于新时代公民道德建设、思想政治教育、社会主义核心价值观与传统文化的关系,借鉴左宗棠德育思想的合理元素,从高校大学生、中小学生等不同社会人群的角度,研究左宗棠德育思想的当代价值,探索当代价值应用的具体实践路径,力求通过研究达到提升当代社会成员道德水平的现实目的,实现助力当代社会德育,特别是助力学校思想政治教育的现实意义,进而有利于新时代公民道德建设,有利于培育和践行社会主义核心价值观。

本书的理论意义在于:

第一,有益于拓宽左宗棠思想研究范围和领域,丰富左宗棠德育思想方面的理论研究。左宗棠是中国近现代史的一位典型人物,是一位伟大的民族英雄和爱国志士,其思想及行为是中华优秀传统文化的组成部分。在左宗棠思想及行为相关理论研究的基础上,结合传统和现代德育思想的研究场域对左宗棠德育思想进行梳理和研究,这对于中华优秀传统文化当代价值的转化和应用研究而言是必要而创新的研究模式,对于丰富左宗棠德育思想的研究工作具有重要的理论意义。

第二,有益于发挥传统德育思想对于当代社会成员道德提升的价值,丰富思想政治教育的借鉴资源与理论研究。通过对于左宗棠德育思想及其当代价值的研究,可以有效地挖掘中华优秀传统文化的时代价值。在马克思主义的指导下,以新时代公民道德建设、思想政治教育、社会主义核心价值观与传统文化的关系为重要基础,深入挖掘左宗棠德育思想的合理元素,将其作为一种支援性资源发挥育人功能,探索当代价值及实践路径,这不仅有益于传统德育思想在新时代公民道德建设工作中的具体应用,同时对于丰富学校思政教育的研究及高校思想政治理论课的教学内容也具有重要的理论意义。

本书的实践意义在于:

第一,研究左宗棠德育思想当代价值的转化路径,有利于传统德育思想与当代德育及思想政治教育实践的有效结合。立德树人是新时代学校教育的宗旨,同时也要全面贯彻于全社会,公民道德建设是新时代的战略任务,且社会上的诸多道德问题也始终提醒着加强公民道德建设的重要性和紧迫性。传统德育思想的古为今用是一种解决问题的有效途径,但传统文化必然具有其所处历史时期的局限性,因此对其精华部分进行适应新时代社会发展的价值转化是十分必要和重要的。本书对左宗棠德育思想的当代价值转化研究,不仅是对新时代社会成员道德提升实践路径的拓展,也是对传统德育思想助力和服务新时代公民道德建设实施的实践探索。

第二,为继承弘扬中华优秀传统文化、从不同群体层面开展道德提升工作提供了合理且可行的实践途径与实践方法。继承弘扬中华优秀传统文化需要落实到具体实践中,社会成员道德提升工作也需要落实到具体实践中,将两者有机结合具有历史与现实的实践意义,也能够发挥传统德育思想作为一种支援性资源工具的育人功能。具体实践方法的探索需要结合不同对象人群的性格特点和生活规律展开,需要结合具体的现实问题展开,这样才能因材施教和有的放矢。本书对左宗棠德育思想当代价值应用的可行性实践方法研究,对当代继承弘扬中华优秀传统文化、提升社会成员道德水平、推进学校思政教育、践行社会主义核心价值观都具有一定的实践意义。

学界对于左宗棠的学术研究已持续一百余年,研究成果颇为丰富。1890年(光绪十六年)开始,左宗棠后人历时三年,经过详尽地搜集与整理历史资料,编撰出《左文襄公全集》,全集共有135卷本。在这之后,由罗正钧整理、编辑并撰写关于左宗棠的历史年谱,命名为《左文襄公年谱》,共计10卷。关于左宗棠研究的最原始资料还有两部湘军著作,一部为《湘军志》,由王闿运整理撰写,另一部为《湘军记》,由王定安撰写,岳麓书社曾于2009年将这两部书整合编辑成《湘军史料四种》。1910年(宣统二年)5月,《地学杂志》第一卷第五期刊发了一篇名为《福州船政局考》的文章,以筹划和创办福州船政局为主要内容,并称赞左宗棠对此做出的贡献。1945年由秦翰才著、重庆商务印书馆出版的《左文襄公在西北》一书可谓左宗棠学术研究的开山与奠基之作,岳麓书社于1984年对该书重印两万册,出版不久即销售一空。此书以叙述左宗棠西北军事活动为主,此外也评述了左宗棠对于西北民政、财政、经济、教育等具体领域的所作所为。1948年,萧志在《子曰丛刊》的第四期发表《左军西征前奏》。

据统计①,自 1910 年 5 月至 1949 年新中国成立之前,有关左宗棠的研究共有 50 余篇。新中国成立至改革开放间,国内关于左宗棠的研究学术数量较少,仅有 10 余篇。新中国成立以来首篇评论左宗棠的文章是 1957 年崔继恩发表于《史学月刊》的《左宗棠述评》,该文认为左宗棠存在镇压太平天国起义、镇压捻回起义的"罪恶"一面,也存在消灭阿古柏反动政权、开发西北的"积极"一面,且提到消灭阿古柏反动政权实际上是击破英国试图对新疆实行殖民式统治的阴谋。② 据刘泱泱先生统计③,1978 年改革开放至 1985 年 10 月,参与左宗棠研究的人数迅速增加至 85 人,关于左宗棠研究的论文共发表 114 篇,专著有 8 部。其中颇具代表性的专著有:杜经国著的《左宗棠与新疆》(新疆人民出版社,1983 年),此书是新中国成立以来有关左宗棠的第一部个人专著,系统性叙述了左宗棠关于收复新疆、抵御侵略和建设新疆的过程全貌;董蔡时著的《左宗棠评传》(中国社会科学出版社,1984 年),该书全面评述了左宗棠的生平事迹;杨东梁著的《左宗棠评传》(湖南人民出版社,1985 年),此书征引了较为丰富的文献资料,全面评述了左宗棠的一生。这几部专著构成了此阶段令人欣喜的主要研究成果。1985 年 10 月至今,关于左宗棠的研究成果十分丰富,具体研究成果整理汇总如下:

第一,学术专著方面。此阶段关于左宗棠的研究专著具体包括王天奖著的《左宗棠评传》(河南教育出版社,1990 年)、皮明勇著的《左宗棠》(军事科学出版社,1992 年)、左氏后裔左焕奎所著的《左宗棠略传》(华中师范大学出版社,1993 年初版,1996 年增订)、李晓峰著的《左宗棠——忠介人生》(长江文艺出版社,1998 年)、刘华明和郑长兴主编的《中国大政治家全传:左宗棠全传》(印刷工业出版社,2001 年),书中均称赞左宗棠为近代史上杰出的民族英雄或爱国者。"中国思想家评传丛书"收录的《左宗棠评传》(南京大学出版社,1995 年)是由山东省知名学者孙占元所著,作者在书中详尽描述了左宗棠一生的事迹,并分章节论述左宗棠的相关思想,包括军事、政治、外交、文化、洋务等方面。安静波著的《晚清巨人传:左宗棠》(哈尔滨出版社,1996 年)认为左宗棠具

---

① 谢孝明:《"俭以广惠":左宗棠理学经世的路径》,博士学位论文,湖南大学,2013 年,第 8 页。
② 崔继恩:《左宗棠述评》,《史学月刊》1957 年第 7 期,第 9—12 页。
③ 刘泱泱:《左宗棠研究述评》,《求索》1986 年第 2 期,第 85—88,101 页。

有深厚的民本主义和强烈的爱国主义,是中西文化融合以及新旧矛盾交织过程中的过渡性人物。左氏后裔左景伊在其所著的《左宗棠传》中呼吁学术界肯定左宗棠是一位"民族英雄",应像林则徐和冯子材一样被世人铭记。[①] 值得重点关注的专著还有:冯天瑜和黄长义合著的《晚清经世实学》(上海社会科学出版社,2002 年),此书将左宗棠的经世观念总结为"兼中西之长"和"成日新盛业",赞颂了左宗棠的开放进取精神,对左宗棠研究的深度和广度进一步拓展;沈传经和刘泱泱合著的《左宗棠传论》(四川大学出版社,2002 年),此书应用了许多新资料,全书传论结合,具有内容全面、层次分明和研究深入的特点,主要以左宗棠在西北地区的军事活动和经济政策作为研究内容,详述了其创办机器工业的功绩,力求对左宗棠进行全面而客观的评价;李开和刘冠才主编的《晚清学术简史》(南京大学出版社,2003 年),该书探讨了左宗棠的经世思想和经济伦理思想,以及此两种思想与左宗棠爱国主义思想存在的内在联系;赵靖著的《中国经济思想通史续集——中国近代经济思想史》(北京大学出版社,2004 年),该书主要研究左宗棠的"急造船"论和西北开发的思想,讨论此种思想对于中国近代的重要意义;陈明福著的《晚清名将左宗棠全传》(军事科学出版社,2009 年),该书主要叙述了左宗棠的军事生涯;杨东梁著的《左宗棠卷》(中国人民大学出版社,2012 年),该书从左宗棠的奏稿、文章、诗文、函札中选辑了部分内容,评述了左宗棠的思想内容、从政理念以及经济主张;彭昊和张四连选编、译注的《左宗棠家训译注》(上海古籍出版社,2020 年),该书以左宗棠第四子左孝同编校整理的《左文襄公家书》(上海铅印版,1920 年)为资料来源,对左宗棠的每段家训原文统一按今译、简注和实践要点的结构进行解读,进而借家训阐释了左宗棠为学、修身、齐家和处世的思想内容与性格特点,重点在于揭示家训中深含的意蕴及其实践价值。

　　第二,学术文章方面。笔者在"中国知网(CNKI)数据库"进行"高级检索",以精确匹配为检索标准,以 1985 年 10 月 1 日至 2021 年 4 月 30 日为检索时间间隔,按篇名和主题的关键字对"左宗棠"进行检索,以此方法共计检索出918 篇学术文章。随着研究的逐步深入,关于左宗棠研究的文章数量也在不断

---

① 左景伊:《左宗棠传》,北京:华夏出版社,1997 年,第 494—495 页。

提升,具体数量变化情况如图 1.1 所示。

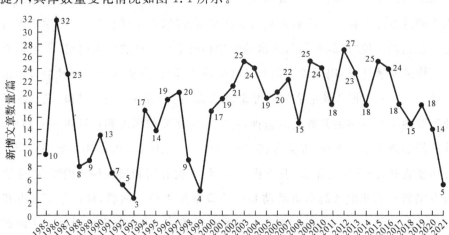

图 1.1  1985 年以来国内关于左宗棠研究的文章数量

从图 1.1 中可以看出,2000 年以后关于左宗棠研究的文章数量有效提升且每年数量相对平稳,说明研究热度持续不减。从硕博论文学科专业数据角度统计,属于专门史和中国近现代史的分别为 4 篇和 10 篇,所占比例分别为13%和 34%;属于教育类的为 3 篇,约占 10%;属于伦理学的为 2 篇,约占6%;属于思想政治教育类的为 1 篇,约占 3%,这篇博士论文是薛莉的《左宗棠民族教化思想与实践研究》(南京理工大学,2016 年)。从文章发表时间角度统计,1985 年到 1993 年间的文章数量共计 110 篇,1994 年到 1999 年间的文章数量共计 100 篇,2000 年以后的文章数量高达 708 篇。此 3 个阶段的文章数据增长趋势以及所占比例见图 1.2 和 1.3。

第三,关于"左宗棠思想"的具体研究方面。首先在"中国知网(CNKI)数据库"进行"高级检索",以精确匹配为标准,以 1985 年 10 月 1 日至 2021 年 4月 30 日为检索时间间隔,按篇名关键字"左宗棠"和"思想"进行检索,共统计出 97 篇期刊论文。从这些期刊论文中不难发现,对左宗棠思想的研究角度非常多样,包括道德修养、爱国、洋务运动、经世致用、吏治、军事、教育、民族、西北开发、新疆、经济、法律、体育、诗歌书法等方面。具体分布情况如图 1.4所示。

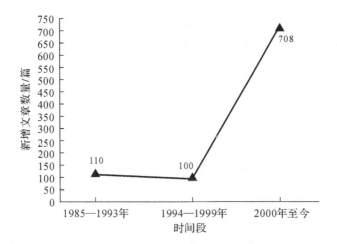

图 1.2　1985 年以后国内关于左宗棠研究的文章增长趋势

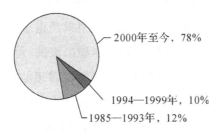

图 1.3　1985 年以后国内关于左宗棠研究的文章数据占比

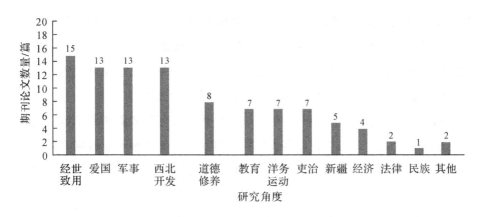

图 1.4　左宗棠思想研究角度分析

　　依据上述统计,对有关左宗棠思想的研究进行整理,总体上看,研究角度涉及多个方面,但大多集中于某一方面的研究,有些间接体现出德育价值,但鲜有直接研究左宗棠德育思想的文章，且以叙述事迹和评价功绩为主，少许涉及左宗棠的育人行为，个别提及左宗棠教子思想的当代价值，但并未整体论及左宗棠德育思想的当代价值。对于有关左宗棠思想的研究文章，具体归纳、总结如下：

第一，关于左宗棠经世思想的研究。对左宗棠经世思想的研究大多围绕其产生的渊源、形成的过程、具体体现、影响及意义等。例如邹延霞将左宗棠经世致用思想的体现总结为三个方面：一是除学习儒学外，还学习地理、水利、农学和田赋。二是主张向西方学习。三是重视人民群众的力量，反对"防民甚于防寇"的思想。① 谢春山系统阐述了左宗棠经世致用之学的思想渊源，认为其不仅受到时代影响，也与其自身的刻苦学习以及家境的贫寒境况有一定关系，同时还受到儒家传统思想的熏陶以及受到同时期经世派人士的影响。② 贾宇薇总结了清末经世思想形成的背景和左宗棠经世思想形成的过程，同时提出左宗棠的许多经世致用措施中都能够体现出惜民、爱民、利民的思想。③ 此外，有些学者论述了左宗棠对林则徐、陶澍经世思想的继承、发展和运用。例如陶用舒的《左宗棠对陶澍经世事业的继承和发展》（《湖南城市学院学报》，2009 年）和吴伟宁的《林则徐思想对左宗棠的影响》（《岭南文史》，2020 年）。也有学者在左宗棠经世思想研究的基础上，对其在晚清教育、经济等方面的应用作出了评论。例如，蒋昌美概括了三方面经世教育内容，分别为兴办教育、培养人才是主要的兴国强国途径，人才培养本着德才兼备和重实际不求虚名的原则，以及教学管理制度要奖勤罚懒；④曹卫平认为左宗棠经世致用思想在社会经济方面的应用体现出民本主义，也较多体现出爱国主义。⑤

第二，关于左宗棠洋务思想的研究。王少普认为左宗棠继承了魏源的洋务思想，同样提倡"师夷长技以制夷"，同时对左宗棠创办福州船政局和兰州织呢局的具体事例进行描述。⑥ 余明侠记述左宗棠兴办了徐州利国驿煤矿，其充

---

① 邹延霞：《晚清经世思潮与左宗棠的经世思想》，《兰州大学学报》1985 年第 3 期，第 80—87 页。
② 谢春山：《试论左宗棠经世致用思想的渊源》，《辽宁师范大学学报》1997 第 4 期，第 71—73 页。
③ 贾宇薇：《左宗棠"经世致用"思想述评》，《北方文学》2016 年第 13 期，第 158 页。
④ 蒋昌美：《浅议左宗棠的经世教育思想》，《贵州社会科学》1989 第 6 期，第 30，36—37 页。
⑤ 曹卫平：《左宗棠经世致用的经济思想》，《舟山学刊》2000 年第 4 期，第 108—112 页。
⑥ 王少普：《论左宗棠的洋务思想的进步作用》，《湖南师大学报》1985 年第 3 期，第 52—55 页。

分认识到官办企业的弊端,主张支持商办,这体现出左宗棠洋务思想的进步性。① 李舒瑾总结了左宗棠的洋务思想渊源,即对魏源、林则徐思想的继承和立足于抵抗侵略的自强思想,还阐述了左宗棠的洋务思想特征及其对于人才的论述,包括使用、培养和选拔人才等方面,提出左宗棠的洋务思想体现着爱国精神和进取的民族气节。② 贾义杰认为左宗棠兴办洋务的目的是自强和抵御外侮。③ 熊亮和韩冰论述了左宗棠从事洋务事业的三个阶段,总结出左宗棠洋务思想的三个方面:一是左宗棠开展洋务活动的目的是抵御西方国家的军事侵略;二是左宗棠洋务思想的总方针是制夷,维护民族独立和国家统一;三是左宗棠的洋务思想中透射出维护民族利益,保护民族资本主义的发展。④ 此外,还有文章将左宗棠与同时代洋务运动的代表人物进行比较研究,如易宁的《洋务运动中的左宗棠、李鸿章之比较》和杨芷宣的《晚清洋务运动中张之洞、左宗棠"富国强兵"之策》。

第三,关于左宗棠爱国思想的研究。有些研究认为左宗棠的爱国思想体现在创办洋务方面,如童广俊在文章中探讨了左宗棠在军事、经济、铁路、开矿、电报等方面兴办洋务的行为,体现出左宗棠的民族立场,也体现出左宗棠的爱国动机,同时认为抵制侵略和富国强兵是其兴办洋务的主要出发点,从中能够感受到左宗棠的爱国思想。⑤ 许多研究认为左宗棠的爱国思想体现在收复新疆这一历史事件上,如穆渊的《左宗棠在收复新疆过程中的爱国主义精神》(《历史教学》,1984 年)、卓明的《左宗棠西征谋略的爱国主义色彩》(《湖南师院学报(社会科学版)》,1984 年)以及罗耀九和黄顺力合作的《左宗棠爱国思想剖析》(《厦门大学学报(哲学社会科学版)》,1985 年)等。 此外,李颖也详细

① 余明侠:《左宗棠晚年洋务思想的变化及其进步性——从徐州近代化煤矿的创办谈起》,《学术月刊》1986 年第 8 期,第 63—68 页。

② 李舒瑾:《自强·自主·自立——论左宗棠的洋务思想特色》,《南都学坛》1989 年第 4 期,第 85—92 页。

③ 贾义杰:《左宗棠办洋务的实践和基本思想》,《锦州师范学院学报》1999 年第 4 期,第 112—115 页。

④ 熊亮、韩冰:《浅析左宗棠洋务思想》,《现代企业教育》2008 年第 22 期,第 127—128 页。

⑤ 童广俊:《试论左宗棠办洋务的爱国动机和民族立场》,《兰台世界》2013 年第 25 期,第 74—75 页。

记述了左宗棠收复新疆的过程,赞扬了左宗棠浓厚的爱国情怀。① 刘韧和朱家俊阐述了左宗棠的爱国主义,并把收复新疆、自强自救和培育新人作为左宗棠爱国主义的集中体现,文中还阐述了左宗棠在收复新疆后采取措施维护民族团结、促进民族发展,并提议新疆建省等内容。② 蔡璞珺详细客观论述了左宗棠收复新疆的全过程,包括筹粮运粮、兴修水利等战前的准备工作,赞扬左宗棠是一位爱国将领以及取得了伟大的历史功绩。③ 有些研究是就左宗棠爱国主义思想的来源进行分析阐述的,如文胜初在文章中分析左宗棠爱国思想的主要渊源有三个方面:一是经历过"早岁孤贫"的磨难,受到传统封建思想的教育熏陶;二是在入仕科举中遇到磨难,感受过时代激变的动荡;三是经世致用产生的影响和时代先驱形成的榜样。④

　　第四,关于左宗棠道德修养思想的研究。左宗棠道德修养思想的研究重点可分为以下几方面。首先是理学思想,早期就有此方面的研究,如杨杰和胡曼云的论文《恪守程朱理学的左宗棠》(《河南大学学报(哲学社会科学版)》,1988 年)。赵炎才认为左宗棠成为中国近代历史上的杰出爱国者与其心性观密不可分,并从三个方面进行阐述:一是左宗棠以"发明本心"强调志为天下国家;二是左宗棠以心学强调人的主体精神,格外强调修身自律的重要性;三是左宗棠崇尚修身、正心和尽心,一生为天下国家呕心沥血。⑤ 王隼则论述了左宗棠在理本体论、理欲观、"性与理"、"义利之辨"以及"涵养须用敬"等方面继承并发展了程朱理学,进而形成了自己的理学思想。⑥ 徐雷和刘克兵合作的文章中提出左宗棠的公心思想与理学思想密不可分,得益于理学的长期熏陶以及修身践履的持之以恒。⑦

　　① 李颖:《左宗棠的爱国情怀与收复新疆始末》,《兰台世界》2012 年第 27 期,第 20—21 页。
　　② 刘韧、朱家俊:《弘扬湖湘文化——论晚清名臣左宗棠的爱国主义思想及实践》,《当代教育理论与实践》2012 年第 9 期,第 173—174 页。
　　③ 蔡璞珺:《左宗棠的爱国情怀与收复新疆始末》,《兰台世界》2013 年第 4 期,第 70—71 页。
　　④ 文胜初:《左宗棠爱国主义思想探源》,《萍乡高等专科学校学报》2000 年第 3 期,第 18—21 页。
　　⑤ 赵炎才:《左宗棠的心性观与"师夷之长技以制夷"》,《江汉大学学报》1996 年第 2 期,第 99—102 页。
　　⑥ 王隼:《左宗棠的理学思想》,《长春工业大学学报(社会科学版)》2007 年第 2 期,第 101—103 页。
　　⑦ 徐雷、刘克兵:《晚清廉吏左宗棠的公心思想》,《怀化学院学报》2018 年第 9 期,第 89—92 页。

其次在义利观思想方面,李福英以左宗棠在创建与管理福州船政局、兰州织呢局过程中所展现出的义利观为样本,对左宗棠思想的局限性进行了描述。她认为所处时代的限制和封建理学的思想对左宗棠的影响非常明显,因此时代主流文化对其义利并举的思想产生了较大的影响,并且是具有内在矛盾的。左宗棠一方面对西方资本主义的先进十分向往,主张顺应客观历史发展规律达到富国强兵,另一方面也十分担心过度求利会侵蚀传统的道德秩序,影响当前的封建体制。因此,如果与统治阶级利益冲突,左宗棠会选择重义轻利的价值观来维护封建统治。简而言之,左宗棠虽然提出了很多开明的思想主张,但封建色彩也十分浓厚。① 焦会琦则提出左宗棠是中国近代史上著名的思想家,还是洋务运动的领导者,他对于追逐个人正当利益的行为持有支持、肯定的态度,同时还非常重视"公利"的以义制利,这充分体现了近代资本主义与社会经济发展下义利观的转变。② 王小波解析了左宗棠义利观对应的三重结构,并指出左宗棠实现义利统一主要表现在三个方面:首先崇尚道义的同时也重视功利,可谓义利并举;其次义利冲突时,坚持道义为首,功利要统一于道义;最后把道义与国家公利等同对待。③

最后是文化思想方面,孙占元先生详细地论述了左宗棠的文化思想,认为其尊崇儒家思想的直接根源是"恪以程朱为宗",认为其大力提倡实学,主张"穷经将以致用",认为其积极参与西学新文化并指出"中不如西,学西可也",同时肯定了左宗棠的文化观是具有开放意识的,是顺应近代社会发展需要的。④

第五,关于左宗棠教育思想的研究。左宗棠的教育思想研究包括家书家训、教子思想、治学思想等内容。首先对其教子思想的研究多以《左宗棠家书》为样本,刘青山和崔美艳认为《左宗棠家书》主要叙说了其在外的仕宦经历、治学的心得体会以及治家的具体要求,蕴含了丰富的德育资源,同时还提出其家

① 李福英:《论左宗棠的义利观——兼谈福州船政局、兰州织呢局的伦理实践》,《湖南师范大学社会科学学报》2007 年第 1 期,第 115—118 页。

② 焦会琦:《论左宗棠的义利观》,《天中学刊》2009 年第 3 期,第 117—119 页。

③ 王小波:《关于左宗棠伦理思想的几个问题》,《求索》2013 年第 2 期,第 100—102 页。

④ 孙占元:《论左宗棠的文化思想》,《近代史研究》1994 年第 3 期,第 237—252 页。

训内容涉及治学、齐家与做官等方面,总结出左宗棠家训理念对于现代学校教育与家庭建设具有较大的应用价值,能够帮助学生树立学习观、促进学生身心健康发展,有利于培养学生的爱国情怀和建设和睦温馨的家庭。① 吴根友和孔建龙在合作的文章中认为《左宗棠家书》的核心价值取向是"成人"优于"举业",并提出了"成人"目标的三重意蕴:向圣贤学习,做个好人、好秀才;立志勤苦读书;读"有用之学"。同时还提出了这种核心价值取向对于当代家庭教育德行培养具有重要意义。② 关于重视家庭德行的培育,刘茂旺和刘德军阐述了左宗棠的家教观主要表现在持家、立德、明志、经世四个方面,并以德教为先、德才兼备作为育人方针,同时还分别在个人、家庭以及社会层面总结出左宗棠家庭教育的现实意义。③ 还有学者探求分析左宗棠家训与曾国藩家训的共同特征,如彭昊和徐芳的《论曾国藩、左宗棠家训的共同特征》(《湖南学院学报》,2019 年),文章还认为左宗棠家训不仅有力保证了左氏家风两百年来纯正不衰,而且对于当今社会主义核心价值观教育和家风、民风、政风建设具有永恒的借鉴意义。④ 观点类似的还有蔡建满的《社会主义核心价值观背景下的左宗棠家风》(2015 年)以及谢孝明在《贵州日报》上发表的《左宗棠:重视家训文化、激发正气情怀》(2017 年)等。还有学者专门围绕左宗棠家书内容进行阐述,如彭大成和杨浩详细论述了左宗棠家教的主要内容,要求子孙读书勤奋明理,力行致用;传承寒素家风,戒除不良习气;坚持厉行节俭,行善济困。⑤ 谢孝明也论述了左宗棠重视家庭教育,教育子女要做君子和好人,具体要做到读书明理和知行合一,这种朴素的基本精神值得我们学习和思考。⑥ 孙贵颂提出左宗棠

---

① 刘青山、崔美艳:《左宗棠家训内容特征及现实意义》,《岳阳职业技术学院学报》2020 年第 3 期,第 87—91 页。

② 吴根友、孔建龙:《"成人"优于"举业"——左宗棠〈家书〉的核心价值取向探论》,《湖北大学学报(哲学社会科学版)》2021 年第 1 期,第 17—25 页。

③ 刘茂旺、刘德军:《左宗棠家庭教育观的"四个维度"及其当代价值》,《湖南人文科技学院学报》2021 年第 2 期,第 27—32 页。

④ 彭昊、徐芳:《论曾国藩、左宗棠家训的共同特征》,《湖南学院学报》2019 年第 6 期,第 37—42 页。

⑤ 彭大成、杨浩:《左宗棠的家教思想及其当代启示》,《湖南师范大学教育科学学报》2015 年第 3 期,第 95—103 页。

⑥ 谢孝明:《左宗棠教子:朴素的理念和精神》,《贵州日报》2017 年 3 月 23 日,第 06 版。

家训内容是读书即明理、立志更切实际、做人谦虚低调。① 类似的文章还有周险峰的《左宗棠家庭教育思想简论》(1998 年)、吴绿霜的《左宗棠的家庭教育思想》(2010 年)、蔡建满的《左宗棠和左氏家风》(2015 年)等。其次,关于左宗棠的治学思想,唐兆梅和刘敦玉阐述了左宗棠特别重视治学,主要体现为其治学方向的笃定、对子女的教育、以"义理之学传道授业"、在军务和政务中以兴学肓才为己任。② 最后,关于左宗棠的教育思想,早期孙占元先生在文中详细论述了左宗棠对甘肃教育事业的贡献,积极倡导兴办"艺局",培养新式人才,还对左宗棠"讲求耕读家风""读书非为科名计"等方面的家庭教育进行概述。③ 肖芳林肯定了左宗棠超前的教育思想,认为其在福州船政局创办过程中对于人才的培养具有深远的意义,开创近代教育的先河,为近代教育的发展做出了巨大贡献。④ 薛莉和张连论述了左宗棠的教育思想特征,即儒家理学教育思想和实业教育思想,同时指出左宗棠的教育实践路径包括在西北兴教劝学和在福建提倡实业教育。⑤ 关于左宗棠在西北地区的教育实践,马啸、刘一巧记述了左宗棠在陕甘地区教育方面的一系列成效显著的举措,并认为其对甘肃近代教育及文化发展影响深远。⑥ 付宏渊论述了左宗棠在发展西北少数民族地区教育方面作出的积极实践和尝试。⑦ 尹洁详尽阐述了左宗棠在西北地区的教育措施,包括复兴书院、陕甘分闱、兴办义学、刊印书局等,同时着重论述了其兴办教育的重要历史意义。⑧ 张蕊叙述了左宗棠在西北地区的教育实践,包括开办义学,增设书院、刊发书籍、普及教育、实行分闱、拓展士路等,认为其奠

---

① 孙贵颂:《左宗棠家训:读书、明理、谦逊》,《幸福》2018 年第 14 期,第 56—57 页。

② 唐兆梅、刘敦玉:《左宗棠治学思想的形成与实践》,《湖湘论坛》2000 年第 2 期,第 45—47 页。

③ 孙占元:《论左宗棠的教育思想》,《社会科学战线》1996 年第 7 期,第 214—217 页。

④ 肖芳林:《左宗棠与中国教育近代化》,《湘潭大学学报(哲学社会科学版)》2007 年第 3 期,第 132—135 页。

⑤ 薛莉、张连:《左宗棠教育观及其实践路经》,《教育评论》2016 年第 2 期,第 158—160 页。

⑥ 马啸、刘一巧:《左宗棠对甘肃近代教育的振兴与建设》,《兰州教育学院学报》2002 年第 2 期,第 8—11 页。

⑦ 付宏渊:《左宗棠发展西北少数民族地区的教育思想和实践》,《湘潭大学学报(哲学社会科学版)》2004 年第 3 期,第 132—134 页。

⑧ 尹洁:《左宗棠在西北兴办教育的述评》,《社会科学家》2006 年第 3 期,第 188—190 页。

定了西北近代教育的基础,加强了民族团结,稳定了边疆局势。① 此外,赵旭国的《左宗棠对近代甘肃教育事业发展的贡献初探》(2009 年)、张铎炎的《左宗棠对兰州教育的贡献及意义初探》(2010 年)也对左宗棠在西北地区采取的教育措施和做出的积极贡献进行了探讨。

国外学者对于左宗棠的相关研究数量不多,内容主要集中于对左宗棠的个人行为、同僚关系以及洋务运动、收复新疆、历史贡献等方面的记录或评价。

首先是对左宗棠个人的相关记录或评价。德国人福克于 1879 年(光绪五年)12 月从上海出发,途经汉口,先走水路,后改陆路,途经陕西、甘肃等地,最后到达新疆哈密。福克曾撰写《西行琐录》记录此行的沿途见闻,书中记录了左宗棠的相关事迹,具体为:"左爵相命于大路两旁尽栽树木,业已成林,直到新疆境内,连成一片,路颇平正。"美国军人 W. L. 贝尔斯于 1937 年撰写了《左宗棠传》,该书在 2011 年和 2014 年分别由王纪卿、邹命贵译成中文版,并由江苏文艺出版社出版。贝尔斯在书中对左宗棠做出了很高的评价,他将左宗棠比作现代德国的肇基之父俾斯麦,②并称左宗棠是"伟大的建设者"③。贝尔斯称赞左宗棠"把自己的力量和才智毫无保留地用于服务祖国",并认为其"不愧为祖国和人民的光荣"④。同时他还在书中评价了左宗棠创办福州船政局的功绩,认为他非常关心海军,因此在福州设厂造船,希望拥有一支海军来护卫中国,并在 1866 年花费全部的精力促进海军建设。⑤ 贝尔斯在第十四章中赞扬了左宗棠对于中法战争的主战立场,记叙了左宗棠成功突破法国封锁并对台湾实现增援,并作出再年轻十岁的左宗棠肯定会让法国付出沉重代价的假设,可见对左宗棠的评价之高。⑥

其次是关于左宗棠洋务活动的记录与评价。国外记录左宗棠创办福州船政局的著作相对较多。左宗棠在世时,即有外国人士对此进行记述。1874 年

---

① 张蕊:《左宗棠与"西部大开发"——以教育方面为例》,《吉林工程技术师范学院学报》2012 年第 7 期,第 16—18 页。

② (美)W. L. 贝尔斯著:《左宗棠传》,王纪卿译,南京:江苏文艺出版社,2011 年,第 257 页。

③ (美)W. L. 贝尔斯著:《左宗棠传》,王纪卿译,南京:江苏文艺出版社,2011 年,第 208 页。

④ (美)W. L. 贝尔斯著:《左宗棠传》,王纪卿译,南京:江苏文艺出版社,2011 年,第 268—269 页。

⑤ (美)W. L. 贝尔斯著:《左宗棠传》,邹命贵译,南京:江苏人民出版社,2014 年,第 124—125 页。

⑥ (美)W. L. 贝尔斯著:《左宗棠传》,邹命贵译,南京:江苏人民出版社,2014 年,第 255 页。

（同治十三年），法国人日意格编纂《福州船政局及其结果》，他曾在福州船政局受聘担任总监督一职，书中详细记述了这段历史。20 世纪后，美国学者撰写的《左宗棠：中国造船厂和织呢局的开拓者》集中研究左宗棠在器物层面为中国近代化所作的历史贡献。① 美国学者芮玛丽创作的《同治中兴：中国保守主义的最后抵抗》（斯坦福大学出版社 1957 年初版，有中译本——房德邻等译的社会科学出版社 2002 年版）分多章论述了左宗棠的思想、行为以及晚清同治中兴的相关历史。此外，《剑桥中国晚清史》被认为是国外关于中国史研究的权威著作，该书由哈佛东亚研究中心创始人、美国著名历史学家和汉学家费正清教授编撰，该书对于左宗棠的洋务思想和活动作出了许多评述，其中在上卷第六章和第十章均提及左宗棠，认为左宗棠是晚清积极活动家的代表人物，其与曾国藩、李鸿章等人对于先进技术都很关心，原因是"了解现代技术对维护中国生存有重要意义"。② 同时认为此一类人重视与西方接触，虽然支持坚守和约，但也采取自强行动，并写道："左宗棠也认为自强政策应包括改进吏治和实行更严格的军训，他强调必须学会西方的技术。"③此外，庞百腾发表的《中国早期发展经历中的西方技术人员和技术援助：福州船政局》（澳大利亚《远东史集刊》，1979 年）一文评述了左宗棠创建福州船政局的目的与效果，同时叙述了其雇用外国技师的相关问题。

　　再次是关于左宗棠收复新疆事件的记录与评价。左宗棠收复新疆的历史事迹受到同时期以及后世国外学者的关注。新疆南部地区的收复战争刚告一段落，《西国近事汇编》即出现了关于此战争的评论文章，义中高度评价此战争胜利的重要意义。此外，英国 1878 年出版的《阿古柏伯克传》曾高度评价左宗棠进军新疆的部队，作者包罗杰认为左宗棠的这支军队不同于以往的中国军队，甚至可与欧洲强国军队媲美。④ 美国学者明恩溥（亚瑟·史密斯）在其编著

　　① 　Gideon Chen：*Tso Tsung-t'ang*：*Pioneer Promoter of the Modern Dockyard and the Woolen Mill in China*，Peiping，China：Department of Economics，Yenching University，1938.

　　② 　（美）费正清、刘广京编：《剑桥中国晚清史（上卷）》，郭巧纹译，北京：中国社会科学出版社，1985 年，第 276 页。

　　③ 　（美）费正清、刘广京编：《剑桥中国晚清史（上卷）》，郭巧纹译，北京：中国社会科学出版社，1985 年，第 486—487 页。

　　④ 　（英）包罗杰著：《阿古柏伯克传》，商务印书馆翻译组译，北京：商务印书馆，1976 年，第 164 页。

的《中国人的气质》第七章"忍耐"中记叙左宗棠收复新疆过程中遇到的重重困难,还提到有外文报纸经常发文嘲笑左宗棠出兵唐突,嘲笑中国政府贷款作战的昏庸,但是左宗棠的军队一边垦荒屯田,一边进军战斗,最终这支"农垦大军"胜利收复失地和完成使命,该书称赞其"在任何一个现代国家的编年史中都是最为壮观的"。① 20世纪后,日本人西田保著的《左宗棠与"新疆问题"》(《东京出版》,1942年)搜集、整理了左宗棠收复新疆的事迹,目的是为战争积累历史资料,但作者对左宗棠的评价是相对客观的。美国人马士编著的《中华帝国对外关系史》在第十六章中描述了收复新疆的过程,并着重指出左宗棠对待侵略的强硬态度。作者认为外交的胜利是毫无疑问的,因为中华帝国已经做好武力解决问题的准备,并引用英驻俄大使言论称"中国逼使俄国做了她从来没有做过的事,那就是吐出了她已经吞进的土地",又引用英国学者评价称"这次辉煌战役可与西方国家统帅们的最光明灿烂的功绩相比较"②。美国学者徐中约编著的《中国近代史》在第十三章"海防与塞防之争"部分写到,左宗棠是塞防论者的主导人物,其警告当时的中国政府,中止收复新疆的战争就等同于帮助外国统治新疆,同时进行积极而充分的备战。书中又提到收复北疆后,阿古柏请求英国出面调停,但伦敦尚在讨论中,左军已快速击败阿古柏政权。③《剑桥中国晚清史》一书在下卷第二章的内容中评述道:"新疆统治权的重新恢复使中国具备条件迫使俄国归还伊犁地区的土地。"④同时认为左宗棠铺平了新疆变行省的道路,使更多移民前往定居,认为新疆单独设省的变革可以成为"中国边疆史上的里程碑"。⑤ 由此可见,对于左宗棠收复新疆的历史,大多数的西方学者持有赞赏的态度,评价也较为客观,但其中也掺杂一些错误的观点,有些人认为此战争"是一场中国人之间的种族战争",是一场"平叛",

---

① Arthur H. Smith:*Chinese Characteristics*. Fleming H. Revell Company,1894,58—65.

② (美)马士著《中华帝国对外关系史:一八六一——一八九三年屈从时期(第二卷)》,张汇文等译,北京:商务印书馆,1963年,第360—372页。

③ (美)徐中约著《中国近代史》,计秋枫、朱庆谋译,北京:世界图书出版公司,2013年,第328—329页。

④ (美)费正清、刘广京编:《剑桥中国晚清史(下卷)》,郭折纹译,北京:中国社会科学出版社,1985年,第291页。

⑤ (美)费正清、刘广京编:《剑桥中国晚清史(下卷)》,郭折纹译,北京:中国社会科学出版社,1985年,第295页。

没有认识到其为反对侵略、收复领土的战争，这是不准确的。

　　最后是关于左宗棠与同僚关系方面的研究。《东邦之伟人》一书由日本学者紫山川崎三郎所著，其在下卷第 18 章中分析了左宗棠与李鸿章、曾国藩之间的关系。在与李鸿章的比较中，他认为左宗棠的长处在军事、谋略、胆色、精力和意志力方面，而不在学识、治理、外交、远见、才能方面，认为左宗棠经世之能不及李鸿章，认为李鸿章是进步思想的代表，而左宗棠是保守思想的代表。在论述与曾国藩的关系时，提到曾国藩对左宗棠极其赞赏，但左宗棠虽受曾国藩影响，却在晚年与曾国藩存在诸多不同意见，对曾国藩曾经所为进行许多变革，尤其体现在其担任两江总督期间。① 在《李鸿章传》一书中，英国作者布兰德讲述了左宗棠和李鸿章之间存在的种种矛盾。该书评价左宗棠认为其具有完美的人品，一生清白廉洁，但是在评价左宗棠和李鸿章的关系时，认为左宗棠对祖国的态度是高傲且错误的，对李鸿章的态度是轻蔑的。② 以上两位学者对于左宗棠的历史影响和个人品质持有赞赏的态度，但对左宗棠的爱国主义给予贬抑的评价，认为左宗棠"代表保守主义"，具有"排外""沙文主义倾向"等偏激自私观点，这是不符合事实的，这些外国学者持此观点大概是由于所处角度不同。

　　综上所述，国内外的学者对于左宗棠的研究给予了一定的关注与实践，由此可反映出左宗棠时至今天依然在国内外学术界存在的影响。其中，国外的相关研究数量相对较少，研究范围也相对狭窄，主要集中于洋务运动、收复新疆和同僚关系方面，大多给予左宗棠客观的评价，尤其在洋务运动和收复新疆方面给予其较高的功绩赞誉，但也存在个别人由于明显的制度差异与民族偏见而给出负面评价。对比而言，国内关于左宗棠的研究数量较多，其中关于左宗棠思想的研究文献有近百篇，内容也颇为丰富，涉及经世、爱国、军事、西北开发、道德修养、教育、洋务、吏治等方面，可以从中汲取宝贵经验，同时也发现一些问题。首先，除部分左宗棠专著是对左宗棠思想进行全面梳理外，大多文献主要集中于左宗棠某一方面思想的研究。其次，大多文献主要以叙述事迹

---

① （日）紫山川崎三郎著：《东邦之伟人》，王纪卿译，太原：山西人民出版社，2018 年，第 284—288 页。

② （英）布兰德著：《李鸿章传》，王纪卿译，太原：山西人民出版社，2018 年，第 47—75 页。

和评价功绩为主,涉及左宗棠思想价值尤其是当代价值的文献比例不高。再次,虽然大多文献肯定、赞誉左宗棠于经世、爱国、收复新疆、道德修养、教育、洋务等方面的历史价值和现实意义,间接体现出左宗棠思想的德育价值,但鲜有直接以德育视角研究左宗棠思想及价值的相关文献。最后,一些学者研究左宗棠的教育思想,也只是阐述左宗棠在教育方面的主张、行为及意义,并未涉及左宗棠思想及行为的德育功能。其中只有少许文献涉及左宗棠的育人行为,如教育子女、军兵及边疆民众等。个别研究左宗棠家庭教育的文献涉及其教子思想的当代价值,可谓左宗棠思想的当代应用创新,但并未论及左宗棠思想的整体德育功能。因此,有必要对左宗棠思想进行全面梳理,以德育视角发掘其思想的德育价值及育人功能,并有效应用于当今社会成员的道德提升实践中。

本书遵循马克思关于人的全面发展理论、社会存在与社会意识的唯物史观理论,以历史和现实双线逻辑对左宗棠德育思想及当代价值进行研究。通过对左宗棠思想的溯源和整理,归结出左宗棠德育思想的内容及表现形式,并加以呈现和分析,通过对左宗棠德育思想进行客观全面的评判,进而对左宗棠德育思想的当代价值进行转化创新,具体研究其在新时代不同社会成员群体中的实践路径,从而形成历史与现实、理论与实践的自觉统一。

综上所述,本书遵循的研究思路为:概念与理论—溯源与整理—呈现与评价—转化与应用。全书共分为五章,主体部分内容如下:

第一部分:概念与理论——对研究涉及的概念、理论、关系的阐释。第一章主要阐述了左宗棠德育思想研究中涉及的相关概念、理论基础和内容关系。相关概念主要包含德育、思想政治教育、道德教育,并对三者的联系以及使用范围进行了界定,这是开展研究工作的前提和基础。理论基础主要包括马克思关于人的全面发展理论、社会存在与社会意识的唯物史观理论、习近平总书记关于思想政治教育的重要论述,这使研究工作更加科学和合理。内容关系主要指新时代公民道德建设、思想政治教育、社会主义核心价值观与传统文化的内在关系,通过关系分析有助于明确研究工作的目的和意义。这些基础性工作有利于后续研究的进一步开展。

第二部分:溯源与整理——对左宗棠德育思想形成过程的透析。第二章通过对晚清时期的政治环境、经济环境及文化环境进行客观阐述,试图从时代背景角度对左宗棠德育思想形成的原因进行溯源,通过对左宗棠个人经历进行系统阐述,试图从生活历程角度对左宗棠德育思想形成的原因进行溯源,进而对左宗棠德育思想的渊源进行全面梳理,并对其思想的形成过程进行整理。换言之,追溯历史之源为求尽量贴近晚清历史之原貌,追溯个人之源为求尽量贴近自身经历之原貌,以便理清左宗棠德育思想"多源并举"的真实根源,为后续的研究奠定更为翔实的论证基础。

第三部分:呈现与评价——对左宗棠德育思想内容、特征等方面的阐述,以及对左宗棠德育思想的评价。第三章对左宗棠德育思想的三部分核心内容以及表现形式进行全面而具体的阐述,对左宗棠德育思想的特征进行分析。第四章从整体剖析的角度对左宗棠德育思想的闪光点和局限性进行审视,对左宗棠德育思想的历史意义进行挖掘。这部分是对左宗棠德育思想进行全面的研究和评价,有利于后续的当代价值研究工作。

第四部分:转化与应用——对左宗棠德育思想当代价值的发掘和实践。第五章的具体研究中,首先坚持习近平总书记关于思想政治教育的重要论述,依据继承弘扬传统文化的指导方针,对左宗棠德育思想进行批判扬弃的继承,对左宗棠德育思想当代价值进行创造性转化和创新性发展,并将其应用定位于一种支援性资源工具,在新时代社会成员道德提升工作中发挥育人功能,进而从不同群体对象的角度出发,结合具体道德问题,探究左宗棠德育思想当代价值的具体应用及实践路径。理论与实践相结合,实现本书的最终归宿,达到提升新时代社会成员道德水平的目的,实现助力新时代公民道德建设,助力学校思想政治教育,助力培育和践行社会主义核心价值观。

本书采用的研究方法主要包含以下几种:

首先是文献研究法。本书采用一手文献资料和二手文献资料相结合的文献研究法开展研究,其中一手文献资料以《左文襄公全集》《左宗棠文集》和《左宗棠家书》等为主,通过研读和引用,力求尊重文本的原文和原意,尽力还原客观史实;二手文献资料主要包括目前学术界对于左宗棠思想进行评析的著作以及左宗棠家书注解等资料,以此为参考搭建结构框架、扩展研究视角和启发研究思路。

　　其次是历史分析法。本书坚持历史唯物主义态度,对左宗棠及其德育思想进行客观的历史剖析和评判,即从左宗棠本人、左宗棠德育思想内部以及左宗棠德育思想整体的不同视角与维度分析其细节特征,从而对左宗棠德育思想的当代价值形成系统、科学、公正的研究与评价成果。

　　最后是比较分析法。本书广泛采用比较分析法进行具体研究,对同一历史时期的不同人物思想及行为进行比较,对不同历史环境或不同应用环境下的基本概念进行比较,将左宗棠德育思想内容及表现形式与新时代公民道德建设及社会主义核心价值观的基本要求进行比较,对当代社会成员不同群体的性格特点和生活规律进行比较等,力求通过比较寻求共性与差异,使本书研究更严谨、细致,结论更客观、可行。

　　相较于学界对于左宗棠思想的研究成果,本书的创新点主要有以下几个方面:

　　第一,梳理、阐释了左宗棠德育思想的内容。本书在对左宗棠思想进行全面溯源和整理的基础上,探寻左宗棠思想体系中关于思想理论、价值观念、理想信仰、实践模式等方面的德育内容,对左宗棠德育思想的内容及表现形式进行梳理和阐释,为左宗棠德育思想的当代价值挖掘与应用奠定基础。左宗棠德育思想的内容研究是本书的一个创新点,起到了丰富左宗棠思想研究理论成果的作用。

　　第二,客观、科学地对左宗棠德育思想进行评价。本书对左宗棠德育思想进行了客观分析,结合德育思想的普遍特征,分析出左宗棠德育思想的基本特性,并挖掘出左宗棠德育思想领先于时代的进步性,对左宗棠德育思想在其思想体系中的重要地位进行了总结,对左宗棠德育思想的历史意义进行挖掘,论证了其人、其德育思想在历史中的重要地位,同时对左宗棠德育思想进行审视,不仅总结其闪光点,还评判其局限性。对左宗棠德育思想的评价是本书的一个创新点,有利于左宗棠德育思想的具体研究工作。

　　第三,对左宗棠德育思想的当代价值进行合理转化和应用。本书遵循习近平总书记关于思想政治教育的重要论述的导向,依据继承弘扬传统文化的指导方针,构建了左宗棠德育思想的当代价值转化的研究框架。本书依照新时代公民道德建设、思想政治教育、社会主义核心价值观的实施要求,结合不同社会成员群体的性格特点、学龄阶段、受教育方式的区别,从多角度具体研究左宗棠德育思想的当代价值应用以及实践路径。对左宗棠德育思想当代价值的转化和应用研究是本书的一个创新点,不仅丰富了传统德育思想价值研究的理论成果,也有利于丰富学校思想政治理论教育教学的内容。

# 第一章　相关概念及研究基础

研究左宗棠德育思想,首先要对相关概念进行准确客观的界定,明确概念的产生、发展、内涵以及不同概念间的区别与联系,此外还需要对研究涉及的相关理论进行科学合理的梳理,并进一步明确相关研究内容的内在关系。只有这样,才能使具体的研究工作在一个清晰规范的理论框架内展开,具备扎实的理论基础。

## 第一节　研究涉及的相关概念

本书旨在研究左宗棠德育思想并尝试将其应用于当代德育及思想政治教育实践,由此涉及的几个重要概念包括"德育""思想政治教育"与"道德教育",厘清这些概念是开展本书具体研究工作的前提和基础。

### 一、德育

我国古代没有"德育"这一组合概念,"德"和"育"始有其各自含义。《说文解字》里将"德"解释为"外得于人,内得于己"[①],"外得于人"指坚持正直原则处理与他人的关系,"内得于己"指内心修养以协调自身关系;将"育"释义为"养子使作善也"[②],主要指教导弟子使其具备善良品质,这与现在的道德教育含义相近。"德"和"育"组合使用始于 20 世纪初的近代教育,1903 年,王国维在向国人介绍舒本华思想时,使用了"德育""知育"和"美育"三词。[③] 1928 年,《教

---

① 许慎撰、段玉裁注:《说文解字注》,上海:上海古籍出版社,1988 年,第 501 页。
② 段玉裁:《说文解字注》,郑州:中州古籍出版社,2006 年,第 744 页。
③ 王国维:《教育之宗旨何在?》,《中国教师报》2015 年 1 月 21 日,第 09 版。

育大辞书》中指出："德育为教育之一方面,以儿童之道德心之陶冶为目的。"①
这时的德育主要指道德教育。新中国成立后对"德育"内涵的理解虽不尽相
同,但总体来说在教育内容上得到了极大拓展,从最初的道德教育逐渐发展到
与政治教育、思想教育等紧密联系在一起。1957 年,在毛泽东提出的"德、智、
体、美、劳"全面发展的教育方针中,"德育"主要指思想政治教育。改革开放
后,德育理论的研究进一步深化,主要源于伦理学的兴起和国外理论的传入,
表现在德育概念的内涵回归和外延拓宽上。在《教育学辞典》中,"德育"的定
义是:"教育者按照一定社会或阶级的要求有目的、有计划、有组织地对受教育
者进行系统的影响,把一定的社会思想和道德转化为个体的思想意识和道德
品质的教育。德育广义上包括:政治教育,即政治方向和态度教育;思想教育,
即世界观和方法论的教育;道德教育,即人的行为准则和道德规范的教育。德
育狭义上指道德教育。"②1992 年,由千余名著名教育学者共同编撰而成的《教
育大辞典》中将"德育"释义为"旨在形成受教育者一定思想品德的教育,在社
会主义中国包括思想教育、政治教育、道德教育"③。由此可知,从德育概念及
内涵角度理解,狭义的"德育"指道德教育,即"小德育";广义的"德育"包括思
想教育、政治教育、道德教育等方面,即"大德育"。20 世纪 90 年代以后,"大德
育"的概念不仅为广大德育工作者所接受,而且以文件的方式得以确立。1995
年国家教育委员会颁布的《中国普通高等学校德育大纲(试行)》规定:"德育即
思想、政治和品德教育,它体现教育的社会性与阶级性,是学校教育的重要组
成部分。它与智育、体育等相互联系,彼此渗透,密切协调,共同育人。"④1995
年颁布的《中学德育大纲》和 1998 年颁布的《中小学德育工作规程》都明确指
出:"德育即对学生进行政治、思想、道德和心理品质教育。"⑤2004 年教育部印
发的《中等职业学校德育大纲》在德育的内容中又增加了法律教育。⑥ 可见,现

---

① 唐钺、朱经农、高觉敷:《教育大辞书》,北京:商务印书馆,1928 年,第 1462 页。

② 张念宏:《教育学辞典》,北京:北京出版社,1987 年,第 471 页。

③ 顾明远:《教育大辞典》,上海:上海教育出版,1998 年,第 249 页。

④ 何东昌主编:《中华人民共和国重要教育文献(1991—1997 年)》,海口:海南出版社,1998 年,第 3901 页。

⑤ 《中小学德育工作规程》,《人民教育》1998 年第 6 期,第 9—10 页。

⑥ 马思援:《教育部颁发〈中等职业学校德育大纲〉》,《中国教育报》2004 年 10 月 29 日。

代"德育"已经扩展为涵盖全部社会意识形态的教育,甚至也容纳了一部分非意识形态方面的教育。从德育活动范围及德育对象角度理解,狭义的德育专指学校德育,是指教育者按照一定的社会或阶级要求,有目的、有计划、有系统地对受教育者施加思想、政治和道德等方面的影响,并通过受教育者积极地认识、体验与践行,使其形成一定社会与阶级所需要的品德的教育活动,即教育者有目的地培养受教育者品德的活动;广义的德育指所有有目的、有计划地对社会成员在政治、思想与道德等方面施加影响的活动,包括社会德育、社区德育、学校德育和家庭德育等方面。"大德育"的概念,无论在理论、制度或实践层面已经成为我国德育的主流取向,这既是中国德育的特色所在,也是中国德育的优势所在。

目前学术界主要有三个不同的学科在研究和使用"德育"概念:一是马克思主义理论一级学科下的思想政治教育二级学科,该学科认为德育应该包括思想教育、政治教育、道德教育、法制教育、心理教育等内容,德育是与智育、体育相对应的概念,也就是常说的"大德育";二是哲学一级学科下的伦理学二级学科,该学科认为德育是"道德教育"的简称,它的主要教育内容是进行道德教育,德育应该是与思想教育、政治教育、法制教育等相对应的概念,也就是常说的"小德育";三是教育学一级学科下的相关德育学分支学科,该学科自身的理解不太统一,一部分倾向于广义德育概念,也即"大德育",一部分倾向于狭义德育概念,也即"小德育"。不仅在学术界,人们在现实生活和实际工作中也会在不同情境、不同背景、不同语境下使用不同的德育概念:通常在意识形态领域里、在思想政治工作范围中、在与智育及体育相对应时所说的德育通常指广义概念的"大德育";而在一般社会生活领域中、在涉及人们的基本行为规范和道德要求时所说的德育通常指狭义概念的"小德育"。

## 二、思想政治教育

思想政治教育活动自阶级社会以来就一直存在,但思想政治教育概念的提出和形成却与无产阶级政党的活动存在直接关系。1847年,马克思、恩格斯创立第一个国际性的无产阶级政党——共产主义者同盟,二人在同盟的章程中提出了"宣传工作"这一概念,明确要求党的每一个成员都要"具有革命毅力并努力进行宣传工作"①,这表明无产阶级政党初登历史舞台就十分重视对群众的思想教育工作。列宁在沿用"宣传工作"概念的基础上,于 1902 年前后提出了"政治工作"和"政治教育工作"两个概念。1934 年,斯大林在联共(布)十七大总结报告中,提出了"思想工作"和"政治思想工作"两个概念。中国共产党诞生后,在很长一段时间里沿用上述各种不同的提法,但不同时期使用的概念有所不同和有所侧重,新中国成立之前的战争年代主要使用"政治工作"这一概念,新中国成立以来概念的使用发生了新的变化。1951 年,刘少奇在第一次全国宣传工作会议上提出了"思想政治工作"这一概念。1957 年,毛泽东在《关于正确处理人民内部矛盾的问题》一文中提出了"思想政治教育"这一概念。虽然党的领导人提出了"思想政治教育"概念,但在 20 世纪 50 年代,这一提法只是诸多提法中的一种,并没有成为统一的提法。这一时期,除了在军队中仍然统一使用"政治工作"这一概念外,在全国思想政治工作战线中则呈现交替使用或并用"政治工作""思想工作""思想政治工作""政治思想工作"等提法的局面。从 1960 年开始,直到 1978 年党的十一届三中全会以前,"政治思想工作"取代了其他的提法,成为思想政治工作领域统一的标准提法。党的十一届三中全会决定把党和国家的工作重点转移到社会主义现代化建设上来,要求各项工作都必须服从和服务于经济建设这个中心。在这一历史条件下,思想政治工作发生了许多重大的变化,在概念上就是以"思想政治工作"或"思想政治教育"取代"政治思想工作"这一概念。此后,"思想政治教育"逐渐成为思想政治工作领域统一的标准提法。

　　由此可知,思想政治教育的概念历经宣传工作、政治工作、政治教育工作、思想工作、政治思想工作、思想政治工作等概念的不断演化和比较研究而逐渐形成,《思想政治教育学原理》这一高校教材对思想政治教育的概念定义为:主要指社会和社会群体用一定的思想观念、政治观点和道德规范,对社会成员进行有目的、有组织和有计划地影响,使他们形成一定社会所要求的思想品德的社会实践活动。② 显然,思想政治教育也是一种教育实践活动,狭义的教育专

---

① 《马克思恩格斯全集》第 4 卷,北京:人民出版社,1958 年,第 572 页。
② 陈万柏、张耀灿:《思想政治教育学原理》,北京:高等教育出版社,2007 年,第 4 页。

指学校教育,广义的教育泛指社会教育,无论是学校教育还是社会教育,思想政治教育都是其中不可或缺的内容。除了把思想政治教育作为一个独立的概念进行释义外,学术界还有学者把它看作思想教育和政治教育的统称,即把思想政治教育分解为思想教育和政治教育两个概念。如《教育大辞典》对思想教育和政治教育分别给出了定义:思想教育,广义指对人的各方面思想、观点产生影响的教育,狭义指形成一定世界观、人生观的教育;政治教育指有目的地形成人们一定的政治观念和政治信仰的教育。① 同时指出它们都是"学校德育的组成部分"。《德育新论》也同样将思想政治教育分解为思想教育和政治教育并分别进行了定义:思想教育主要指对事物的思想观点的教育,属于认知范畴,其最终目标是使受教育者形成一定的人生观和世界观;政治教育主要指对民族、阶级、政党、国家、政权、社会制度和国际关系的情感、立场、态度的教育。② 无论是从总体上把握,还是将其一分为二分别界定,两种定义方式所涵盖的内容都是一致的。至于学术界的学科设置,思想政治教育学为马克思主义理论一级学科下的二级学科,其对应的课程名称为思想政治理论课。

此外,有人认为思想政治教育是社会主义特有的活动,这种看法是不准确的。剥削阶级社会和资本主义社会确实没有"思想政治教育"这一概念名称,但这种实践活动却实际存在。任何统治阶级都力图用其思想观念、政治观点、道德规范来影响全社会成员,使社会成员尤其是年轻一代成为其所需要的人,以巩固统治。这就决定了在任何阶级社会,思想政治教育都是一种客观存在,只是具体概念名称会因社会制度的不同而各异。当然,无产阶级的思想政治教育与其他阶级的思想政治教育存在本质上的区别,它是工人阶级政党以马克思主义思想体系、共产主义信仰教育人民,提高人们的思想道德素质,动员人们为建设社会主义、实现共产主义而奋斗的社会实践活动,但根据这种区别否定其他阶级也存在思想政治教育的历史事实,则是不对的。承认思想政治教育是人类社会历史不同阶段和不同阶级共有的社会活动,有助于更深刻地认识思想政治教育的客观必然性,有助于批判地继承和借鉴中外历史上不同

---

① 顾明远:《教育大辞典》(增订合编本),上海:上海教育出版社,1998年,第1463、2013页。

② 鲁洁、王逢贤:《德育新论》,南京:江苏教育出版社,2000年,第123页。

阶级的思想政治教育的一切有益经验,也有助于通过比较,更好地把握党的思想政治教育的本质特征,从而更好地开展思想政治教育。

### 三、道德教育

道德教育也是自我国古代就广泛存在的教育实践活动,在春秋至明清的历史发展进程中,以血缘为纽带的宗法制度构成社会人际关系,以高度分散的自然经济和高度集中的政治专制构成封建统治性质,在这种特定的社会历史条件下,伦理道德思想不断演化发展,并通过道德教育的方式对中华民族的道德心理产生深刻的影响。《中庸》说:"故君子尊德性而道问学,致广大而尽精微,极高明而中庸。温故而知新,敦厚以崇礼。"这可以说是对中国传统道德教育基本原则的高度概括。中国传统道德教育的"教化""德教"是为了"生活之迁善",目标是现实而非玄虚的,方法是注重实证而非注重逻辑的,偏重启迪内心领悟以致行为自觉,而非偏重外在实践体验以致思想领悟。传统道德教育的基本特点表现为"德教"与"修身"合一,"知道"与"躬行"合一,"言教"与"身教"合一,其鼓励人们追求高尚精神境界、向往理想道德人格的思想,在新时代公民道德建设工作中仍然具有借鉴意义。社会主义中国的道德教育是思想政治教育的一个重要内容,主要包括社会主义道德教育和共产主义道德教育两方面,都是以马克思主义世界观为指导的。两者相互联系又相互区别,是共产主义道德教育的两个层次。现阶段,我国普遍实行社会主义道德,其观念和原则是社会主义初级阶段社会关系的基本特点的反映,教育的基本内容是要求干部、党员和群众要树立全心全意为人民服务的思想,正确认识和处理国家、集体和个人三者的利益关系,正确认识和处理社会主义条件下人与人、个人与社会之间的关系,正确认识和处理恋爱、婚姻和家庭关系,正确认识和遵循社会主义民主和法制,爱祖国、爱人民、爱劳动、爱科学、爱社会主义。进行社会主义道德教育的同时必须认真提倡共产主义道德教育,即提倡克己奉公、助人为乐、毫不利己、专门利人、大公无私的共产主义奉献精神。

对于道德教育概念,《辞海》中的定义是:道德教育是对受教育者有目的地施以道德影响的活动。包括提高道德认识、陶冶道德意志、确立道德信念、养成道德行为习惯等,是一定社会和阶级的道德意识转化为个人的道德品质的重要环节。①《教育大辞典》中的定义是:道德教育是形成人们一定的道德意识和道德行为的教育,是学校德育的组成部分。②《德育辞典》中的定义是:道德教育是指一定社会、阶级或集体,为了培养合乎自己需要的理想道德人格,依据一定的道德原则和规范,有目的、有计划、有组织地对人们施加系统的道德影响的活动。③《德育论》一书认为:道德教育是指一定社会或阶级依据一定的道德原则和规范,有目的、有计划、有组织地对人们施加道德影响的活动。同时指出在学校德育大系统中,相对于德育中其他各项内容而言,道德教育起到奠基作用,是德育的一项基础工程。④《德育新论》认为:道德教育主要指个体与个体,个体与群体、社会,个体与自然的行为规范教育。⑤ 参考以上几种定义,道德教育主要指教育者按照一定社会的道德要求,有目的地对受教育者施以道德影响的活动,包括提高道德觉悟和认识,陶冶道德情感,锻炼道德意志,树立道德信念,培养道德品质,养成道德习惯。具体对应于学术界的学科设置,道德教育为教育学一级学科下的相关分支学科。

## 四、德育、思想政治教育与道德教育的概念界定

通过对德育、思想政治教育与道德教育概念的演变发展及内涵范围的分析,其三者关系的界定已较为清晰。在当代中国,德育的定义为教育者按照一定社会或阶级的要求,有目的、有计划、有组织地对受教育者进行系统影响,把一定的社会思想和道德转化为个体的思想意识和道德品质的教育。从概念内涵角度,狭义德育特指道德教育;广义德育包括政治教育、思想教育和道德教育。从教育对象角度,狭义德育指学校德育,对象为学生;广义德育包括社会德育、社区德育、学校德育和家庭德育等方面,对象为社会成员。思想政治教育的定义为社会和社会群体用一定的思想观念、政治观点和道德规范,对社会成员进行有目的、有组织和有计划的影响,使他们形成一定社会所要求的思想

① 夏征农:《辞海》,上海:上海辞书出版社,1999 年版缩印本,2002 年,第 300 页。
② 顾明远:《教育大辞典》(增订合编本),上海:上海教育出版社,1998 年,第 236 页。
③ 李燕杰等编:《德育辞典》,武汉:湖北辞书出版社,1987 年,第 533 页。
④ 储培君等:《德育论》,福州:福建教育出版社,1997 年,第 164—165 页。
⑤ 鲁洁、王逢贤主编:《德育新论》,南京:江苏教育出版社,2000 年,第 124 页。

品德的社会实践活动。从教育对象角度,狭义上专指学校教育;广义上泛指社会教育。道德教育的定义为教育者按照一定社会的道德要求,有目的地对受教育者施以道德影响的活动,包括提高道德觉悟和认识,陶冶道德情感,锻炼道德意志,树立道德信念,培养道德品质,养成道德习惯。从教育对象角度,狭义上指学生的道德教育;广义上指社会成员的道德教育。

综上可以看山,广义的德育与思想政治教育在概念内涵、教育对象、实践领域方面基本趋于一致,而道德教育与狭义概念的德育等同,其为广义概念的德育和思想政治教育的重要内容之一。本书研究中涉及的"德育""思想政治教育""道德教育"均采用广义概念,其中"德育"遵循马克思主义理论一级学科下的思想政治教育二级学科对于德育的释义及应用,即包括思想教育、政治教育、道德教育等内容,等同于"思想政治教育"概念。对于三者的使用将根据内容需要和生活习惯进行选择,主要在传统文化思想方面使用德育,在教育对象为中小学生、高校大学生和非学生群体时使用思想政治教育,在阐述对象涉及思想政治教育学或高校思想政治教育学科时使用思想政治教育,在特指教育对象道德方面的阐述中使用道德教育。

## 第二节 研究遵循的理论基础

研究左宗棠德育思想及当代价值,需要涉及我国的教育方针,作为社会主义国家,我国的教育方针始终强调人的全面发展,同时无论是左宗棠德育思想还是其当代价值,都属于理论与实践的研究范畴,应遵循社会意识与社会存在的唯物辩证原理,此外对于中华优秀传统文化的研究及转化必须遵循当代传承发展传统文化的指导方针。故此马克思关于人的全面发展理论、社会存在与社会意识的唯物史观理论、习近平新时代中国特色社会主义思想关于思想政治教育的重要论述是本书具体研究工作的理论基础。

### 一、马克思关于人的全面发展理论

人的全面发展理论是马克思主义的基本原理之一,是中国教育方针的理论基石,也是确定思想政治教育任务与目标的重要理论依据。在《1844年经济学哲学手稿》中,马克思以共产主义理论为基础,阐述了人的全面发展思想,认为"人以一种全面的方式,也就是说,作为一个完整的人,占有自己的全面的本质"①。人的发展的条件与人的发展的内容是紧密联系在一起的。马克思强调的"人的全面的发展",实质上是"人的本质力量的展示"和"人的本质力量的发展"。马克思在《关于费尔巴哈的提纲》中指出:"人的本质不是单个人所固有的抽象物,在其现实性上,它是一切社会关系的总和。"②人是自然产物,也是社会产物;是社会关系的主体,也是社会关系的客体。"人的全面发展"蕴含着一般性和特殊性的统一,这种双重意蕴不是单一的、抽象的,而是辩证的、唯物的。从一般意义来看,"人的全面发展"是相对于片面发展而言的,是一种理想的状态,包括人的个性、能力和知识的协调发展,人的自然素质、社会素质和精神素质的共同提高,人的政治权利、经济权利和其他社会权利的充分体现。从特殊意义来看,人的本质不是某一方面的社会关系,而是所处的一切社会关系的总和,社会关系的丰富性、全面性决定着人的本质的丰富性、全面性,人的社会关系实现全面发展,人自然就会实现全面发展。马克思在《共产党宣言》中明确指出:"代替那存在着阶级和阶级对立的资产阶级旧社会的,将是这样一个联合体,在那里,每个人的自由发展是一切人的自由发展的条件。"③马克思"一切人的自由发展"观,是在批判资本主义社会的基础上提出来的,所强调的是整个人类的发展不再以牺牲一部分人的发展为代价,而着眼于"一切人的自由发展"构建的"自由人联合体"。这种"自由人联合体"是人的自由与社会的自由高度统一,使人的个性、人格、创造性和独立性得到最大限度的发挥,既不妨碍别人的自由发展,也不妨碍正常的社会秩序。作为个体的人,只有生理素质、心理素质、思想道德素质和科学文化素质等得到发展和完善,实现每一个人的主体活动都成为自己本身的主人,才是自由发展的真谛。马克思认为,人的发展的最高境界是人的自由全面发展,是人的本质的真正实现,共产主义社会是"以每个人的全面而自由的发展为基本原则的社会形式"④。在马克思看

---

① 《马克思恩格斯全集》第 42 卷,北京:人民出版社,1979 年,第 123 页。
② 《马克思恩格斯选集》第 1 卷,北京:人民教育出版社,2012 年,第 135 页。
③ 《马克思恩格斯选集》第 1 卷,北京:人民出版社,1995 年,第 294 页。
④ 《资本论》第 1 卷,北京:人民出版社,1975 年,第 649 页。

来,人的发展不仅是社会发展的内在要求,而且是社会发展的最终体现。

马克思关于人的全面发展理论是通过教育方针的制定而实现中国化的。1957年,毛泽东提出"我们的教育方针,应该是使受教育者在德育、智育、体育几方面都得到发展,成为有社会主义觉悟的有文化的劳动者"①的重要论断,奠定了我国教育方针几十年的发展基调,这与马克思主义经典作家最初设想的只有在共产主义社会才会实现的埋想目标相比,具有本土化、世俗化和制度化的特征。其中,本土化集中表现在它植根于中国传统文化的土壤,特别是与中华传统文化中的儒家以德为首、德智体美全面发展的朴素教育思想相融合,成为中华民族教育思想意识的有机组成部分;世俗化并不是指庸俗化,而是社会理想的非理想化、功利化过程,具体是为新中国成立初期加强思想政治工作服务的;制度化是马克思主义经典作家所追求的目标之一,人的全面发展理论的中国化也是通过制度化得以实现的,自20世纪50年代提出教育方针后,德智体美全面发展随即被纳入教育规程,其基本内涵一直沿用至今,1995年颁布的《教育法》更使之成为国家意志和教育工作的基本准则。21世纪初,人的全面发展问题受到当代中国马克思主义者的高度重视。在著名的"七一讲话"中,江泽民曾8次提到这一概念,并且在文章的第四部分以其为主线全面论述党的基本路线和历史任务问题②,这既是对人的全面发展学说的发展,也奠定了新世纪初教育方针的思想理论基础。习近平总书记指出:"人,本质上就是文化的人,而不是'物化'的人;是能动的、全面的人,而不是僵化的、'单向度'的人。"③站在新的历史起点上,习近平新时代中国特色社会主义思想为推动人的全面发展提供了科学理论指导,其人民至上的价值追求与马克思关于人的全面发展理论本质相通,也是中国共产党"全心全意为人民服务"根本宗旨的生动体现。

马克思关于人的全面发展理论为新时代德育和思想政治教育工作奠定了理论基础,马克思主义的中国化和时代化更为新时代德育和思想政治教育工作指明了具体方向,方向之一便是要善于学习和借鉴中华优秀传统文化和传

---

① 翟博:《新中国教育方针的形成与演变》,《中国教育报》2009年9月22日,第04版。
② 江泽民:《江泽民文选(第三卷)》,北京:人民出版社,2006年,第294页。
③ 习近平:《之江新语》,杭州:浙江人民出版社,2007年,第150页。

统德育思想。正如习近平总书记所说："我们必须坚定历史自信、文化自信，坚持古为今用、推陈出新，把马克思主义思想精髓同中华优秀传统文化精华贯通起来、同人民群众日用而不觉的共同价值观念融通起来，不断赋予科学理论鲜明的中国特色，不断夯实马克思主义中国化时代化的历史基础和群众基础，让马克思主义在中国牢牢扎根。"①左宗棠是中国近现代史上的代表人物之一，研究其德育思想具有一定的必要性和可行性，对于新时代德育和思想政治教育工作具有积极意义，马克思关于人的全面发展理论有助于指导我们开展左宗棠德育思想研究工作。

## 二、社会存在与社会意识的唯物史观理论

社会存在与社会意识的辩证关系原理，是马克思主义唯物史观最根本的原理之一。社会存在是指社会物质生活条件的总和，即人类赖以生存和发展的物质生活条件。社会意识是人们的社会精神现象的总和，是对社会存在的一种总体反映，包括了人的一切意识要素、观念形态以及人类社会的全部精神现象与过程。首先，马克思主义认为社会存在决定社会意识，"历史过程中的决定性因素归根到底是现实生活的生产和再生产"②，它是社会意识产生的基础，决定着社会意识的内容，决定着社会意识的变化和发展。其次，社会意识对社会存在具有能动的反作用，先进的、科学的社会意识对社会存在的发展起着巨大的促进作用，推动社会向前发展；落后的、非科学的社会意识对社会存在的发展具有重大的阻碍作用，延缓历史的发展进程。最后，社会意识具有相对的独立性，具体为：社会意识的发展变化与社会存在的发展变化不完全同步，社会意识的发展变化会落后于或者先进于社会存在的发展变化；社会意识的发展同经济发展的水平之间具有不平衡性；社会意识在自身的发展中具有历史继承性；社会意识各种形式之间相互影响和相互作用；社会意识对社会存在的反作用是社会意识相对独立性最集中和最突出的表现。社会存在与社会意识的唯物史观理论在人类思想史上第一次正确解决了社会历史观的基本问

---

① 习近平：《高举中国特色社会主义伟大旗帜，为全面建设社会主义现代化国家而团结奋斗》，《人民日报》2022年10月26日，第01版。

② 《马克思恩格斯文集》第10卷，北京：人民出版社，2009年，第591页。

题，是社会历史观革命性变革的基础，它宣告了唯心史观的破产，它使对社会历史的研究真正成为科学，它为无产阶级改造社会、争取解放的革命斗争提供了强大的思想武器，为建设和发展新时代中国特色社会主义伟大事业、为新时代实现文化自信与文化自觉提供了强大的推动力量。

基于上述理论，对于左宗棠德育思想的研究，一定要立足于左宗棠所处的时代，方能客观追溯左宗棠德育思想形成的背景与渊源，方能客观分析左宗棠德育思想的继承性特征，方能客观理解左宗棠德育思想对于社会存在的进步性。此外，社会存在与社会意识的唯物史观理论有助于我们理解左宗棠德育思想的当代价值，并结合社会需要，取其精华、去其糟粕，利用左宗棠德育思想的合理元素，促进新时代思想政治教育的理论发展，促进新时代公民道德建设，为新时代的社会发展做出贡献。

### 三、习近平新时代中国特色社会主义思想关于思想政治教育的重要论述

党的十八大以来，以习近平同志为主要代表的中国共产党人，坚持把马克思主义基本原理同中国具体实际相结合、同中华优秀传统文化相结合，坚持毛泽东思想、邓小平理论、"三个代表"重要思想、科学发展观，深刻总结并充分运用党成立以来的历史经验，从新的实际出发，创立了习近平新时代中国特色社会主义思想。党的十九大把习近平新时代中国特色社会主义思想确立为我们党必须长期坚持的指导思想，并在党章中把习近平新时代中国特色社会主义思想确立为党的行动指南，将这一思想的核心内容概括为"八个明确""十四个坚持"。党的十九届六中全会通过的《中共中央关于党的百年奋斗重大成就和历史经验的决议》，用"十个明确"对习近平新时代中国特色社会主义思想的核心内容作了进一步概括，并从十三个方面分领域总结成就、概括原创性理念和思想，提出"两个确立"重要论断：确立习近平同志党中央的核心、全党的核心地位，确立习近平新时代中国特色社会主义思想的指导地位。党的十九大、十九届六中全会提出的"十个明确""十四个坚持""十三个方面成就"概括了习近平新时代中国特色社会主义思想的主要内容。党的二十大提出"六个必须坚持"，概括阐述了习近平新时代中国特色社会主义思想的世界观、方法论和

贯穿其中的立场观点方法。习近平新时代中国特色社会主义思想是当代中国马克思主义、二十一世纪马克思主义，是中华文化和中国精神的时代精华，实现了马克思主义中国化新的飞跃。

党的十八大以来，以习近平同志为核心的党中央特别重视教育工作，也高度重视思想政治教育工作，关于教育及思想政治教育的重要论述是习近平新时代中国特色社会主义思想的重要组成部分。习近平总书记在全国高校思想政治工作会议上指出："要坚持把立德树人作为中心环节，把思想政治工作贯穿教育教学全过程，实现全程育人、全方位育人。"①首先，做好思想政治教育工作，必须坚定政治方向，找准问题要害，增强阵地意识，有坚定的政治意识才能增强使命感，有明确的问题意识才能抓住要害，有科学的对象意识才能提升工作成效。其次，做好思想政治教育工作，要深刻把握时代环境变化，创新方式方法，要推进思想政治理论课改革创新，推进校园文化建设改革创新，推进网络空间建设改革创新。思想政治理论课是思想政治教育的主要渠道，是开展思想政治工作的重要平台。校园文化对学生的思想观念、价值取向和行为方式有着潜移默化的影响，推进校园文化建设改革创新能使学生在日常生活和活动中感受思想和文化的力量，起到春风化雨、润物无声的效果。互联网已经成为思想和知识传播的重要领域、学习和生活的重要空间、教学和管理的重要平台，运用新传媒新手段新方法是做好思想政治工作的题中应有之义，推进网络空间建设改革创新，要创新网络思想政治教育的内容形式，利用新传媒的特点，把互联网建设成为思想政治教育的新阵地。最后，做好思想政治教育工作，要构建大思政工作机制，夯实思想政治工作平台，完善思想政治工作保障机制。

文化自信是习近平新时代中国特色社会主义思想的重要内容，习近平新时代中国特色社会主义思想吸吮着中华民族 5000 多年漫长奋斗积累的文化养分，开辟了继承和弘扬中华优秀传统文化、革命文化、社会主义先进文化的新局面，极大提升了中华民族的向心力和凝聚力，极大增强了中华民族屹立于

---

① 习近平：《在全国高校思想政治工作会议上强调：把思想教育工作贯穿教育教学全过程、开创我国高等教育事业发展新局面》，《人民日报》2016 年 12 月 9 日，第 10 版。

世界民族之林的自信心和自豪感。传统文化是思想政治教育的一个研究方向,中华优秀传统文化对于思想政治教育具有重要作用,《关于实施中华优秀传统文化传承发展工程的意见》的印发,深刻体现了以习近平同志为核心的党中央对中华优秀传统文化的高度重视和高度自信。党的十八大以来,习近平总书记一再强调"对中华文化要实现创造性转化、创新性发展"①,"两创"②可谓关于继承和弘扬中华优秀传统文化最前沿的实践指导。习近平新时代中国特色社会主义思想关于继承弘扬中华优秀传统文化的指导方针是在充分结合了党的历史文化方针以及学术研究成果的基础上发展创新的,除"两创"外还包含对中华传统文化要"有鉴别地对待和有扬弃地继承"③,还包含"中华传统文化要与当代文化相适应、与现代社会相协调"④,"善于继承才能善于创新"⑤,继承和弘扬是转化与创新的前提,要在扬弃中继承、在继承中发展、在发展中创新。"两有"⑥是继承的基本原则,"两相"⑦是继承的实践标准,"两创"是继承与发展创新的重要关系。"两有""两相""两创"的综合运用有助于完整理解习近平新时代中国特色社会主义思想关于继承弘扬中华优秀传统文化的指导方针。

　　左宗棠德育思想是中华优秀传统文化的组成部分,基于上述理论,对于左宗棠德育思想的研究,不仅要在历史视域内分析评价左宗棠德育思想,还要对左宗棠德育思想进行鉴别、继承、转化、创新,同时遵循思想政治教育对象的成长规律、生活规律,从思政课、校园文化、社会实践、新媒体等路径研究当代价值及实践方法,这样才是继承弘扬中华优秀传统文化的正确思路,才能实现古为今用,使左宗棠德育思想的当代价值发挥出滋养新时代思想政治教育的实践作用。

---

① 习近平:《高擎民族精神火炬　吹响时代前进号角　铸就中华民族伟大复兴时代文艺高峰》,《人民日报》,2016 年 12 月 1 日,第 1 版。

② 陈来:《弘扬中华优秀传统文化的根本指引》,《人民日报》2016 年 9 月 22 日,第 07 版。

③ 习近平:《习近平谈治国理政》第二卷,北京:外文出版社,2017 年,第 313 页。

④ 习近平:《习近平谈治国理政》,北京:外文出版社,2014 年,第 161 页。

⑤ 习近平:《在纪念孔子诞辰 2565 周年国际学术研讨会暨国际儒学联合会第五届会员大会开幕会上的讲话》,《人民日报》2014 年 9 月 25 日,第 02 版。

⑥ 陈来:《弘扬中华优秀传统文化的根本指引》,《人民日报》2016 年 9 月 22 日,第 07 版。

⑦ 陈来:《弘扬中华优秀传统文化的根本指引》,《人民日报》2016 年 9 月 22 日,第 07 版。

## 第三节　研究涉及的相关关系

本书对于左宗棠德育思想的研究,旨在通过对中华优秀传统文化当代价值的合理利用,提升新时代社会成员道德水平,助力公民道德建设,助力思想政治教育工作,助力培育和践行社会主义核心价值观,因此有必要先行阐释上述重点内容与传统文化的内在关系,这有利于本书研究工作的进一步开展。

### 一、公民道德建设与传统文化的内在关系

中华文明源远流长,孕育了中华民族的宝贵精神品格,培育了中国人民的崇高价值追求。中国共产党领导人民在革命、建设和改革历史进程中,坚持马克思主义对人类美好社会的理想,继承发扬中华传统美德,创造形成了引领中国社会发展进步的社会主义道德体系。坚持和发展中国特色社会主义,需要物质文明和精神文明全面发展、人民物质生活和精神生活水平全面提升。2001年,党中央颁布了《公民道德建设实施纲要》,对在社会主义市场经济条件下加强公民道德建设提供了重要指导,有力促进了社会主义精神文明建设。党的十八大以来,以习近平同志为核心的党中央高度重视公民道德建设,立根塑魂、正本清源,作出一系列重要部署。2019年10月,中共中央、国务院印发实施《新时代公民道德建设实施纲要》,旨在进一步加强公民道德建设、提高全社会道德水平,这是中国特色社会主义新时代全面建成小康社会、全面建成社会主义现代化强国的战略任务,是适应社会主要矛盾变化、满足人民对美好生活向往的迫切需要,是促进社会全面进步、人的全面发展的必然要求。大力推动新时代公民道德建设,才能使中国特色社会主义和中国梦深入人心,才能践行社会主义核心价值观,才能培育传承中华优秀传统文化的自觉性,才能广泛弘扬爱国主义、集体主义、社会主义思想,才能追求崇尚英雄、尊重模范、学习先进的风尚,才能增强民族自信心和自豪感,才能不断提高人民思想觉悟、道德水准、文明素养,才能有效形成积极健康向上的社会良好道德态势。

新时代公民道德建设与中华传统文化存在不可分割的内在关系。首先,中华优秀传统文化为新时代公民道德建设提供了丰富的内容资源和道德准

则,是社会主义文化自信的力量源泉。其次,坚持在继承传统中创新发展是新时代公民道德建设的总体要求之一,其与坚持马克思主义道德观、社会主义道德观,坚持以社会主义核心价值观为引领,坚持提升道德认知与推动道德实践相结合等要求并列,纲要要求自觉传承中华传统美德,使传统文化适应新时代改革开放和社会主义市场经济发展要求,积极推动创造性转化、创新性发展,不断增强道德建设的时代性与实效性。最后,传承中华传统美德是新时代公民道德建设的重点任务之一,其与筑牢理想信念之基、培育和践行社会主义核心价值观、弘扬民族精神和时代精神等任务并列。纲要指出中华传统美德是中华文化精髓,是道德建设的不竭源泉。要以礼敬自豪的态度对待中华优秀传统文化,充分发掘文化经典、历史遗存、文物古迹承载的丰厚道德资源,弘扬古圣先贤、民族英雄、志士仁人的嘉言懿行,让中华文化基因深入人们的思想意识和道德观念。深入阐发中华优秀传统文化蕴含的讲仁爱、重民本、守诚信、崇正义、尚和合、求大同等思想理念,深入挖掘自强不息、敬业乐群、扶正扬善、扶危济困、见义勇为、孝老爱亲等传统美德,并结合新的时代条件和实践要求继承创新,充分彰显其时代价值和永恒魅力,使之与现代文化、现实生活相融相通,成为全体人民精神生活、道德实践的鲜明标识。由此可见,深入研究中华优秀传统文化,发展利用其当代价值能够有效助力新时代公民道德建设。

## 二、思想政治教育与传统文化的内在关系

无产阶级政党提出并发展了思想政治教育这一概念,其活动形式虽自古就一直存在于社会之中,但不可否认思想政治教育一直是中国共产党的一大政治优势,其定义为社会和社会群体用一定的思想观念、政治观点和道德规范,对社会成员进行有目的、有组织和有计划地影响,使他们形成一定社会所要求的思想品德的社会实践活动。在社会主义中国,思想政治教育的根本目的和主要任务就是用马克思主义教育广大党员和人民群众,武装受教育者的头脑,而马克思主义要实现为广大党员和人民群众所接受,就必须转化为中国形式,具有中国的民族风格和气质,马克思主义中国化一直是中国共产党人面对的重要课题之一,因此努力促进马克思主义理论与中国传统的融合与统一是开展思想政治教育、增强思想政治教育文化底蕴的重要使命和重要意义。

早在新中国成立之前,毛泽东就指出:马克思主义必须与我国的具体特点相结合并通过一定的民族形式去实现。一方面,马克思主义要不断吸取传统文化的精华,使自己的内容更加充实和完善;另一方面,马克思主义博大精深的理论体系必须带上鲜明活泼的中国作风和气派,才能喜闻乐见。新中国成立以来,党的历代领导集体都致力于这种融合与统一,不仅接受马克思主义教育,也受到传统文化的熏陶,习近平新时代中国特色社会主义思想更是马克思主义中国化的最新成果,实现了马克思主义与中华优秀传统文化的深度融合。马克思主义中国化的历史过程和成功经验,为新时代思想政治教育工作提供了有益启示。

新时代思想政治教育与中华传统文化存在重要的内在联系。首先,中华传统文化是思想政治教育的历史前提。人都生活在一定的文化环境中,社会化过程把传统文化内化为人的精神素质,赋予了人一定的思想、观念、性格、情感,人也会将自身的思维意识倾向熔铸于社会活动而表现出来。因此五千年积淀下来的文化底蕴深刻影响着当代社会中的人的行为方式和价值取向,客观成为思想政治教育的现实基础,这也符合社会存在与社会意识的唯物史观理论。其次,中华传统文化是思想政治教育取之不尽、用之不竭的内容源泉。作为一种提高人的文化素质、培养人的健康人格、促进人的全面发展的教育实践活动,思想政治教育的内容建构必须具有丰富的文化内涵、文化品位和文化精神,必须与社会文化发展的目标保持一致,思想政治教育发挥自身优势必须充分吸收和汲取中华传统文化的养分,当然这需要建立在对中华传统文化去伪存真地继承、弘扬、转化、创新基础上。最后,中华传统文化对思想政治教育具有一定的启示和影响。比如传统文化中自强不息、厚德载物的精神,对于理想信念教育具有深刻的启示意义;传统文化中国家兴亡、匹夫有责的精神,对于爱国主义教育具有深刻的启示意义;传统文化中民为邦本、贵民重民的思想,对于全心全意为人民服务的思想教育具有重要的借鉴意义;传统文化中重视道德感化、强调道德践履的思想,对于道德修养的素质教育具有重要的借鉴意义。因此,在具体开展思想政治教育实践活动中,应有效推进马克思主义与中华优秀传统文化的融合,在坚持马克思主义指导的前提下重视融入中华优秀传统文化,使中华优秀传统文化的深厚矿藏充分发挥出资源型价值作用,这也是本书研究左宗棠德育思想及当代价值的现实意义所在。

### 三、社会主义核心价值观与传统文化的内在关系

党的十七届六中全会提出了社会主义核心价值体系的新思想,强调社会主义核心价值体系是"兴国之魂",建设社会主义核心价值体系是推动文化大发展、大繁荣的根本任务。党的十八大提出了社会主义核心价值观的新理念,明确提出"三个倡导"①,即"倡导富强、民主、文明、和谐,倡导自由、平等、公正、法治,倡导爱国、敬业、诚信、友善,积极培育社会主义核心价值观"②。提炼和概括出简明扼要、便于传播践行的社会主义核心价值观,对于建设社会主义核心价值体系具有重要意义。社会主义核心价值观分别从国家层面、社会层面、公民层面表达了核心价值追求,这既是对中国特色社会主义理想信念的集中概括,也是对中华民族历代先贤重大价值选择的深刻总结,这一理论创造有着广泛的现实基础和深厚的文化渊源,是中华民族悠久文明的结晶。2013 年 12 月,中共中央办公厅印发的《关于培育和践行社会主义核心价值观的意见》中明确提出,以"二个倡导"为基本内容的社会主义核心价值观,与中国特色社会主义发展要求相契合,与中华优秀传统文化和人类文明优秀成果相承接,是我们党凝聚全党全社会价值共识作出的重要论断。③

社会主义核心价值观与中华传统文化存在紧密的内在关系。首先,可以从中华传统文化中找到社会主义核心价值观的理论源头和宝贵资源。富强、民主、文明、和谐是国家层面的价值目标,其中对于"富强",最早于战国时期《管子》一书的《治国篇》就清晰透露出"富国""强国"的价值取向;对于"民主",碍于古代封建统治君主专制的政权模式,严格说这一思想出现于近代孙中山的"三民主义",但古代一些进步思想家在反对与批判君主专制的政治思考中也透露出与"民主"相近的思想意识,比如战国中期庄子的否定君权意念,再如明清时期的黄宗羲已显现出用民权代替君权的政治观念;对于"文明"一词,最

① 舒刚:《"三个倡导"——核心价值观的基本内容》,《北京日报》2014 年 1 月 3 日,第 02 版。
② 舒刚:《"三个倡导"——核心价值观的基本内容》,《北京日报》2014 年 1 月 3 日,第 02 版。
③ 沈壮海:《培育和践行社会主义核心价值观的重要遵循》,《光明日报》2014 年 1 月 29 日,第 13 版。

早可见于《易传》的《象传》和《文言传》；对于"和谐"，其相关文化在我国古代文化中占有十分重要的地位，儒家、道家均有鲜明的和谐思想意识。

自由、平等、公正、法治是社会层面的价值取向，其中对于"自由"，我国古代虽未明确提出这一概念，但一些进步思想家在反对封建专制思想束缚的独立思考中，已透露出向往个体自由的思想意识，如庄子《马蹄》一文中的"一而不党，命曰天放"①所表达的就是向往恢复人的自然属性和向往个体自由；对于"平等"，我国古代亦未有这一词语，但古代提出的"王子犯法，与庶民同罪"（《野叟曝言》）之说，也已透露出法律面前人人平等的思想，近现代意义上倡导的自由与平等应源于孙中山对于西方资产阶级革命思想的借鉴成果；对于"公正"，我国古代虽未有这一词语，但"公"与"正"的概念及思想却早已存在，如《礼记·礼运篇》明确提出"大道之行也，天下为公"的理想追求，如《尚书·洪范》将"正直"置于"三德"之首的重要地位；对于"法治"，强调依法而治是我们祖先早已倡导的政治主张，最早起源于先秦法家，可以说传统文化中的"法治"思想无比丰富，但由于封建制度的禁锢，前贤的法治主张一直被"人治"所制约，并未出现过现代意义上的"法治"模式。

爱国、敬业、诚信、友善是公民个人层面的价值准则，它们均属于中国传统道德范畴，更同中华传统美德有着十分亲密的关系，对于"爱国"，其为我国的一种优良传统，影响十分广泛，爱国志士，代有其人；对于"敬业"，其属于职业道德范畴，我国古代先贤一贯强调树立敬业、乐业的职业道德情操；对于"诚信"，其突出的是诚实守信理念，要求人们在相互交往中，做到真诚实在，不失信誉，此思想在中华经典著作中被广泛论及，我国古代先贤也特别重视诚信之德的构建；对于"友善"，意为友好善良，指的是在与人交往中，要友好相待，知心向善，这也是中华民族的传统美德，代代相承，为仁人志士们所重视。

其次，在培育和践行社会主义核心价值观的实践活动中，应充分发挥中华优秀传统文化怡情养志、涵育文明的重要作用。中华优秀传统文化积淀着中华民族最深沉的精神追求，包含着中华民族最根本的精神基因，代表着中华民族独特的精神标识，是中华民族生生不息、发展壮大的丰厚滋养。在实践活动

---

① 王磊、张淳注释：《庄子》，南京：东南大学出版社，2013年，第109页。

中,要建设优秀传统文化传承体系,加强对优秀传统文化思想价值的挖掘,梳理和萃取中华文化中的思想精华,作出通俗易懂的当代表达,赋予新的时代内涵,使之与新时代中国特色社会主义相适应,让优秀传统文化在新的时代条件下不断发扬光大。要重视民族传统节日的思想熏陶和文化教育功能,丰富民族传统节日的文化内涵,开展优秀传统文化教育普及活动,培育特色鲜明、气氛浓郁的节日文化。要增加国民教育中优秀传统文化课程内容,分阶段有序推进学校的优秀传统文化教育。要开展移风易俗,创新民俗文化样式,形成与历史文化传统相承接、与时代发展相一致的新民俗。由此可见,对左宗棠德育思想进行深入研究,挖掘左宗棠德育思想当代价值,符合继承弘扬中华优秀传统文化的实践需要,对左宗棠德育思想当代价值进行合理转化创新,并将其应用于不同社会群体、不同学龄阶段的传统文化教育中,符合培育和践行社会主义核心价值观的实践需要。

本章主要阐述了左宗棠德育思想研究中涉及的相关概念、理论基础和内容关系。在相关概念部分,主要阐述了德育、思想政治教育、道德教育概念的演变及内涵,并对三者的概念关系以及在文中的使用进行了界定。在理论基础部分,主要阐述了马克思关于人的全面发展理论、社会存在与社会意识的唯物史观理论、习近平新时代中国特色社会主义思想关于思想政治教育的重要论述。在内容关系部分,主要分析了新时代公民道德建设与传统文化的内在关系,分析了思想政治教育与传统文化的内在关系,分析了社会主义核心价值观与传统文化的内在关系。厘清相关概念是开展具体研究工作的前提和基础,遵循相关理论会使具体研究工作更加科学和合理,分析相关内容关系可以帮助明确本书研究工作的主旨与目的,本章的基础性工作将有利于后续研究的进一步开展。

# 第二章　左宗棠德育思想的形成

左宗棠一生所学涉猎广泛,一生经历也异常丰富,从左宗棠的相关研究的现状可以看出,左宗棠在道德修养、洋务、经世、爱国、经济、教育、军事、社会治理等领域都具有独特的思想主张,在农业、水利、国防、环保、基础设施建设等方面也具有独到的见解。遵循社会存在与社会意识的唯物史观理论,对于左宗棠德育思想进行整体而全面的把握,进行具体而深入的研究,必须追溯到促使其德育思想形成的时代背景与历史渊源之中,同时还需要结合左宗棠的个人经历了解其思想的形成过程。

## 第一节　左宗棠德育思想形成的时代背景

左宗棠的思想观点源于对传统思想的继承和对现实需要的思考,其价值虽不仅体现在所处时代的历史一隅,但我们仍必须结合历史现实来理解其思维逻辑,以便深入研究左宗棠思想的脉络,并分析左宗棠思想的整体架构与内在关系。回溯晚清时期的历史现实,总结社会现状、描述民族前途的词多数为忧患、危亡、落后、过渡、转型、变革等,概括左宗棠人物事件也具体会用到解决内乱、抗击侵略、长治久安、师夷长技、洋务运动、自强自立等带有明显救亡图存目的的词语。左宗棠的思想是其行为实践的指导与准则,也是对危亡时局的感悟与回应,他的思考和行动模式遵循着"经世致用"和"知行合一"的原则,因此我们应当遵循这样的研究思路去挖掘其思想所植根的时代背景,去透视其思想的内外部联系。

## 一、朝廷政治内忧外患

嘉庆帝之后清朝逐渐衰败,清朝末年统治面临内忧外患、上下交困的严重危机。朝廷内部政治腐朽,矛盾复杂,营私舞弊,贿赂成风;西方列强大肆侵华,武力侵略,经济掠夺,割地赔款;社会环境动荡不安,经济凋敝,赋税严重,民不聊生。

道光帝(1820—1850 年在位)虽节俭勤政,但优柔寡断,其在位期间西方列强的鸦片贸易强行进入中国市场,大肆摧残国人。面对亡国危难,以林则徐为代表的为数不多的禁烟派,在驰烟派和贵族的反对声中开始禁烟运动。随后鸦片战争彻底爆发,统治阶级应战态度动摇不定,时战时和,最终只能沦落到妥协投降、割地辱国的地步,致使中国开始沦为半殖民地半封建社会。

咸丰帝(1850—1861 年在位)时期,为弥补战争赔款等导致的财政亏空,清政府横征暴敛,社会阶级矛盾激化,各地民众纷纷揭竿而起,起义多达百余次,其中以太平天国运动规模为甚,清军无能,士气涣散,节节败退,咸丰帝起用爱新觉罗·肃顺为首席军机大臣,大力扶持地方团练,湘军、淮军应运而生,逐渐成为替代八旗、绿营的国防中坚力量。第二次鸦片战争爆发,咸丰帝被逐出北京,逃亡热河避暑山庄,三十一岁病逝时册立同治皇帝,并令"赞襄政务王大臣"八臣辅政。

同治帝(1861—1875 年在位)时期,八臣辅政体制被恭亲王奕䜣等人联合发动的"北京政变"推倒,确立了由皇太后垂帘听政、亲王辅政的格局,确定"借师助剿、优先安内"政策,"听政之初,军事方亟。两宫仍师用肃顺等专任汉人策。内则以文祥、倭仁、沈桂芬等为相,外则以曾国藩、左宗棠、李鸿章等为将。自军政吏治,黜陟赏罚,无不咨询。故卒能削平大乱,开一代中兴之局"①。重用汉军名臣的举措暂时挽救了清朝,但闭关锁国的长期策略严重阻碍社会变革,导致清朝落后于世界。

光绪帝(1875—1908 年在位)继位时年仅四岁,仍由皇太后垂帘听政,亲政后虽立志恢复"康乾盛世",但有心无力,一生没能摆脱慈禧太后的阴影。光绪

① 印鸾章:《清鉴(下册)》,上海:上海书店,1985 年,第 654 页。

帝政治经验欠缺,中日甲午战争失败后任用康有为、梁启超等变法,遭到镇压后被软禁于中南海瀛台。1900 年初爆发义和团运动后,英、美、法、德等八国联军假借镇压义和团的名义发动了对中国的武装侵略,杀人放火、奸淫抢掠,京城沦陷,清政府签订《辛丑条约》,标志着中国彻底沦为半殖民地半封建社会,中华民族遭受到巨大的灾难。

左宗棠虽入仕较晚,但始终饱含爱国热情,心忧天下,以其智勇谋略抗侵平乱、南征西讨。1852 年,太平军围攻长沙之际,受郭嵩焘等人举荐,左宗棠"昼夜调军食,治文书","区画守具"①,助巡抚张亮基、骆秉章成功守住长沙,名声大振。1856 年至 1866 年期间,先后于湖南、安徽、江西、浙江、福建、广东等地随军作战。后期率军入西北收复新疆,收回伊犁,晚年抗击法军,可谓一生为保卫清朝的江山社稷立下了汗马功劳。左宗棠不仅能够率军作战,所到之处均关注军纪、民生、教育、经济,在特定的时代背景用其独特的"经世致用"思想减兵并饷、兴修水利、垦种荒地、兴办义学、刊发书籍、建设厂办,为战后恢复和稳定地方立下不世之功。

## 二、经济发展曲折缓慢

晚清社会经济结构中,自然经济仍占据主导地位,受西方资本主义思想影响,18 世纪末至 19 世纪初,清政府已逐渐意识到商人和商业的重要性,尤其在 19 世纪前期,放任派的主张占据上风,已经允许商人经营几种重要的经济活动,比如矿政、海运南漕以及票盐法,然而这种主张并不是为资本主义生产方式做准备,更多是源于这个时期严重的"银贵钱贱"危机。1814 年,吏部尚书英和提出开矿作为增加财政收入的几个建议之一,他认为无论政府和商人都可以经营矿业,到 1840 年清政府批准了更多开矿提议,魏源在 1842 年提出允许私人开矿的建议,1844 年清政府开放矿禁,并允许平民开矿,这一过程体现出矿业从官办到商办的转变。所谓"海运南漕",就是将从东南征收的钱粮,通过海运的方式运输至京城。清初以来,不时有招商海运南漕的建议提出,但直到

---

① 赵尔巽、柯劭忞等编:《清史稿 17 · 列传卷 383—卷 452》,台北:洪氏出版社,1981 年,第 12023—12024 页。

1825 年道光帝时,该建议终被采纳,1827—1847 年暂时停止,1848 年再度实施,直到清末,这一政策改变了从明代中叶以来持续大约 400 年的通过大运河运输漕粮的传统,漕粮运输由官营向商营的转变是史无前例的。清朝除滇盐由政府运送和销售外,其余地区的盐均由享有垄断权的盐商运销。他们持有运输与购买盐的执照"盐引",就是一张购买单位为 200 斤的许可证,这种购买费用是一般百姓无法负担的,因此盐商获利丰厚。1830 年两江总督陶澍的幕僚包世臣建议把盐票承购的单位降为 1 斤,让社会低收入者能够购买,纳税之后可在市场范围自由销售,史称"票盐法",1831 年陶澍尝试改革盐务,1832 年起,票盐法在淮北实施,1838 到 1839 年,陶澍的幕友魏源也提到,由于票盐法所售盐价只有旧法的一半,所以在根除私枭方面成效显著。尽管票盐法仅在安徽地区实行,但这种具有自由竞争精神的制度开创了一代先河。

1840 年鸦片战争惨败后,外国商品趁机疯狂输入中国市场,致使已存在两千余年的自然经济遭遇极大冲击,自给自足的传统经济结构被迫改变,广大农民和手工业者破产失业,社会矛盾加剧,起义不断,太平天国运动爆发后,晚清政府的财政问题加剧、危机凸显。为应对危急局面、顺应社会发展,朝廷内的洋务派官员发起一场洋务运动,运动主要开展于同治初年至光绪中期(1861—1890 年),主旨为"求强"和"求富",创办的洋务企业包含军事、工商、矿业、交通运输等方面。其间左宗棠也积极倡导和践行洋务运动,他于 1866 年创办福州船政局,旨在发展沿海商业、加强海防装备、贯通南北航运;于 1873 年创办甘肃制造局,为收复新疆的军事服务;于 1880 年创办兰州织呢局,利于民族经济,促进工业发展。同时左宗棠始终倡导铁路、矿务等必须坚持中国人自办的原则。此时商办企业即民族资本企业也开始出现,到甲午战争时期已有 170 家,集中在面粉、缫丝、机器修造等企业。据统计,清末企业中官办企业和官督商办企业占到 64.56%,民族资本企业占 37.01%,中外合资企业占 2.43%,清朝经济略微恢复,但发展缓慢。洋务运动和多种经济形式的出现促进了中国近代经济和工业的发展,对中国近代政治发展也产生了巨大的影响。

### 三、文化变迁推陈出新

嘉庆、道光之际,传统的封建文化依然是普遍存在的文化主体,对于康熙年间盛行的宋学与乾嘉年间显赫的汉学之间的尊崇之争从未停息,但文化核心的儒学也在发生新的变化,汉宋调和思想显现,此时的大部分学术界人士都认为宋学与汉学"皆各有所宜,不可偏废"①,"皆有功于圣人"②,但在此种思想内部也出现三种具体不同的声音,主要因为对于宋学和汉学的偏重程度不同。其中一部分学者认为无所偏倚,因为宋学与汉学殊途同归,持此态度的是李兆洛、胡承珙、张履等人,不分门户、不偏一家,惟"求其是"是其主要特点;一部分学者主张宗汉而不废宋,但两者不是平等对待,而是有先有后、一主一从,持此态度的多为承恩泽、冯桂芬等原宗汉学的人士;其余一部分学者主张尊崇宋学的同时也兼采汉学,持此态度的多为原宗宋学的潘德舆、夏炘、戴纲孙等人,他们视宋学为根本,视汉学为从属,以宋贯汉,调和的不只是汉宋,还有义理和心性,因为儒学区分有考据和理学,理学也区分有义理和心性,他们以提倡明义理为根底。宗宋学为主的唐鉴专攻程朱理学,对曾国藩、何桂珍、吴廷栋等士大夫影响颇深,其思想不是理学的简单兴复,而是随时势变化而不同。

今文经学的复兴也是道光年间儒学的一大变化。今文经学源自"常州学派",代表人物是庄存与和刘逢禄,与古文经学的"述而不作,信而好古"③明显不同,这是一个新颖的学派,关注现实问题,思想活泼,注重"微言大义"。道光年间今文经学复兴的代表人物是龚自珍和魏源,其吸取"引经致用"的精髓,但也突破了传统今文经学的模式,重点关注现实事务,"借经言政",表现出批判腐败、反抗外侵、维护统一、提倡改革的思想倾向,可谓"今文学之健者"④,对近代产生深远影响,后期康有为承其流风并发扬光大。社会文化之变必然与社会政治的变化分不开,面对此时期日益严重的内外危机,一些有识之士开始提倡"经世致用"之学。此时魏源编辑并刊发《皇朝经世文编》,此举具有重要影响,可谓晚清经世思潮复兴的明显标志,并且这种思潮因为社会危机的进一步恶化而逐步发展成为一种学术风气和思想趋向。除魏源外,其代表人物还有

①  龚书铎、孙燕京:《道光间文化论述》,《福建论坛(文史哲版)》1985年第6期,第12—18页。
②  龚书铎、孙燕京:《道光间文化论述》,《福建论坛(文史哲版)》1985年第6期,第12—18页。
③  张燕婴译注:《论语》,北京:中华书局,2006年,第112页。
④  龚书铎、孙燕京:《道光间文化论述》,《福建论坛(文史哲版)》1985年第6期,第12—18页。

陶澍、贺长龄、林则徐、龚自珍、包世臣等人。魏源强调"以经术为治术"①的主张,他们精学边防、漕运、盐法、钱币等各种实学,"贯经术、故事、文章于一"②,以经世治国、匡济天下为己任,砥砺才志、力矫时弊、究心世务。他们关注国民生计的所有问题,研究工商业的推行政策,倡导社会发展商品经济,敏锐而朦胧地认识到西方国家在工业现代化等方面的某些优势,并尝试迈出了引进西方科学的第一步。作为"经世致用"思想的主要倡导者和践行者之一的左宗棠,以程朱理学为宗,师从贺长龄之弟贺熙龄,与陶澍为亲,与林则徐为故,他自幼研读儒学,却未完全沉迷科举,他注重个人修养,注重实学实用,精读"有用之书"和探讨"经世之学",具有强烈的经世倾向,提倡洋务运动,同时满怀强烈的爱国之心,以天下为己任,救亡图存。

## 第二节　左宗棠的个人经历

左宗棠,字季高,自号"湘上农人",是近代著名政治家、军事家、思想家,是坚决抵御外侮的杰出爱国者。其一生经历颇为丰富,40 岁前的生活以求学、教书为主,40 岁后从两入幕府到执政各地,历经诸多重要事件,包括太平天国运动、洋务运动、收复新疆战争、中法战争等。左宗棠位列"晚清中兴四大名臣"之一,谥号"文襄"。

### 一、求学教书与修身积德

1812 年(嘉庆十七年)11 月 10 日,左宗棠出生于湖南省长沙府,具体为湘阴县的左家塅。左宗棠幼年时开始随父识字读书,始读《论语》《孟子》,后学《四书》《五经》,少年时曾精研朱熹的《四书章句集注》,并且"每命题,必令先体会《大注》,一字不许放过"③。左宗棠十分聪慧勤奋,年少时方知读书明理,胸怀远大志向,在长沙书院度过了十年的求学之路,在 1826 年(道光六年)应童子试,在 1827 年(道光七年)考取长沙府试的第二名。在求学期间,左宗棠既

---

① (清)魏源:《魏源集(上)》,北京:中华书局,2009 年,第 24 页。
② (清)魏源:《魏源集(上)》,北京:中华书局,2018 年,第 151 页。
③ 罗正钧:《左宗棠年谱》,长沙:岳麓书社,1983 年,第 5—8 页。

注重研读儒家之学,又注重探究时务之学,既能够思考儒家思想发展过程中衍生的精华与糟粕,又能够思考时务典籍传世方法中介绍的理论与实践。他反复研读先秦儒家和宋明理学的经典著作,也反复展读魏源代贺长龄编纂的辑选清朝经世致用文章的《皇朝经世文编》,这些方面的学习和思考对其日后产生了重要影响。

1830 年(道光十年),左宗棠拜访了贺长龄,贺长龄为当时十分著名的主张"经世致用"的代表学者,他将左宗棠视为国士,许以可借阅贺家图书。1831 年(道光十一年),左宗棠进入长沙城南书院读书,贺长龄之弟贺熙龄时任书院山长,对这个学生十分喜爱,称赞有加。在读书期间,左宗棠非常努力,他的成绩也一直名列前茅,同年七次考试全是第一名。1832 年(道光十二年),左宗棠参加乡试,因"搜遗"中第。同年,左宗棠成婚,夫人为周诒端。[1] 1833 年(道光十三年),左宗棠于首次会试时写下《癸巳燕台杂感》。[2] 1835 年(道光十五年),左宗棠再次会试,考取湖南省第十五名,但是因超额被撤下,只取为"誊录"。左宗棠不甘放弃,离职返乡,在周夫人的鼓励和帮助下认真研读舆地之学。[3] 1837 年(道光十七年),左宗棠主讲醴陵渌江书院,其间与当时的两江总督陶澍结识。[4] 1838 年(道光十八年),左宗棠第三次会试落第后,南下至江宁与陶澍见面,并且定下其长女与陶澍之子陶桄的婚约。[5] 左宗棠没有因考取功名入仕,但他更加认真研读经世之学,当时许多显贵名流都十分赏识左宗棠的才干。[6] 1839 年(道光十九年),陶澍离世,此后的 8 年间,左宗棠一直在安化陶家教书,帮助陶家料理相关事务,同时阅读了大量的陶家藏书,不仅持续厚积自身的道德修养,对农学、舆地学等也进行了认真的研究,而后编制出《朴存阁农书》。在此期间,左宗棠十分关注鸦片战争,在陶家研读昔日海防记载,数次

---

① 杨东梁:《左宗棠》,北京:人民文学出版社,2015 年,第 186 页。
② 杨东梁:《左宗棠》,北京:人民文学出版社,2015 年,第 222 页。
③ 沈传经、刘泱泱:《左宗棠传论》,成都:四川大学出版社,2002 年,第 24—25 页。
④ 杨东梁:《左宗棠卷》,北京:中国人民大学出版社,2017 年,第 740 页。
⑤ 王焕镳、薛英:《陶澍年谱(节录)》,《文献》1985 年第 3 期,第 81—98 页。
⑥ 赵尔巽、柯劭忞等编:《清史稿17·列传卷383—卷452》,台北:洪氏出版社,1981 年,第 12023 页。

与贺熙龄往来书信,认为可通过对火船、炮船样式的改造来做出积极应对。[①]

1847 年(道光二十七年),左宗棠离开安化回到湘阴柳庄。1848 年(道光二十八年),湘阴遭受水灾,左宗棠主动为受灾乡邻提供救济。[②] 在此期间,他被胡林翼举荐给林则徐,然而由于一些事由没有赴任。1849 年(道光二十九年),林则徐返乡途中,与左宗棠相见于湘江舟中且长谈整夜,二人谈古论今,各抒己见,相见甚欢。经此一面,林则徐对左宗棠十分欣赏,对其寄予很高的厚望,特别称赞左宗棠为"绝世奇才""不凡之才"。[③]

### 二、平乱安民与抵御外侵

1850 年(道光三十年),洪秀全等在广西金田村起义。1852 年(咸丰二年),长沙被太平军围攻,岌岌可危,形势危急,郭嵩焘等人向巡抚张亮基举荐左宗棠。左宗棠缒城而入,张亮基对其十分信任,将军事部署全部交由左宗棠负责,长沙被围三个月未破,太平军被迫向北撤军。同年末,左宗棠协助张亮基平定浏阳起事。1854 年(咸丰四年),左宗棠应湖南巡抚骆秉章聘,再入幕府,其后六年间随军转战多地。1860 年(咸丰十年),左宗棠与胡林翼、曾国藩会见,返长沙操练"楚军",入赣攻占江西德兴、婺源,于景德镇大败太平军,次年再败太平军于乐平。1862 年(同治元年),左宗棠率军从皖南越岭入浙江,多次击败太平军,解浙江被占之困。1863 年(同治二年),左宗棠升任闽浙总督兼浙江巡抚,次年攻入杭州城,加封太子少保衔。1865 年(同治四年),左宗棠调各军入闽,先后攻至福州和漳州,同年 8 月,左军分路攻入广东,战至同年 12 月,太平军余部被镇压,偕王谭体元战死,至此南部战斗宣告结束。在此期间,左宗棠先后奏请限制中外混合军,提出自造轮船设想并在西湖仿造试行,奏请在福建改行票盐。

1862 年(同治元年),捻军与太平军均进军陕西,陕西回民趁乱起义,宁夏亦同时发生严重暴乱。捻回起义以及本地汉族起义,导致陕甘局势异常紧张,

---

① 王林:《大家精要:左宗棠》,昆明:云南出版社,2009 年,第 9—10 页。
② 王林:《大家精要:左宗棠》,昆明:云南出版社,2009 年,第 22—26 页。
③ (清)胡林翼:《启湖广总督程晴峰》,《胡文忠公遗集》卷 53。

难以控制。1866年(同治五年)9月,朝廷责令左宗棠任陕甘总督。[①] 此时,捻军分为两支,东捻军转战中原,西捻军进军陕甘。同年12月,左宗棠至武昌调集各军,次年5月确定"先捻后回,先秦后陇"[②]的战略方针,9月开始围剿西捻军,不料西捻军突围,踏冰过黄河入山西,逼近京郊卢沟桥,在河北附近往返游击,后迁回至天津外围,左宗棠率军追击围堵,于海丰、吴桥击败西捻军。1868年(同治七年)6月,西捻军全军覆没,左宗棠晋太子太保,奉命回陕讨伐回军。同年12月,击破陕北董福祥等武装,次年2月击败董志原等陕西回军,5月起左宗棠进军攻打甘肃马化龙、马占鳌、马桂源、马文禄四支回军,兵分三路出击。1870年(同治九年)11月,马化龙首先败降,此时国家又添新乱,先是同年10月阿古柏侵占新疆吐鲁番和乌鲁木齐,后在次年3月沙俄入侵伊犁,侵占宁远,左宗棠一面写信给"老湘军"主帅刘锦棠,要求对沙俄入侵"急为之备"[③],一面加紧镇压其余回军。1872年(同治十一年)初,河州回军马占鳌败降,10月西宁回军马桂源败逃,次年2月,击败马桂源兄弟,此时左宗棠上书言"欲杜俄人狡谋,必先定回部;欲收伊犁,必先克乌鲁木齐"[④],同年9月肃州马文禄投降,陕甘回军之乱终于结束,左宗棠升任陕甘总督协办大学士。[⑤] 在镇压捻回起义的过程中,左宗棠强调"剿抚兼施"[⑥],重视善后以实现"长治久安"[⑦],"克复一郡县,即发一处牛种、赈粮"[⑧],整顿吏治,编辑下发《学治要言》,刊发《种棉十要》《棉书》,提出陕甘地区分闱乡试、分设学政,推行茶政改革,反复强调"为政先求利民,民既利矣,国必与焉"[⑨]。1874年(同治十三年)8月,朝廷补授左宗棠大学士,后又升为东阁大学士(《国史本传》)。

1864年(同治三年),新疆趁陕甘捻回之乱纷纷起事,建立五个割据政权,纷争不断,中亚浩罕汗国本也对我国领土觊觎已久。争夺喀什噶尔的两派头

---

① 王林:《大家精要:左宗棠》,昆明:云南出版社,2009年,第35页。

② 吴万善:《左宗棠与甘肃的经济开发》,《科学·经济·社会》1985年第4期,第309—313页。

③ (清)左宗棠:《左宗棠全集·书信二》,长沙:岳麓书社,2009年,第220页。

④ 罗正钧:《左宗棠年谱》,长沙:岳麓书社,1983年,第245页。

⑤ 王林:《大家精要:左宗棠》,昆明:云南出版社,2009年,第53—54页。

⑥ 杨东梁:《左宗棠卷》,北京:中国人民大学出版社,2017年,第9页。

⑦ 杨东梁:《左宗棠卷》,北京:中国人民大学出版社,2017年,第9页。

⑧ (清)左宗棠:《左宗棠全集·奏稿五》,长沙:岳麓书社,2009年,第109页。

⑨ (清)左宗棠:《左宗棠全集·札件》,长沙:岳麓书社,2009年,第448页。

领依次致信中亚浩罕汗国,引来阿古柏入侵南疆,侵占喀什噶尔等地,而后东进占领阿克苏、库车,六年后侵占吐鲁番、乌鲁木齐等地,开始殖民统治,甚至自封所谓"哲得沙尔"汗国。此外,英国图谋将阿古柏纳入控制范围,渗透进南疆。1871年(同治十年)3月,沙俄强行占领伊犁,[①]企图鲸吞新疆,朝廷曾令左宗棠派兵进剿,当时陕甘局势未定,左宗棠认为兴师远征并不稳妥。1873年(同治十二年)年初,左宗棠提出"从内布置、从新筹度"[②]的收复新疆方案,指出先攻取乌鲁木齐才能收复伊犁,乌鲁木齐一战成功必将"我威维扬"[③]。为保证战时物资供应,安抚新疆各部,左宗棠大兴屯田,提出新疆各部可日常耕牧。1874年(同治十三年),日本侵台,朝廷发生"海防""塞防"争论,李鸿章等人主张海防、放弃塞防,"停撤之饷,即匀作海防之饷"[④],朝廷仅有个别人支持塞防。左宗棠主张都要重视,认为如果不收复新疆,那么清军将被长期牵制,兵饷不能助益海防,且"自撤藩篱,则我退寸而寇进尺"[⑤],获军机大臣文祥支持。1875年(光绪元年),左宗棠任钦差全权督办新疆军务,节制三军,[⑥]择机尽快收复新疆。左宗棠不负众望,全力筹饷、筹粮、筹转运,指挥屯田、垦荒,整编集训、裁撤冗兵、勤加训练、配备火力,1876年(光绪二年)6月,清军自黄田一举攻克乌鲁木齐等地,收复北疆,休整半年后,清军于1877年(光绪三年)收复达坂和吐鲁番,连克库尔勒、阿克苏等地,收复喀什噶尔、和田,阿古柏暴死,完成对新疆除伊犁外其余地区的收复。左宗棠晋封为二等侯爵。

强占伊犁后,受克里米亚战争影响,沙俄实力减弱,故而宣称进军伊犁主要是为了维护新疆稳定。收复新疆大部分地区后,左宗棠强调沙俄曾许诺归还伊犁,尝试以外交途径收回伊犁。1879年(光绪五年),朝廷谈判官员迫于威胁签订《里瓦吉亚条约》,致使收回九座空城,却割让大片领土且赔款,左宗棠

---

① 郭廷以:《近代中国史纲》,上海:格致出版社、上海人民出版社,2009年,第120—124页。
② 杨东梁:《左宗棠卷》,北京:中国人民大学出版社,2017年,第525页。
③ 杨东梁:《左宗棠卷》,北京:中国人民大学出版社,2017年,第525页。
④ (清)李鸿章:《李文忠公全书·朋僚函稿:卷16》,光绪三十一年版。
⑤ 郭廷以:《近代中国史纲》,上海:格致出版社、上海人民出版社,2009年,第124页。
⑥ 王林:《大家精要:左宗棠》,昆明:云南出版社,2009年,第53—54页。

痛心疾首,提出"先之以议论,决之以战阵"①,认为"俄事非决战不可"②。1880
年(光绪六年),左宗棠拟定三路出击的计划,率亲兵出嘉峪关,以"至马革桐
棺,则固非所计矣"③表抗俄决心。此积极备战有力支持了重启的对俄谈判。
1881年(光绪七年),《中俄伊犁条约》签订,收回伊犁大部分地区,重新收回领
事等方面的一些利权。收复新疆期间和其后,左宗棠五次上奏朝廷请求新疆
建省以巩固统一和维护稳定,他减轻民众赋税,推广多种经营方式,铺路植树,
兴修水利,"为新疆画久安长治之策"④。1884年(光绪十年),新疆正式建省。

　　不可否认,左宗棠收复新疆的壮举在我国近代史上具有重大的历史和现
实意义,左宗棠完全称得上是一位可歌可泣的爱国将领和民族英雄。新疆,古
称"西域",拥有约占我国总面积六分之一的土地,物产丰盈,资源富硕,不仅有
成群的牛羊,特色的美食,悠久的文化,而且矿藏无数,石油、有色金属等资源
储藏量均十分可观,同时还处于重要的战略位置,它与8个国家为邻,是我国
的西北屏障,是陆上通往中亚、中东、欧洲的基础枢纽,是我国陆路"一带一路"
倡议的重要节点,重要性不言而喻。左宗棠力排众议,率军西征,得力于边疆
各族人民的支持,成功收复新疆,这项义举和壮举不仅彻底击破窃据十三年之
久的阿古柏反动政权,还沉重打击了英、俄两个殖民大国觊觎我国领土的扩张
阴谋,不仅抗击侵略、捍卫领土、保卫家国、维护统一,也彰显出中华民族的气
节和力量,同时在治理方面的种种措施,也有效促进了新疆地区的稳定与发
展,促进了国家边疆的稳固与团结。此丰功伟绩的确值得后人赞扬和学习,其
赤诚的爱国精神也令人钦佩。晚年多病的左宗棠依然劳心国家安危,中法战
争危急之时,左宗棠请命赴前线督军,⑤后被任命为钦差大臣,督办闽海一切军
务,左宗棠积极布防,组建"恪靖援台军"东渡台湾,⑥一度使得谅山成功回归。
此后左宗棠对于朝廷的撤军议和十分不满,称病求退,⑦但劝谏朝廷尽快设海

---

① (清)左宗棠:《左宗棠全集・奏稿七》,长沙:岳麓书社,2009年,第382页。
② 杨东梁:《左宗棠卷》,北京:中国人民大学出版社,2017年,第14页。
③ (清)左宗棠:《左宗棠全集・书信三》,长沙:岳麓书社,2009年,第536页。
④ 杨东梁:《左宗棠卷》,北京:中国人民大学出版社,2017年,第238页。
⑤ 赵尔巽、柯劭忞等编:《清史稿17・列传卷383—卷452》,台北:洪氏出版社,1981年,第12024页。
⑥ 赵尔巽、柯劭忞等编:《清史稿17・列传卷383—卷452》,台北:洪氏出版社,1981年,第12024页。
⑦ 赵尔巽、柯劭忞等编:《清史稿17・列传卷383—卷452》,台北:洪氏出版社,1981年,第12024页。

防大臣和改设台湾巡抚,后期总理海军事务衙门正式成立,台湾也正式建省。病逝临终前,左宗棠还提出许多强国之策和劝谏之言,逝世后被追封为太傅,入祀昭忠祠、贤良祠,多地建专祠纪念他。

### 三、经世致用与洋务运动

自入仕前,左宗棠便潜心研究儒学经世传统,其核心主张是"穷经将以致用"①,他穷经求知的范围涉及地理、农业、荒政、盐政、漕运、河工、塞防、海防等多个领域,主张实学和倡导力行,左宗棠所倡导的实学也在其一生不同阶段的不同地点得以"致用"践行。

于地理方面,早年的绘制地图和地理学知识为后期其在各地的军事作战和突出战绩打下坚实基础,左宗棠自己也坦言"吾频年兵事,颇得方舆旧学之力"②;于农学方面,左宗棠精学实研,曾作《广区田制图说》,编写《朴存阁农书》,入仕后在浙江、福建、甘肃、新疆等地都大力发展农业,颇有成绩;于实务之学方面,左宗棠在陶澍家教书的七年时间里,遍读了其家甚丰的关于荒政和盐、漕、河等诸务的典籍,他在陕甘、新疆等地筹备赈荒,在福建、甘肃等地推行盐票改革,在江南整顿漕务、治理水患等都离不开早期对实务的学习;于塞防、海防方面,道光年间曾有龚自珍、徐松、沈垚等掀起了研究新疆之热潮,其中龚自珍的研究最有代表性,曾提出设立新疆行省,而左宗棠也曾于青年时期写过关于西北边塞的《癸巳燕台杂感》,在其收复新疆过程中曾先后五次奏请新疆单独设省,终得以实现。至于海防,左宗棠也颇为重视研究和实践,也是下文所述其洋务运动的重要内容之一。

第二次鸦片战争后,一些有识之士认清形势,摒弃闭关自守的旧习,冲破华夷之辨的羁绊,提倡学习西方以御侮自强,满怀经世思想和爱国热情的左宗棠不甘于国家的贫弱落后,直接继承了魏源"师夷长技以制夷"的思想主张,积极开展洋务运动。

1866 年(同治五年),为了能够加强国家的海防,左宗棠全力筹划并创办了

---

① (清)左宗棠:《左宗棠全集·家书·诗文》,长沙:岳麓书社,2009 年,第 359 页。
② (清)左宗棠:《左宗棠全集·家书·诗文》,长沙:岳麓书社,2009 年,第 76 页。

福州船政局,把自造轮船作为中国自强的主要途径。主张获准后,他亲自到福州马尾山下购置民田百余亩,用法国人为正、副监督,一面从外国采购机器及配件,一面聘请西方技师,同时为了培育造船和驾驶方面的自有人才,他专门建立了求是堂艺局,其后期成为专业性人才的培训、实践园圃。福州船政局作为中国第一个新式造船厂,是当时先进技术的代表,为清政府培育了一大批科技人才,这无疑为当时的反侵略斗争提供了强有力的技术保障,不仅能够加强海防、御敌入侵,还有利于发展南北航运和沿海商业等国计民生。这一举措是洋务运动时期船舶发展的重大事件,尽管船政局建成不久,左宗棠便调往陕甘,但是人已经西行,心仍然东顾,仍持续关注船政局发展。

1872 年(同治十一年)底,兰州制造局正式投产,其前身为西安机器局。左宗棠很早就从战略高度上认识到,一定要快速发展中国工业,培养中国自己的科技人才。他调任陕甘抵达西安后,由于交通不便,难于实现军需供给,思虑后筹建西安机器局,其实质为一个小型军工厂。后因战事重心转移到甘肃,左宗棠也将西安机器局搬迁至兰州,更名为兰州制造局。左宗棠在浙、闽、粤等地抽调大批技术人员以快速提升兰州制造局的技术能力,同时委任熟悉机器的总兵赖长管理工厂事务,监造枪炮。兰州制造局的开办,虽主要为军事服务,但也是左宗棠在制造业方面的大胆尝试,且其历经风雨一直辗转留存于今,不仅培养了大批技术工人,也促进了西北地区的工业发展。

1880 年(光绪六年),左宗棠筹办兰州织呢局,他托人从德国订购机器,招聘技术人员,决心"为边方开此一利"①。兰州织呢局为中国第一家机器毛纺织工厂,有机器 60 余台,纺锭 1085 个。兰州织呢局的诞生,孕育了第一批近代纺织技术工匠,有利于甘肃民族经济的发展,开近代西北开发之先声。

在矿业问题方面,左宗棠一贯坚决反对外国人在华开矿,他认为"惟开矿一事必当禁止"②。他主张中国人应该充分利用自己的自然资源开矿,拥有属于自己的矿业,而不是让自己的自然资源被外国人所占用。左宗棠的这一主张,对当时而言是具有重要进步意义的,在一定程度上促进了当时的资本主义

---

① (清)左宗棠:《左宗棠全集·书信三》,长沙:岳麓书社,2009 年,第 273 页。
② (清)左宗棠:《左宗棠全集·书信三》,长沙:岳麓书社,2009 年,第 428 页。

发展。同时,为了促进当时的矿业发展,他还特意请托他人购置凿井、西洋开河和采金的机器,以便在西北地区投入使用。具有进步意义的是,左宗棠支持创办民族企业,鼓励发展多种性质经济,当时也确有在其扶持下创办的近代私人企业,徐州利国驿煤铁矿就是一例。

在铁路问题方面,左宗棠也坚持中国人自办的原则,他认为铁路对社会经济的发展具有重要意义,"民因而富,国因而强,人物因而倍盛,有利无害"[①]。为了使修筑铁路的想法早日落实,他曾向朝廷多次提出个人主张,在他看来,为了发展经济,便利普通老百姓的货运、陆运,畅通南北之间的交通运输,应当尽快建造清江浦至通州的铁路。左宗棠的爱国情怀以及他的战略眼光令人惊诧。在那个时代,他看得比当局者更远。左宗棠临终前夕,仍然劝诫朝廷应当及早开办铁路、矿务、船炮等,这也给当时的清政府注入了新思路和新力量。

左宗棠对于经世致用和洋务思想的理解与实践,不仅仅体现在他所从事的各种实务和创办的各类厂局上,更体现在他始终倡导的"自强、自主、自立"所反映出的民族气节和爱国精神上,这也是他思想中的闪光点和可贵之处。开展洋务运动的过程中,他一直主张自建自制,所谓自制并非只是自己建厂制造,而是要把建造技术掌握在国人手中并能够广泛传播,他强调管理和技术操作上的自主性,虽迫于历史条件,初期不得不聘用外国技师,但管理大权不能拱手让于洋人,他始终坚持新式资源企业必须自行开办,坚决反对外资插手,他始终重视人才战略,有其独特的人才选拔、培养和使用标准,曾多次主张派生徒出国学习,掌握现代科学技术。观察左宗棠的一生,虽然承认民族的贫弱落后,需要"西学",但丝毫没有奴颜媚骨,始终秉持着民族自强独立和抵制侵略的不妥协,对国家的前途始终充满必胜的信心,这对于新时代的思想政治教育,对于培育爱国情怀同样具有积极的借鉴价值。

## 第三节　左宗棠德育思想形成的理论渊源

在对左宗棠德育思想进行整理和分析时,我们发现其思想内暗含了不少

[①] （清）左宗棠:《左宗棠全集·奏稿八》,长沙:岳麓书社,2009 年,第 545 页。

不同于他人的个人见解,这是其思想的独特之处,概因其思想颇有"集大成"的味道,内容虽称不上"多元",但至少可以表现为"多样"。这种极具张力的多样思想,无疑与其身处的文化环境以及所受到的知识熏陶具有密切关系。学术界一致认为,左宗棠德育思想最为主要的来源是宋明理学,其以儒学为根基,以理学为特色,但左宗棠自诩"读破万卷,神交古人",对于传统文化必然深究其心,其理学思想又不同程度地吸收和体现了道家、墨家、法家的部分思想或观点,并与其时代政治、经济、文化的时局治思结果相融合,加之其处于湖湘文化影响范围之内,且存在关联的历史先贤和同时代贤士都在思想上对其产生过一定的作用力,多重作用才最终生成左宗棠独具"左氏风格"的儒式德育思想观念。

## 一、对圣贤学问与古人典范的选择性继承

### (一)儒学和理学

左宗棠曾言自己"少贫嗜学",苦读儒学经典和理学著作"辄欣然忘食"①,并言"一生受用不尽"②。儒家思想经历了先秦、西汉、宋明、明清的发展历程,左宗棠一生秉承儒家思想,信奉程朱理学,力求"宗程、朱以探原孔、孟"③,其"心圣贤之心,学圣贤之学,而言圣贤之言"④,将儒家理想作为个人毕生追求。可见左宗棠德育思想主要受儒家思想影响较深,其选择性继承的思想内容主要包括仁爱、忠恕、民本、义利、节俭、大同等方面。

第一,仁爱思想方面。仁爱思想可谓儒家思想核心中的核心,仁爱即宽仁慈爱,是一种爱护、同情的感情。子曰:"仁者,人也。"可见"仁"是人之为人的根本,又说"仁者爱人",其把"爱人"视为每个人应尽的责任和义务。"君子所以异于人者,以其存心也,君子以仁存心,以礼存心。"⑤"克己复礼为仁,一日克己复礼,天下归仁焉。"⑥"君子之于物也,爱之而弗仁;于民也,仁之而弗亲。亲

---

① (清)左宗棠:《左宗棠全集·札件》,长沙:岳麓书社,2009 年,第 259 页。
② (清)左宗棠:《左宗棠全集·札件》,长沙:岳麓书社,2009 年,第 222 页。
③ (清)左宗棠:《左宗棠全集·家书诗文》,长沙:岳麓书社,2009 年,第 260 页。
④ (清)左宗棠:《左宗棠全集·书信(一)》,长沙:岳麓书社,2009 年,第 53 页。
⑤ 邓启铜、王川注释:《孟子》,南京:东南大学出版社,2013 年,第 167 页。
⑥ 张燕婴译注:《论语》,北京:中华书局,2006 年,第 191 页。

亲而仁民,仁民而爱物"①。这些都是仁爱思想的具体观点,孔子认为爱人要将家国天下联系在一起,进而也要求统治者"爱民",实行仁政和德政,其仁爱思想也奠定了儒家仁政学说的基础,后来孟子强调以仁政统一天下,用"仁"治理天下,要以德服人,反对以武服人,这样才能政治清明仁德、百姓安居乐业。左宗棠德育思想中突出体现了儒家仁爱思想,其为人、教子、处世、治政等众多思想主张和行为实践都是以仁爱思想为重要基础的。

第二,忠恕思想方面。忠恕思想是儒家思想的重要内容之一,孔子奉"忠恕"为"一贯之道",该观点受到了后世儒家思想传承人士的推崇。通过"夫子之道,忠恕而已矣"②的思想论断可以窥见忠恕思想在孔子思想学说中的重要地位。如果说儒家思想的基本原则及核心内容是"仁",那么"忠恕"则是"仁"的重要内容,"忠恕之道"是施行"仁"的必要方法和实现"仁"的根本路径。"忠恕"可以作为一个整体概念而被阐释,也可以拆分开来进行理解,在先秦儒家思想中,对于"忠"的具体描述是"己欲立而立人,己欲达而达人"③;对于"恕"的具体描述是"己所不欲,勿施于人"④,这可以进一步揭示忠恕的核心内涵。"忠"强调的是责任意识,要求将"兼济天下"作为自身责任,彰显出恭谨诚信的精神;"恕"强调的是同情意识,要求成就他人,将"独善其身"作为己任,彰显出宽容善良的精神。故此,"忠恕"体现了儒家的治世思想,也彰显了儒家对于道德的追求,其主张履行社会责任,且秉承积极入世、匡救时弊等文化理念。⑤

儒家思想对"忠"解释为"尽己""为人"的高尚行为和道德情操,还将其视为人与人交往中应遵守的基本准则,强调对人要"忠告""忠诲",对工作要"行之以忠",对国家也要忠心,"临患不忘国,忠也"⑥,"公家之利,知无不为,忠也"⑦。儒家思想中,对国家、民族的忠心是"忠"的主要含义之一,而这种"忠"

---

① 邓启铜、王川注释:《孟子》,南京:东南大学出版社,2013 年,第 281 页。
② 张燕婴译注:《论语》,北京:中华书局,2006 年,第 72 页。
③ 张燕婴译注:《论语》,北京:中华书局,2006 年,第 110 页。
④ 张燕婴译注:《论语》,北京:中华书局,2006 年,第 192 页。
⑤ 程碧英:《"忠恕"之道与文化理想》,《社会科学家》2010 年第 2 期,第 156 页。
⑥ 李索:《左传正宗》,北京:华夏出版社,2011 年,第 461 页。
⑦ 李索:《左传正宗》,北京:华夏出版社,2011 年,第 107 页。

也被转化为"忠君",孔子认为"君使臣以礼,臣事君以忠"①,但不认同盲从君主,忠的含义并不是盲目地服从、迁就,而是应当劝导、勉励,履行劝谏之责,甚至犯颜直谏,即"忠谏",可见"忠谏"是要坚持从道不从君的原则,即必须优先考虑国家社稷和民族利益。这些思想主张对于左宗棠的影响颇深,不仅影响到其修身处世之道,也影响到其教导子女之法,不仅在其捍卫国家统一、维护民族团结的行为中有所体现,也能在其忠于君主、劝谏朝廷的言论中窥见一斑。

第三,民本思想方面。民本思想是中华优秀传统文化中的精华,也是当代社会要大力继承弘扬的优秀传统思想之一,习近平总书记在讲话中多次提到和肯定"民本思想"。民本思想是儒家忠恕思想的高级发展形态,"天生民而立之君"②,君为民而立,"民者,君之本也"(《穀梁传·桓公十四年》)。"民为贵,社稷次之,君为轻。"③可见,儒家思想认为避免出现"覆舟之患",重民和爱民是封建阶级统治者应当遵循的重要思想原则,在执政过程中不可轻民,必须"视民如子"④,同时在治理国家过程中还要施行必要的仁政,不仅要遵循"取于民有制"⑤的基本原则,更要能够做到"博施于民而能济众"⑥。儒家思想还认为社会政治应该执行"庶、富、教"的具体发展道路,并强调"民惟邦本,本固邦宁"⑦,这种观点再次肯定了"民"在封建阶级统治中的重要政治地位。综合上述思想观点可以看出,民本思想是促使封建阶级统治者采取安民、惠民政策的思想来源。同样,左宗棠德育思想中的爱国思想深刻体现出"民为邦本"的重民、安民、爱民内容,这是其一生践行的重要思想渊源之一,在当代社会也同样具有积极意义。

第四,义利思想方面。先秦儒家的义利观点肯定大众正当逐利,儒家经典著作认为逐利是人的天性和本能。《礼记·礼运》中说:"饮食男女,人之大欲

① 张燕婴译注:《论语》,北京:中华书局,2006年,第60页。
② 李索:《左传正宗》,北京:华夏出版社,2011年,第360页。
③ 邓启铜、王川注释:《孟子》,南京:东南大学出版社,2013年,第287页。
④ 李索:《左传正宗》,北京:华夏出版社,2011年,第614页。
⑤ 邓启铜、王川注释:《孟子》,南京:东南大学出版社,2013年,第97页。
⑥ 张燕婴译注:《论语》,北京:中华书局,2006年,第110页。
⑦ 姜建设注说:《尚书》,开封:河南大学出版社,2008年,第308页。

存焉。"《孟子·告子上》中说："食色,性也。"这些论述肯定了人的趋利本能。孔子曰"富而可求也,虽执鞭之士,吾亦为之"①,这肯定了人们趋利的社会属性。先秦儒家思想认为有血肉之躯的人追求更好的幸福生活是理所应当的,这也体现出对人性的尊重,可见这种肯定逐利的观点与禁欲思想形成鲜明对比。同时,儒家思想肯定和赞成的是对正当利益的追求,是建立在不损害和侵犯他人利益、不违背公序良俗的前提下对个人发展的探寻,如儒家思想中经典的"修齐治平"思想也体现出个人追求与社会发展的有机统一。对于不正当的逐利行为,先秦儒家思想则持鄙视态度,孔子曰:"不义而富且贵,于我如浮云。"②可以看出,对于通过不正当手段获得的利益,孔子视其为浮云一般不值得留恋。经过对生活的细致观察与体验,先贤们发现尽管义与利是能够共存共生的,然而很难两者兼得,因此当义与利陷入两难时,先秦儒家思想主张以义为先,即"先义后利"。先秦儒家思想是十分重视义的,将其置于很高的地位,赋予其特别浓重的道德色彩,包含了平等、正义等内涵。子曰"君子喻于义,小人喻于利"③,其中的义发挥的就是道德评判作用,以义作为区分君子与小人的道德标准。孟子对义有更深刻的认识,说:"生,亦我所欲也;义,亦我所欲也。二者不可得兼,舍生而取义者也。"④可见其将义的重要性置于生命之上,孟子所言之义可理解为"大义",是属于最高层次的国家之义,比较而言,社会对义之公论、个人对义之坚守则分别为"中义"和"小义",社会秩序的良性构建和发展过程中,这些"小义"也发挥了重要作用。因此先秦儒家思想的义与道德是密不可分的,相较于对义的追求,其更加重视对道德的追求,这一点对左宗棠的义利关系思考产生了极大的影响。

第五,节俭思想方面。孔子提倡崇俭,认为应该养成克勤克俭的美德。"礼,与其奢也,宁俭"⑤,这表明面对奢和俭应当如何取舍的态度。"以约失之者鲜矣"⑥,这说明那些能做到俭以养德、恪守清贫的人很少会出现过失。因

---

① 张燕婴译注:《论语》,北京:中华书局,2006年,第118页。
② 张燕婴译注:《论语》,北京:中华书局,2006年,第120页。
③ 张燕婴译注:《论语》,北京:中华书局,2006年,第73页。
④ 邓启铜、王川注释:《孟子》,南京:东南大学出版社,2013年,第228页。
⑤ 张燕婴译注:《论语》,北京:中华书局,2006年,第52页。
⑥ 张燕婴译注:《论语》,北京:中华书局,2006年,第75页。

而,孔子特别喜爱他的学生子路秉持简朴的理念,也特别赞扬他的弟子颜回安贫乐道的意志,说道:"贤哉回也! 一箪食,一瓢饮,在陋巷,人不堪其忧,回也不改其乐。"①孔子自己曾言"俭,吾从众"②,可见其主张清贫之教。再看孟子,他认为个人的道德修养与其是否节俭寡欲是存在密切联系的。其曰:"养心莫善于寡欲。"③他也认为"俭者不夺人"④,俭可生廉,由此社会成员之间的争夺和冲突就会大大减少,有助于和谐社会的建设。荀子曰:"足国之道,节用裕民而善藏其余,节用以礼,裕民以政。"⑤可见,荀子是非常重视尚俭节用的,认为这是可以实现富国裕民的重要方式。除此之外,荀子也提出了独具特色的消费观点,在他看来,消费并不是简单的消极行为,社会中消费活动的增加将会刺激生产活动,治天下这个目标的实现与满足民众的消费欲望并不冲突,由此荀子提出"天下尚俭而弥贫"⑥的论断,更加深刻揭示了"节用裕民"和"裕民以政"之间的辩证关系。儒家节俭思想对左宗棠的启发不仅在于"崇俭广惠"的思想及行为,还在于其发展经济、治理边疆、调度吏属、统筹军事等方面的适度和节制,这种思想在当代社会也有一定程度的借鉴价值。

第六,大同思想方面。大同思想是儒家思想中的重要内容,而且该思想的儒家文化色彩十分浓厚。通过分析孔孟的相关言论能够发现大同思想的发展轨迹。孔子认为:"闻有国有家者,不患寡而患不均,不患贫而患不安。盖均无贫,和无寡,安无倾。"⑦此反对贫富悬殊、支持财富均贫的主张对大同思想的形成产生了重要影响,认为社会财富实现平均分配对和谐安定局面的形成极为重要,如果能够实现物同一体,即社会中不存在贫富差距,那么整个社会就是和谐的,进而可实现"老者安之,朋友信之,少者怀之"⑧。这可以理解为儒家思想中最初的大同内容。后来,孔子与孟子都对大同理想社会进行了描述,两者

---

① 张燕婴译注:《论语》,北京:中华书局,2006年,第100页。
② 张燕婴译注:《论语》,北京:中华书局,2006年,第146页。
③ 邓启铜、王川注释:《孟子》,南京:东南大学出版社,2013年,第297页。
④ 邓启铜、王川注释:《孟子》,南京:东南大学出版社,2013年,第146页。
⑤ (清)王先谦集解,邓启铜点校:《荀子》,昆明:云南大学出版社,2009年,第111页。
⑥ (清)王先谦集解,邓启铜点校:《荀子》,昆明:云南大学出版社,2009年,第118页。
⑦ 张燕婴译注:《论语》,北京:中华书局,2006年,第258页。
⑧ 张燕婴译注:《论语》,北京:中华书局,2006年,第92页。

的主张交相辉映。孔子说："故人不独亲其亲，不独子其子，使老有所终，壮有所用，幼有所长，矜寡孤独废疾者皆有所养。"①孟子说："出入相友，守望相助，疾病相扶持，则百姓亲睦。"②在后世对儒家思想的继承发展过程中，士大夫们为这种实现大同社会的终极理想目标而不断努力，将大同社会视为毕生追求。对于左宗棠来说，无论其仁爱家风和广惠行为，还是其治政措施和经济主张，甚至其教育策略和外交谋略，都存在儒家大同思想的影响映射。

　　总休来看，左宗棠德育思想及行为建立在孔孟之道的儒家思想基础上，从其辞世的挽联"盖世功名，根柢尽从儒术出"③也能体现出左宗棠的儒术与功名间的关系。左宗棠德育思想以先秦儒学为基础，以宋明理学为特色，而对后者的承袭以"扬弃"居多。说到儒家思想，必须提及宋明理学，宋明理学是宋元明时期形成和发展的思想体系，是儒学思想的重要组成部分，也是传统的儒、释、道三家思想对立融合的产物，从中也隐含着儒家"和而不同"的包容之道。宋明理学以儒学之伦理道德为基本原则，同时包含佛与道的思辨之长，重构儒家思想的理论体系，使儒学更哲学化。宋明理学有"宋学""理学""道学"之称，后期又被称为"新儒学"，其中南宋时期是理学发展的高峰，程颢、程颐是理学道说一派的奠基者，而著名的理学家朱熹是道学之集大成者，因而此时期的理学又被称为程朱理学，"朱子学"是其重要内容，这也是当时的官方之学，对后世可谓影响深远。程朱理学使儒学哲学化的同时，提倡儒家的伦理道德，突出强调义理、摒弃汉唐的训诂之学，颇有直接面向儒家经典学说的"文艺复兴"之意味，但也在理学哲学的本体论、伦理道德的人性论、存理去欲的修养论、格物的认识论、成贤成圣的境界论、修齐治平的功能论等基础上，借鉴佛与道的传教谱系而创建儒学的传道体系，吸收佛教的禁欲思想而提出"存天理，灭人欲"的道德主张。左宗棠一生奉程朱理学为圭臬，但也是评判扬弃地继承，伦理道德是其修身的根基，义理之学是其为人处世、成就事业的理论基础，但对于某些观点也有其自己独特的理解和主张，如对于较为激进的"存天理，灭人欲"观点是明显有所保留的。此外，左宗棠兴办义学、兴复书院、刊刻儒家经典和理学

---

① （汉）郑玄注：《礼记注》，北京：中华书局，2021 年，第 290 页。

② 邓启铜、王川注释：《孟子》，南京：东南大学出版社，2013 年，第 100 页。

③ 谢孝明：《左宗棠理学本源的植入路径与固本手段》，《朱子学刊》2015 年第 2 期，第 222 页。

著作的行为,为儒学与理学的传播做出了重要贡献。对于程朱理学的信奉和研读,能够解释左宗棠为何虽无佛教信仰,但也认可佛学的因果与轮回之说,也能够进一步解释左宗棠德育思想为何兼具道家等其他学派的观点。

(二)道家、法家、墨家的历史经验

第一,道家的历史经验。在道家看来,清心寡欲是个人应当秉承的基本修养,而具体到国家治理中则认为应该使民众的基本所需得到保证。老子认为"天道无亲,常于善人"①,其观点为众人应效法天之道,向有道者学习"能有余以奉天下"②,同时也让人明白减少不足以奉献给有余的社会现象是不符合自然规律的。庄子则主张"爱人利物"且"富而使人分之",认为封建阶级统治者应当向社会中贫困的人提供一定程度的必要救济,这样才能促进社会稳定,进而实现社会和谐。这些都是道家基本的修身伦理观点,也是其政治伦理观念,是以人性论为基础的,属于道德哲学范畴,这些观点主张也影响了左宗棠德育思想的形成,对其重视加强自我修养以及以自我修养为根基为人处世,特别是对其治理边疆、治政安民方面的行为产生了一定影响。

第二,法家的历史经验。在春秋战国时期,各思想学派可谓百家争鸣、百花齐放,其中法家也是诸子百家之一,是以法治为思想核心的重要学派,代表人物大多提倡国家法治和制度革新。法家认为在治理国家时,应当重视刑赏的重要作用,其对社会生产活动十分重视,对农业仓储备荒也十分看重。此外,法家对"俭""惠"有其独特主张。如韩非子主张"侈而惰者贫,力而俭者富"③,还从政治角度提出国君应当施行"惠民"政策以获取民心,即强调君主应当向民众施以惠政,但其认为"惠民"不是对富人征收重赋,以所获向贫困者提供救济,因为他认为劫富济贫的做法,容易使贫者形成一种惰性,国家应支持与肯定"力而俭者",严厉批判"侈而惰者",只有这样才可能实现富国强民的目标。这些思想主张也影响到左宗棠,其收复新疆过程中的屯田奖赏政策内容来源于先秦法家奖励耕战的主张,其军政史治措施带有明显的法学思想色彩,但其思想根本还是对于儒家思想的秉持与实践,也使左宗棠德育思想产生内

---

① 陈忠译评:《道德经》,长春:吉林文史出版社,2002年,第145页。
② 陈忠译评:《道德经》,长春:吉林文史出版社,2002年,第142页。
③ 赵沛注说:《韩非子》,开封:河南大学出版社,2008年,第464页。

在关系上的矛盾与融合,使左宗棠的性格既显现出霸道的一面,又显现出仁爱的一面,正如《清史稿》中的评价:"宗棠有霸才,而治民则以王道行之。"①

第三,墨家的历史经验。左宗棠的德育思想及行为也在某种程度上受到了先秦诸子百家中墨家思想的影响。"兼爱"是墨家的核心思想,其主张人不仅要自爱,还要像自爱一样爱他人,这种兼爱思想强调"爱"不应该有亲疏之差和厚薄之别,应该破除等级的差异和血缘的差别,这种"爱"与自私相对立,其认为自私会引发冲突,兼爱才能使社会稳定,正所谓"兼相爱,交相利"②。这种思想也主张不可损人利己,而应"有力者疾以助人,有财者勉以分人,有道者劝以教人"③,发挥各自能力,实现"兴天下之利,除天下之害"④。再以"节用"为例,墨子认为节用是为了百姓和国家,而不是为了个人或家庭。其主张节用应做到立言践行,而不是华而不实。其言"爱人非为誉也"⑤,认为做事情是为了爱人,为了整个天下,而不是为了得到好名誉,假如将好的名誉作为目的,就属于巧取。墨子强调不管是获得成功还是遭受挫折都不应放弃自身之"道",因此其始终坚持节用之道,严格要求自己,躬身实践。左宗棠重实学、轻虚名、行兼爱广惠、轻个人家庭,我们从他的这类思想及行为中也能看到墨家核心思想的一些端倪。

(三)古人典范

左宗棠曾对友人言:"仆自为童儿时,即知慕古人大节。"⑥其下属曾在给朝廷的奏折中赞颂左宗棠"尝手书《孝经》《东西铭》《正气歌》之类"⑦的行为,可见左宗棠对《孝经》所主张的忠孝大节十分仰慕。查阅左宗棠的著作可以发现,其对古时各位仁人志士和忠臣名将都极为仰慕和期许,也常以"修身、齐家、治国、平天下"自勉。具体来看,不仅仅是方才所提到的张载、文天祥,很多具有

---

①　赵尔巽、柯劭忞等编:《清史稿 17·列传卷 383—卷 452》,台北:洪氏出版社,1981 年,第 12035 页。

②　戴红贤译注:《墨子》,太原:书海出版社,2001 年,第 73 页。

③　(清)毕沅校注,吴旭民校点,《墨子》,上海:上海古籍出版社,2014 年,第 40 页。

④　戴红贤译注:《墨子》,太原:书海出版社,2001 年,第 56 页。

⑤　(清)毕沅校注,吴旭民校点,《墨子》,上海:上海古籍出版社,2014 年,第 212 页。

⑥　(清)左宗棠:《左宗棠全集·书信一》,长沙:岳麓书社,2009 年,第 621 页。

⑦　(清)左宗棠:《左宗棠全集·附册》,长沙:岳麓书社,1996 年,第 717 页。

鲜明思想标签与重要历史影响的先贤圣杰都对左宗棠的思想产生过不同程度的"加功"作用。譬如,就影响其经世思想乃至以此为基发展出的洋务思想而言,高攀龙、徐光启及明末清初的三大思想家(黄宗羲、顾炎武、王夫之)均在其列;再如,就其崇俭广惠的思想观念与行为守则而言,春秋时期的晏子、西汉的疏广、三国时期的诸葛亮、唐代的刘晏、宋代的范仲淹等名臣高士的思想,也是其德育思想的渊源所在,它们更多地以朱子著述为中介,间接地影响到左宗棠在德育方面的思考与认识。

## 二、对湖湘文化的传承发扬

从文化视角和地域视角看,湖湘文化对于左宗棠德育思想起到了重要的孕育和熏陶作用。湖湘文化是一种历史文化形态和区域文化形态,具有鲜明特征,传承悠久,相对稳定。如果追溯湖湘文化的起源,最早可以探寻到先秦时期的楚文化,屈原是其代表人物之一,著名的马王堆文物也能够体现其文化特征。后来历经南北朝以后的历史变迁,特别是宋、元、明历史时期发生了几次人口移民和重组,因规模较大而对湖湘地区产生重要影响,使区域内的习俗与观念发生较大变化,思想与风尚不断融合和重构,由此衍生出别具一格的湖湘文化。可以说,湖湘文化在先秦湘楚文化中孕育,在宋明中原文化中凝练,在明清进步文化中成就,两宋时期诞生了理学鼻祖周子,后期胡氏父子传道湖南而创立"湖湘学派"①,明末出现了主张经世致用的王夫之②,清代出现了"睁眼看世界"的魏源③。湖湘文化具有"敢为天下先"的鲜明特征,善于激发人的主观能动性,从湖湘地区最早发明栽培稻技术可窥见一斑,这种精神是湖湘文化独特的思维方式,这种思维方式具有博采众长、广为交融的包容性,并逐渐孕育出集体利益高于个人利益的价值取向,并最终演化为"天下兴亡、匹夫有责"的责任感和使命感。左宗棠生于斯、长于斯,是地地道道的湖湘人,耳濡目

---

① 谢中和:《湖湘学派研究的新进展——读〈开创时期的湖湘学派〉》,《湘潭大学学报(哲学社会科学版)》2005年第2期,第159页。

② 杨铮铮:《王夫之与湖湘文化的近代转换》,硕士学位论文,中南大学历史系,2004年,第23—28页。

③ 张大联:《湖湘文化中的忧患意识源自屈原》,《文教资料》2014年第27期,第56—58页。

染、观照己行,浓烈的湖湘文化气息必然对左宗棠的个人修养、实践理念以及使命追求产生极其重要的影响。

(一)湖湘的士民风气

士风民气是社会文化的组成部分,是民众道德与地域精神的集中体现,表现出社会成员的共同心理特征,也彰显出社会成员的共同价值取向。其伴随社会发展而逐渐形成,也伴随社会发展而持续变化。处于不同社会发展阶段和不同生活地域环境的民众,其对应的士风民气也必然呈现出显著不同和独具一格的特征。①

湖南属于中国的内陆地区,其北面为长江,另外三面则被高山环绕,中部多为丘陵地貌。我国古代的社会交通体系并不发达,湖南被视为四塞之地,这种地理条件使得湖南内部的民众很难与外部沟通,或者说沟通非常困难。此外,历史上湖南省虽然以农业为第一产业,以渔业和手工业等为辅助性产业,但是地域内的耕地面积比例并不大,反而山林面积占比较大,而且湖湘地区的山林具有繁茂的特点,其间活动的猛兽数量比较多,因此湖南历史上经常发生洪涝等自然灾害,也时常发生兽虫等生物灾害。地域特点的综合作用导致湖湘地区的社会生产力普遍不高,百姓生活贫苦,谋生手段贫乏,家庭生活普遍困难。相对而言,历史上湖湘地区的乡间民风比较彪悍,但平民百姓也具有节俭质朴、勤劳勇敢的优良道德品质。整体发展十分缓慢,商品经济并不发达,使得湖湘人的这种质朴性格受闭塞环境的影响而愈加明显。在一些地方志或史书中也经常能够发现有关湖湘人性格特点的描述,如"学者勤于学礼,耕者勤于义"②,又如"其人尚气而贵信,喜直而恶欺,节俭而不奢,朴厚而不佻"③,再如"多山少田,民性纯朴"④。简言之,我国古代湖南地区的民风略有不同,但整体来说也有共同特点,即具有勤劳、质朴、勇敢、偏执的特征,具有进取精神和爱国情怀,但有时也存在保守、卫道的思想。⑤ 自宋以后,程朱理学一直在湖

---

① 蔡栋:《湖湘文化百家言》,长沙:湖南人民出版社,2008 年,第 151 页。
② 刘泱泱:《论近代湖南士风民气》,《民主》1999 年第 6 期,第 33 页。
③ 刘泱泱:《论近代湖南士风民气》,《民主》1999 年第 6 期,第 33 页。
④ 刘泱泱:《论近代湖南士风民气》,《民主》1999 年第 6 期,第 33 页。
⑤ 蔡栋:《湖湘文化百家言》,长沙:湖南人民出版社,2008 年,第 150—152 页。

湘地区独领风骚,即使在乾嘉考据学兴盛时期,此地仍盛行理学,学风所致,"以义理、经济为精宏,见有言字体、音义者,恒戒以逐末遗本,传教圣徒,辄屏去汉唐,诸儒务必以程朱为宗"①。在此环境下成长的左宗棠自然研习的是孔孟之道以及程朱理学的思想。

(二)湖湘的文化精神

在湖湘文化长期的流传演变过程中,逐渐沉淀出独特而优秀的文化精神内核,主要为:忧国忧民、忠君爱国的爱国情怀;关注时势、经世致用的务实学风;传道求仁、力行践履的道德原则;图变求新、敢为人先的创新精神;博采众长、兼容并蓄的开明风格;重教兴学、磨血育人的民风传统。其精华可以认为是"义利之辨""忧患意识""经世致用"和"实事求是"。"义利之辨"表现在识忠义的大气节上;"忧患意识"表达出对国家的责任感与使命感,并在"经世致用"的实际行动中贯彻这一理念;而在"经世致用"的实践中,需要以"实事求是"为指导原则。

重道兴教、忧国忧民、经世致用都是湖湘文化的重要内容表现,很多文人志士胸怀万世,视学术教育为生命志向。生活虽然贫困潦倒,但是他们坚持著书立说,目的是实现对社会文化价值观念的重构。湖湘学派重要的代表人物有张栻,其"上念祖宗之仇耻,下悯中原之涂炭"(《宋史·张栻传》),不仅"慨然以奋伐仇虏、克复神州为己任"(《晦庵先生朱文公文集》),而且将教育事业作为终身理想,最终成长为著名的理学宗师,使湖湘文化进入新的发展阶段;还有王夫之,其生于明清鼎革之际,"故国之戚,生死不忘"②,在这种忧愤中成长为明末清初四大启蒙思想家之一,也最终在这种忧愤中抑郁而终。此外魏源也有十分强烈的忧患意识,其为清代启蒙思想家、政治家、文学家,他认为"六经其皆圣人忧患之书"③,并在这种典型而普遍的忧患意识驱动下,主张论学应以经世致用为宗旨,提出"变古愈尽,便民愈甚"④的革新观点,倡导认真学习西方先进科学技术,发起"师夷长技以制夷"的主张,开启了解世界、学习西方的

---

① (清)罗汝怀:《绿漪草堂文集》,1883年,第5页。

② (明末清初)王夫之:《船山全书》,长沙:岳麓书社,1996年,第411页。

③ (清)魏源:《魏源集(上)》,北京:中华书局,2018年,第42页。

④ (清)魏源:《魏源集(上)》,北京:中华书局,2018年,第53页。

新潮流,这是中国思想从传统转向近代的重要标志,影响了许多仁人志士的奋斗方向,也是左宗棠经世及洋务思想的重要启示及渊源之一。对自己生命具有强烈责任意识的人长此以往会形成忧患意识,对天下生命怀有使命感和责任感的人也逐渐会形成忧患意识,这两种忧患意识有所不同,前者忧"内圣",即担忧自己的德行和学术,后者忧"外王",即担忧自身的无为不能使国家、民族获益。本质上,"内圣"和"外王"是统一的,忧患意识不应被理解为一种基于悲天悯人而产生的情绪,而是对危机的预防,是对民族和国家形成的一种责任意识,体现出"天下兴亡,匹夫有责"①。近代中国内忧外患,民族面临危亡,在救亡图存的使命激发下,忧患意识转型为忧国忧民的爱国思想,从而掀起了近代的救亡思潮。经世致用也是基于忧患意识的,并和忧患意识并生共存,"忧患"到"经世","内圣"到"外王",是存在内在逻辑的。左宗棠"身无半亩,心忧天下"②的宏愿,也体现出这种忧患意识,并走出了自己独特的经世济民之路。

左宗棠幼年时就已经存有治理国家的大志向,其以士风民气为导向,特别关注国家局势变化。首先,左宗棠十分崇敬先民遗风,曾言:"吾乡士风,质厚有耻,迥非湖北之比。"③其次,他认为湘军之功离不开先世的缊蓄积累,认为湘人应当继续保持"先世朴实愿悫之风,以保世滋大"④。再次,他对于先世遗风的优劣进行客观的辩证分析,认为湘军有些人执而不达,不值得称道。最后,在内忧外患的冲击下,先民遗风余韵开始逐步失去其本来面目,左宗棠对此惋惜、愤慨,缅怀以往太平时光,希望能够重现,因此才有"佐太平"的壮志。由此可见,左宗棠对湖湘传统倍为推崇,湖湘古老遗风中的"尚义""节俭""纯朴""兴教"等美德对左宗棠德育思想的形成具有重要意义,湖湘文化精华中的"义利之辨""忧患意识""经世致用""实事求是"对左宗棠德育思想的发展与成熟具有深远影响,左宗棠德育思想是对于湖湘文化的传承与发扬,也是基于自身悟道与时代需要的基础上对湖湘文化的创新与超越。

---

① 李华兴、吴嘉勋:《梁启超选集》,上海:上海人民出版社,1984 年,第 656 页。
② 罗正钧:《左宗年谱》,长沙:岳麓书社,1982 年,第 14 页。
③ (清)左宗棠:《左宗棠全集·书信一》,长沙:岳麓书社,2009 年,第 109 页。
④ (清)左宗棠:《左宗棠全集·书信(二)》,长沙:岳麓书社,2009 年,第 314 页。

### 三、对左氏家学的集大成

　　人的性格、思想会受到其所处时代的社会环境影响,也会受到其所生家庭的家学家风影响。对于每个家庭而言,一方面会具有社会大家庭文化的共性特征,另一方面也会形成一些局限在家庭内部的特定的行为约束和道德规范,这就是家风。相较于社会大家庭的共同特征,人们更加易于接受家庭内部的道德规范和行为规则,更加容易根植于内心深处和意识之中。湖湘大地长期传承耕植治生理与读书课子孙,由此可见经济与文化的紧密结合。湖湘士子追求的道德与政治理念是"一等人忠臣孝子,两件事读书耕田"①。左宗棠的家世就属于十分典型的耕读传家模式,左宗棠幼时就接受耕读教育,这对于其思想性格的养成有很大影响。

　　左宗棠的籍贯湘阴县地处湖南北部,与长沙、益阳、巴陵、沅江、平江相连,其北面与洞庭湖相接,南面为长沙,东面多数为丘陵地貌,西面则是港汊纵横,整体具有非常便捷发达的交通,被本地人视为"南北通衢"。该地区土壤肥沃,物产丰富,"耕读"传统由来已久,同时该地区的经济发展水平相对较强,文化发展水平也相对较高,享有"文献之邦"②的历史赞誉。其实据史料记载,左宗棠的祖籍应为江西地区,直到南宋时期,其祖辈才从江西迁移至湖南的湘阴,家族子嗣绵延不断,后代宗亲分支繁多,左氏一族成为当地的大姓家族,人口数量众多,而且"代有闻人"③,可谓名人辈出。左宗棠曾曰"先世耕读为业,以弟子员附郡县学籍者凡七辈"④,左家为书香之家,其家风讲求"孝、礼、学、本"⑤,而且家族内德高望重的长辈都能够躬身施教,"实心课督"⑥,也能做到言传身教。左宗棠曾祖父因"仁孝"而闻名,以认真勤勉的态度治学,左宗棠祖父左人锦"家贫,勇于赴义"(《沅湘耆旧集·卷第一百二十五》),被乡间广为赞

---

①　永州市政协学习宣传文史委员会编:《永州古楹言》,2008年,第160页。

②　湘阴县人民政府:《走进湘阴·县情介绍》,2018年5月24日,http://www.3iangyin.gov.cn/31165/inde3.htm,2018年7月22日。

③　罗正钧:《左宗棠年谱》,长沙:岳麓书社,1983年,第1页。

④　(清)左宗棠:《左宗棠全集·家书诗文》,长沙:岳麓书社,2009年,第235页。

⑤　(清)左宗棠:《左宗棠全集·书信一》,长沙:岳麓书社,2009年,第30页。

⑥　(清)左宗棠:《左宗棠全集·书信一》,长沙:岳麓书社,2009年,第30页。

誉,左宗棠之父左观澜,县学廪生,秉承左家耕读家风,曾就读于岳麓书院。左宗棠幼年时代,家境贫寒、生计困难,其父始开馆教书以维系家庭生计。左宗棠回忆这段时光时曾说:"父授徒长沙,先后廿余年,非修脯无从得食"①。左家这个时期的生活不安稳、不富足,万一遭到天灾人祸,温饱问题都无法解决,只能奔走借贷。1807年(嘉庆十二年),湘阴遭遇大旱,物价大幅上涨,左观澜一家举步维艰。左宗棠降生后,母亲奶水不足,也没有额外钱财请乳娘,只能嚼米为汁进行喂养。之后左宗棠患病,家中也无钱财买药,甚至母亲去世时,家中也无钱财安葬,其父只能四处借贷。左宗棠回忆这段时光时曾说:"言及先世艰窘之状,未尝不泣下沾襟也。"②

综上可见,左宗棠家风以耕读为本,其家世寒素清贫,家风核心是忠厚孝义,这些都对于左宗棠德育思想的形成具有基础性作用,对于左宗棠执政各地时关心民生疾苦、积极解困救难的思想及行为具有深远的影响,也是其后世流传并发扬的"左式家风"的重要根基。优秀的家风对于个人、社会、国家的发展都能够发挥重要的助益作用,习近平总书记在会见第一届全国文明家庭代表时也曾强调:"无论时代如何变化,无论经济社会如何发展,对一个社会来说,家庭的生活依托都不可替代,家庭的社会功能都不可替代,家庭的文明作用都不可替代。"③

### 四、对贤者友人思想的学习升华

青年时期的左宗棠生活于湖湘文化盛行的地区,其思想及行为也必然受到一些贤德友人和进步人士的影响,其中既包括对左宗棠有提携之义和知遇之恩的贤师,也有志同道合和情真意切的良友,更有神交已久和一面之缘的故人,正是与这些人的交集,才使得左宗棠演绎出颇为传奇的一生。换言之,这些师友故人对于左宗棠的德育思想形成产生重要影响,对于其积极入世的态度产生重要影响,对于其为国为民的行为也产生重要影响,他们的思想精髓频繁显现于左宗棠的德育思想及行为中。

---

① 杨东梁:《左宗棠卷》,北京:中国人民大学出版社,2017年,第733页。
② (清)左宗棠:《左宗棠全集·家书诗文》,长沙:岳麓书社,2009年,第57页。
③ 习近平:《习近平谈治国理政(第二卷)》,北京:外文出版社,2017年,第353页。

（一）贺氏兄弟

贺长龄（1785—1848），字耦耕，湖南长沙人，政学成就卓著，且依托魏源编纂《皇朝经世文编》，是湖湘经世派重要人物。贺长龄为母丁忧期间，左宗棠慕名而至，两人共论天下大事，互为投机。贺长龄"学术之醇正，心地之光明"[①]，是当时的左宗棠极少能接触到的，而左宗棠的才华也令贺长龄印象深刻，赞叹左宗棠"为国士"[②]。此次讨论使左宗棠学到典章制度、政治时局等多方知识，见识得以增长，视野得以开阔。此后贺长龄更将家中所藏图书悉数借给左宗棠阅读，每次左宗棠借阅时，贺长龄"必亲自梯楼取书，数数登降，不以为烦"[③]，还书时，贺长龄"必问其所得，互相考订，孜孜断断，无稍倦厌"[④]。

贺熙龄（1788—1846），字蔗农，贺长龄之弟，左宗棠之师，湖湘著名"宿学名儒"。贺熙龄认为当时极为少见明体达用的学问，读书人聪慧，却不明要点，其任城南书院山长期间，主张学生应当多研究经世有用之学，倡导学生要心地正直、明辨义利，"不专重制艺帖括"[⑤]。左宗棠成年后就读于此，受到了贺熙龄的"尤加器异"。贺熙龄感叹左宗棠了解"天下形势"[⑥]，曾以诗赞曰："六朝花月豪端扫，万里江山眼底横。开口能谈天下事，读书深抱古人情。"[⑦]他鼓励左宗棠多研读汉宋先儒之书，使得左宗棠获益良多。

当时，左宗棠只是一个穷困学生，而贺氏兄弟却以礼相待，对其有知遇之恩，对其青年时期的思想形成也颇有影响，令左宗棠感慨颇深，后期位高权重时对于这段恩情依旧常忆常念，感怀感恩。

（二）陶澍

陶澍（1777—1839），字子霖，湖南安化人，道光朝重臣，经世派代表人物之一，湖湘经世派第一人。其在各地为官时成绩显著，在除恶安民、抗灾救灾、兴修水利、整顿财政、治理漕运，倡办海运，革新盐政，整治治安，兴办教育，培养

① （清）左宗棠：《左宗棠全集·书信三》，长沙：岳麓书社，2009年，第424页。
② 罗正钧：《左宗棠年谱》，长沙：岳麓书社，1983年，第8页。
③ （清）左宗棠：《左宗棠全集·奏稿七》，长沙：岳麓书社，2009年，第540页。
④ （清）左宗棠：《左宗棠全集·奏稿七》，长沙：岳麓书社，2009年，第540页。
⑤ 罗正钧：《左宗棠年谱》，长沙：岳麓书社，1983年，第8页。
⑥ 罗正钧：《左宗棠年谱》，长沙：岳麓书社，1983年，第19页。
⑦ 罗正钧：《左宗棠年谱》，长沙：岳麓书社，1983年，第19页。

人才方面为国家做出较大贡献,特别是任职两江期间,得到魏源、包世臣等经世派著名人物的辅助,政绩斐然,左宗棠曾以一副楹联赞誉陶澍的出色政绩。陶澍初遇左宗棠就"一见目为奇才"①,而且还与左宗棠彻夜畅谈,并定为儿女亲家,其病逝后将七岁幼子陶桄托于左宗棠教育。这些都说明陶澍十分认可左宗棠的才华与为人,同时陶澍在理学经世思想、改革思想、吏治思想、人才思想、爱国思想等方面,对左宗棠产生深刻影响,特别是在陶家的八年静心苦读,为左宗棠的入仕建功打下坚实的思想基础,左宗棠也被认为是陶澍思想与事业的继承者和发扬者。②

（三）林则徐

林则徐(1785—1850),福建侯官人,字元抚,晚清著名政治家、诗人,曾担任陕甘、湖广、云贵等地总督,禁烟令主持人。1839 年(道光十九年),林则徐于广东虎门公开销烟,意志坚决,使西方列强受到强大打击。此外,林则徐主张对于西方先进技术应学其优而用之,这种观念对左宗棠产生重要影响,两人的唯一会面可以说具有非常深远的历史意义。会面时,两人的年龄、身份都存在较大差异,但是两人"江中宴谈达曙,无所不及"③。左宗棠给友人写信提及林则徐时赞不绝口,赞其为"宫保固天人"④。林则徐对左宗棠也"一见倾倒,诧为绝世奇才"⑤,且寄予厚望,并为了鼓励左宗棠而留对联一副,内容为"此地有崇山峻岭、茂林修竹;是能读三坟五典、八索九邱"⑥。与林则徐的此次会面,影响到左宗棠一生的事业,为其后来的治理西北、收复新疆、反抗侵略、洋务活动等行为奠定了重要的思想基础,左宗棠在西北治政安民被认为是遵循林则徐在云南处理回事的善后办法,在新疆开渠饲蚕是追踪林则徐在伊犁的往事,在陕甘禁种禁贩鸦片更是贯彻林则徐的禁烟主张。此次会面因两人的历史功绩而被后世铭记,成为后人津津乐道的"湘江夜话"⑦。会面次年,林则徐逝世于广

① 罗正钧:《左宗棠年谱》,长沙:岳麓书社,1983 年,第 15 页。
② 易永卿、陶用舒:《陶澍和"湘军三杰"》,《湖南城市学院》2005 年第 2 期,第 42—48 页。
③ (清)左宗棠:《左宗棠全集·书信一》,长沙:岳麓书社,2009 年,第 68 页。
④ (清)左宗棠:《左宗棠全集·书信一》,长沙:岳麓书社,2009 年,第 68 页。
⑤ 罗正钧:《左宗棠年谱》,长沙:岳麓书社,1983 年,第 26 页。
⑥ 陈明福:《左宗棠传略》,北京:军事科学出版社,2012 年,第 71 页。
⑦ (清)左宗棠:《左宗棠全集·家书诗文》,长沙:岳麓书社,2009 年,第 243 页。

州,左宗棠闻此消息悲痛至极,写下著名的挽联,内容为"附公者不皆君子,间公者必是小人,忧国如家,二百余年遗直在;庙堂倚之为长城,草野望之若时雨,出师未捷,八千里路大星颓"①。自始至终,左宗棠一直将此唯一一次会面视为人生"第一荣幸"②。

此外还有曾国藩(1811—1872)、郭嵩焘(1818—1891)、胡林翼(1812—1861),此三人均为同时期湖湘文化的重要人物,其中曾国藩是晚清政治家、战略家、理学家、文学家、书法家,是湘军的创立者和统帅;郭嵩焘是晚清官员、外交家,是中国首位驻外使节,也是湘军创建者之一;胡林翼是晚清名臣之一,是湘军重要首领。他们与左宗棠同朝为官,亦是同乡友人,对于左宗棠或有知遇之恩与举荐之恩,或有提携之义与救助之义,于思想方面在一定程度上也会影响到左宗棠,但与左宗棠也存在性格特点与处事观点上的差异。

## 第四节　左宗棠德育思想的形成过程

左宗棠三岁开蒙识字,熟读儒家文史和程朱理学,十七岁起开始研究经世之学,入仕后虽忙于军政活动,没有时间、精力立说著书,对其思想进行系统阐述,但还是在各种历史事件中通过行动和言论(包括奏稿、札记、书信、诗文等),表达了他对社会的看法以及关于义利、经世、军事、爱国等方面的观点主张。纵观其人生历程和主要经历,左宗棠德育思想的形成过程可分为萌芽、发展和成熟三个阶段。首先,左宗棠入仕较晚,青壮年时初步形成了自身的义利、性理、经世等思想意识,两次会试的经历不仅开阔了左宗棠的视野,更累积了忧患意识和爱国情怀,其德育思想开始萌芽。其次,第三次会试的失败可谓左宗棠德育思想的一个转折点,其开始对科举逐渐失望,转而注重实学实用和关注政局时势,经世致用思想得以进一步发展,同时其注重自我修养,对自己的修身要求更加严格,先后两次幕僚经历使其德育思想开始实践应用,两次鸦片战争使其爱国情怀得以升华,此时期是左宗棠德育思想的发展时期。最后,

---

① (清)左宗棠:《左宗棠全集·家书诗文》,长沙:岳麓书社,2009年,第428页。
② 左景伊:《左宗棠传》,北京:华夏出版社,1997年,第52页。

左宗棠招募五千人组建"楚军"可谓左宗棠德育思想的又一个转折点,标志着左宗棠告别幕府经历,正式入仕为官并陆续执政四方,其德育思想得以广泛应用与实践,此后左宗棠屡建功绩,开创了不平凡的一生,此时期是左宗棠德育思想的成熟及践履时期。

## 一、萌芽阶段

左宗棠研习儒学,尊崇程朱理学的义理之说,青壮年时作《名利说》,大胆地把人之活动归为求利,并提出名随利出,肯定求利的合理,提倡正当取利、义高于利,其中隐隐包含支持工商业发展的想法。《名利说》有些观点内容虽略有偏颇,但较之封建传统的"罕言利"和义利关系对立,已是进步了许多。后期受到陶澍、贺长龄兄弟等经世代表人物的影响,左宗棠继承"经世致用"思想,积极探讨时势、时务,他曾反复研读魏源代贺长龄辑成的《皇朝经世文编》120卷,"丹黄殆遍",且抒发己见,撰写评论。17岁的左宗棠先后细心研读《读史方舆纪要》《天下郡国利病书》《水道提纲》,而且分别作成札记。左宗棠19岁时开始就读于长沙城南书院,书院山长贺熙龄也提倡经世,广授义理、经世之学,曾多次鼓励左宗棠读汉宋先儒之书,并要学以致用。

第一次会试途中,左宗棠看到大江南北饱受水患,尸横遍野、荒无人烟,白莲教、天理教农民起义的阴影不禁自他脑中掠过,又想到不久前发生在广东的"夷患"和新疆的张格尔叛乱,感慨不已,写下组诗,其中一首为:"世事悠悠袖手看,谁将儒术策治安? 国无苛政贫犹赖,民有饥心抚亦难。"①诗中预感到严重的社会危机,表达出左宗棠对时局的关注和忧国忧民的爱国情怀,也可追溯为他后期为国平乱御侵的思想渊源。此次北上接触到的社会实际情形,更促使左宗棠重视"经世致用",会试放榜后左宗棠上书当时的湖南乡试主考官,表示要讲求经世之务。第二次会试时,左宗棠在文章中提出"理为本源,性即理也",这主要秉承了程朱理学的"性、理"观点,在左宗棠看来,单一学科都只是一件事,对于其包含的道理也是很容易理解,但读书则不同,必须循序渐进、深思熟虑,才可通过读书深刻理解到古今所有事情所蕴含的道理,使所有作为都

---

① （清）左宗棠:《左宗棠全集·家书诗文》,长沙:岳麓书社,2009年,第406页。

有本可依,而且"经传精义奥旨初学固不能通"①,但如能掌握大概含义,而后用心体会,对每个字的出处认真研读,对每句话的道理全面思考,分析发展脉络,必然可有所悟,他重点强调了程朱理学的哲学概念于读书明理具有非常重要的作用。返乡后,左宗棠认真研读舆地之学,②还曾研究地理,绘制全国分省地图,详细标明历代兵事,这也表现了他关心国家大事的爱国情怀。

这一时期的左宗棠不仅学习传统儒学,尊崇以义理之学为特质的程朱理学,还受到有识之士经世思想的启蒙,形成了自身最初的义利观、性理观及经世致用思想,更初步感受社会实际和凝聚忧国忧民的爱国情怀,可归结为左宗棠德育思想的早期萌芽阶段。

## 二、发展阶段

25岁的左宗棠在醴陵渌江书院教书时,已将所学的程朱理学思想应用于教育,依据朱熹的《小学》,"撮取八则,订为学规,以诏学者"③。第三次会试的落第使左宗棠决计不复会试。后期陶澍病死,左宗棠受教子之托至安化陶家教书,其间饱览陶家藏书,思想感悟有所进步。这期间于自我修养方面,他又认真研读《论语》,常感自己不足,往往"隐微幽独之中,戒慎尤不容缓"④,对引起自己气质粗驳、乖戾时形的原因进行深刻思考与反省,意识到需用儒家的"涵养须用敬"的标准要求自己,"先从寡言、养静二条,实下功夫,强勉用力"⑤。他要求自己使用儒家礼仪规范克制傲气与不足,"以敬存理",修身养性,并在书信中请老师贺熙龄监督。

历经三次北上会试的社会经历与自我感悟,此时的左宗棠已展现出以天下为己任的胸怀,将"穷经将以致用"作为其经世思想的核心,把求知的范围进一步扩展到地理学、农学、时务之学等领域,最终目标定为"致用",以此学到了真学问和真本领,正如其师称赞的"谈天下形式,了如指掌"⑥。其间,左宗棠抄

① (清)左宗棠:《左宗棠全集·家书诗文》,长沙:岳麓书社,2009年,第9页。
② 沈传经、刘泱泱:《左宗棠传论》,成都:四川大学出版社,2002年,第24—25页。
③ (清)左宗棠:《左宗棠全集·书信一》,上海:上海书店,2009年,第7页。
④ (清)左宗棠:《左宗棠全集·书信一》,长沙:岳麓书社,2009年,第12页。
⑤ (清)左宗棠:《左宗棠全集·书信一》,长沙:岳麓书社,2009年,第12页。
⑥ 罗正钧:《左宗棠年谱》,长沙:岳麓书社,1982年第19页。

录了《畿辅通志》《西域图志》以及各省通志,编写了农学方面的《朴存阁农书》,"以诏农圃",以重实学,他深入研读陶家所藏丰富的时务典籍,学习研究荒政、盐政、漕运、河工等视为解决社会问题的时务之学,这在其后两次入幕府协助平乱过程中发挥了重要作用,可谓"致用"之学的首次实践,为后期德育思想实践的进一步发展和提升积累了宝贵的经验。左宗棠同时研读海防、边塞记载并论战守机宜,对于外国侵略,他一直主张武力抗击。

第一次鸦片战争爆发时,左宗棠虽继续在陶家教书,但其努力钻研外国史料,密切关注战局变化,与师讨论战守方略,为国家的反侵略斗争积极献计献策。他对以林则徐为代表的抵抗派充满敬意,对妥协投降者极度愤慨,痛感报国无门,抒发"欲效边筹裨庙略,一尊山馆共谁论"①的苦闷和"书生岂有封侯想,为播天威佐太平"②的壮志。第二次鸦片战争时,左宗棠为湖南巡抚幕而参与平乱,对外敌的再次入侵,他主张应该充分利用本省协助解决"两粤"的危机局面,并提出首先用精锐之旅守护天津,然后集中兵力与外敌决一死战的抗敌策略。

儒家思想重视修身,并鼓励实现天下之抱负,这种思想可升华为"以天下兴亡为己任"的高尚爱国主义。这一时期的左宗棠对儒家思想和程朱理学的理解更加深刻,并形成了自己的思想主张,同时力行实现其"穷经将以致用"的经世思想。在清朝由盛而衰、西方列强入侵的特定环境下,传统文化的优秀基因在左宗棠身上已逐渐演化成深沉的忧患意识和浓厚的爱国情怀,他已将自己与国家的安危紧密联系在一起,如其《题孙芝房苍筤谷图》诗中所述"楚人健斗贼所惮,义与天下同安危"③,这一时期可谓左宗棠德育思想的深入发展阶段。

### 三、成熟阶段

任何思想都有发展和成熟的过程,不仅需要持续学习,更需要在实践中感悟、修正与提升。48岁的左宗棠于长沙招募五千人操练成"楚军",并率军入江

---

① 杨东梁:《左宗棠卷》,北京:中国人民大学出版社,2017年第735页。
② 杨东梁:《左宗棠卷》,北京:中国人民大学出版社,2017年第735页。
③ (清)左宗棠:《左宗棠全集·家书诗文》,长沙:岳麓书社,2009年,第410页。

西，正式开启其平乱伐寇、抵御外侵、治政为民、经世强国的光辉一生，在这个过程中，左宗棠的思想主张也伴随不同时期的时局环境和自身道悟的改变而发生深刻变化。

在义利思想方面，对于"名""利"的理解，不再失之偏颇地把"名"都看作追求利益之虚名，体会到纯粹的精神追求，例如在面对出兵收复新疆的质疑时，左宗棠大义凛然地说："臣本一介书生，辱蒙两朝殊恩，高位显爵，出自逾格鸿慈，久为平生所梦想不到，岂思立功边域，觊望恩施？况臣年已六十有五，正苦日暮途长，乃自不忖量，妄引边荒艰巨为己任。"①可见其不为名利、一心爱国的高尚精神追求；对于"义""利"的关系，左宗棠始终坚持义高于利、以义制利，反对见利忘义，只要正当求利就是合理的，应予以赞赏，这也是其鼓励和参与发展工商业的基础，而这时他对于"利"的理解就不只限于个人的一己之利，而是社会之"利"、国家之"利"，所处位置不同，义利观的理解定然不同，其主张"为政先求利民，民既利矣，国必与焉"②，在坚持农业为主要倚重的基础上，也肯定了工商业是国计民生的大事，且与其他洋务官员不同，他还支持商办企业。在养气修身方面，左宗棠坚持自律，以儒家礼仪制约"傲气"，提出"礼制傲气"思想，认为只有坚持儒家礼仪规范，"劳其筋骨、饿其体肤、空乏其身"，不断磨砺自身品格，才能持守本心，恪守本分，去除"傲气"，方有报效祖国、安定天下的资格。

此时期的左宗棠，不仅始终坚持自我修身，同时能够以"修身"思想教育和劝导他人，这主要表现在教育子女宗亲和教化引导他人方面。首先，左宗棠虽位高权重，其子孙后代却没有铺张浪费的恶习，多数成为人才，而且涉及很多领域，这得益于左宗棠的悉心教导。左宗棠在外为官期间，经常和子女保持书信联系，子女有不明白的问题，左宗棠也会通过书信倾囊相授，书信内容大体是教育子女要志存高远、崇俭广惠、读书明理、力行致用、谨慎自抑、慎重择友、结交正士、知恩图报、乐善好施、积德累福等，同时左宗棠也十分关心关注左氏家族晚辈后代的成长教育，要求所有宗亲子弟须严守家训，正直诚信，待人有

---

① （清）左宗棠：《左宗棠全集·奏稿六》，长沙：岳麓书社，2009 年，第 390 页。
② （清）左宗棠：《左宗棠全集·札件》，长沙：岳麓书社，2009 年，第 448 页。

礼,切忌荒废学业,切忌沾染恶习,一旦违背,必严加处理。其次,左宗棠十分重视下属和军兵教育,强调"治心""养气",要求将领严于律己、诚以待下、廉以率属、任人唯贤,要求军兵严守军纪、树立保卫家国的信仰、"习劳作苦",严禁扰民。左宗棠也特别重视边疆子弟的教化,在西北地区广办义学和书院,广泛传播儒家思想和实学思想,提升民族子弟的自身修养和养家技能。

左宗棠虽然接受的是传统封建思想教育,忠君爱国贯彻始终,但此时期的左宗棠将浓厚的爱国情怀付诸报国实践,且体现出与世不同、与时不同的鲜明个人特征。首先,左宗棠在朝廷内部国防战略出现严重分歧时,坚持海防、塞防并重,坚持国家的领土不可随意丢弃,在他人踌躇不决、望而却步时,甘冒政治风险亲率大军西征抗击侵略,这表现出左宗棠英勇无畏的爱国精神和反妥协、反侵略、反分裂的爱国意志。其次,左宗棠在抵御外敌侵略后,全力谋求边疆地区的长治久安和民众百姓的安稳富足,且多措并举,一心为民,屯田、畜牧、蚕桑、水利、植树、修路、架桥、开矿、办厂、兴学,有效措施几乎覆盖关乎国计民生的全部,并以其全局和长远的战略眼光多次奏请新疆建省置州县,终得以实现这一意义重大而深远的历史变革。最后,左宗棠继承"师夷长技以制夷"的进步思想,积极西学开展洋务,不仅率先引进西方先进技术创办洋务企业,更主张自强自立的强国思想,强调自掌技术、自造设备、自主管理,坚持矿山、铁路等新式企业必须国家自办,不可求诸洋人,且重视人才培养,任人唯贤、知人善用,并多次委派生徒走出国门留学西方,这也体现出其思想的进步性与先进性。

基于早年的实学基础,此时期的左宗棠可谓在实学经世方面大展拳脚,真正将"穷经"进行"致用",并在学习和实践中产生其不同领域的实学思想主张。首先,左宗棠对方舆之学颇有心得,早年的深厚积累和潜心研究使其熟知天下地理环境和历史形势,这对其在此时期的军事战斗中能够科学合理地制定战略战术有很大帮助,理论与实践的充分结合也使左宗棠在军事思想方面有所建树。其次,左宗棠自幼重视农学并深有研究,此时期的为官过程中,其特别注重农学的具体应用,并形成了能够根据地理特点选取不同耕种法和农作物的因地制宜农学思想,其在陕甘地区不主张"区田"而推广种棉,而在新疆大力垦荒屯田,并进行"民屯"和"军屯"并行的创新,公平公正,收效甚佳,同时解决民众之苦和军粮之困,可谓其农业思想的独特创举。同时左宗棠在兴修水利、铺路架桥、办学兴教等方面也具有深谋远虑之高见,有其独到的思想主张,并将思想付诸实践,切实为西北地区的团结发展和百姓的生活稳定做出巨大贡献。除此之外,左宗棠在国防方面也思维先进,成效斐然,其不仅重视边防,也重视海防,其在边疆设立长达五千里的防线,沿途密布哨所,排布哨兵换防,其创办福州船政局,培养造船、航海人才,并打造出近现代的第一支国防海军。而且在洋务运动过程中,左宗棠的"西学"思想也具有独特性,为了促进社会发展,实现国家的求强与求富,其主张学习西方的轮船、火器、开矿、铁路等先进技术,主张学习西方的语言、文字、算学等教育文化,这体现出左宗棠德育思想的深化发展和与时俱进。

此时期的左宗棠将自身的道德修养、爱国情怀和实学实用有机地结合在一起,于修养方面,从个人名利、义利之辩的初感悟到民族大义、利国利民的再升华,从个人修为的又进步到由己达人的再育他;于爱国方面,从立志报国的激情愤慨到率兵亲征的保卫中华,从不言辱和的英勇作战到自强自立的发展谋划;于经世方面,从实学求知的萌芽积累到治理实践的遍地开花,从古学典籍的精华吸取到西学洋务的强国富民,左宗棠将其毕生所学所想、所感所悟淋漓尽致地发挥出来,将自己的思想主张付诸忧国忧民、保国卫民、强国富民的实践行动中,不仅实现了个人修为与事业上的长足发展,更为国家和社会做出了不可磨灭的贡献,真正实现了其"心忧天下""义与天下同安危"的人生抱负,其德育思想也发展到与实践行为互融互促的成熟践履阶段。

本章主要从时代背景、个人经历、思想渊源、形成过程四部分对左宗棠德育思想的形成进行阐述和分析。从时代背景上看,左宗棠是积极入世的,所处时代的政治、经济、文化现实均对其德育思想的形成产生重要影响,尤其是文化方面,左宗棠几乎与文化发展同步,具有统治阶级的先进性,其思想也具有与时俱进的进步性。从思想渊源上看,左宗棠德育思想的主要来源是先秦儒学与宋明理学,只不过他的观点内容也受到了墨家、道家、法家等思想合流的些许改造,同时直接受到湖湘文化的熏染,方才成就了如是样态的左宗棠德育思想体系结构,家国情怀与伦理责任并举,政治忠诚与开拓创新同在,自我修养、家庭教育、为官治世、率军卫国、救亡图存的高度统一便是左宗棠德育思想植根于前述多样背景的有力证明。这种思想的内在逻辑是基于儒家传统思想的"内圣外王""知行合一"与"经世致用","内圣"是"外王"的基础和承载,"外王"是"内圣"的目标和指引,"知行合一"与"经世致用"是实现统一的方法与过程。由此可见,左宗棠德育思想的形成充分吸取了传统文化的精华,也充分融合了社会进步的思考,具有明显的阶级性和时代性,但也具有超越时代的先进性,其道德修养、爱国情怀和经世埋路带有典型的德育特征,也具备可穿越时空的传统文化价值特征,其思想蕴含中华优秀传统文化的 DNA,本身也是中华优秀传统文化的组成部分,对于新时代公民道德建设、思想政治教育具有一定的借鉴价值,这也是进一步研究左宗棠德育思想的意义所在。

# 第三章　左宗棠德育思想的主要内容及特征

从第二章的阐述中可以看出，左宗棠德育思想的形成吸取了传统文化的精华，左宗棠身处湖湘文化精华的熏陶下，其一生是对儒家传统思想的践行，从内在的道德修养到外发的事业完善，其拥有渊博的知识、诚实的意念和高尚的人格，并以此为基础为学、为人、为事、为政、为军，其还将外感于时局危困的"左氏"思想作为教子、育宗、择偶、交友、治吏、御下、整军的准则，从而催生出"左氏家风""左氏军风"等文化现象。左宗棠一生严于律己、勤奋好学、见多识广，于多个领域都形成了独特的见解，这些观点对后人具有一定的借鉴价值，为后人留下了宝贵的精神财富。纵观其思想及行为整体，修身为全部思想和行为提供了道德和理论基础，爱国为全部思想和行为提供了信念和方向，经世致用是贯彻始终的思想指导和实践方法，其在教子、军事、国防、农业、经济、教育、水利、吏治、环保等方面的具体思想主张都刻有上述三类思想内容的烙印，而"修身""爱国"和"经世"思想也均符合德育在应用层面的大众性和普遍性，故此从德育概念及应用的角度出发，本章将以修身、爱国和经世作为叙述和研究框架，就左宗棠德育思想的修身育人思想、爱国安民思想和经世致用思想作文本解读和义理阐释，并分析其德育思想的基本特征。

## 第一节　"礼制傲气""义高于利"的修身育人思想

左宗棠推崇儒家思想，信奉程朱理学，注重"义理"，主张"性即理也"，受程颐启发，认为"涵养须用敬"，并悟道"礼制傲气"，同时对于义利观有其左氏之辩，由此构建出左宗棠内在的修身思想，并演化为具体表现形式。由内及外，他主张"士君子立身行己，出而任事，但求无愧此心，不负所学"；内外相合，以理学为基,力行"忠、孝、节、义"①等传统美德。具体来说,左宗棠自我修养讲究做人实、谋事实和创业实,用"义理"愉悦精神、以"三畏"自证其心,遵"君子人格"为处世标准。一方面,左宗棠的治世方略与济世情怀必须以自我道德完善为基础;另一方面,左宗棠主张"入世",也就是说,他修身的目的是"为事",更重要的是"成事"和"带动他人成事",即"谋事实"和"创业实",也正是基于此,我们能够从左宗棠的修身思想中窥见他的教子之道、交友之道、谋事之道等,而这些恰恰又是其育人、治军、经世、爱国等所为实事的理论来源,由此亦可见其修身思想的基础核心地位。同时对于思想育人方面,左宗棠对于子女、宗亲、下属、军兵以及边疆子弟均存在育人行为,只是育人内容会因对象和目的不同而有所侧重,这种不同能够体现出左宗棠因材施教的育人理念,其中对子女的教育涵盖了其修身思想的全部内容,能够充分体现其育人思想的全部观点主张,这也是左宗棠家庭德育的一大特色,因此是值得进行深入研究和深入分析的。本节会重点针对子女教育阐述左宗棠育人思想,其余人群的育人内容及行为会在后文中陆续阐述。

### 一、性即理也、以敬存理

首先看"性即理也"。程朱理学主张"理"乃万物本源,即"万物皆是一理,至如一物一事,虽小,皆有是理"②。朱熹更展开深入研究,吸收道家思想,指出"理"为"太极",认为"在天地言,则天地中有太极;在万物言,则万物中各有太极"③。同时其尊崇儒家思想的"修齐治平,内圣外工",故将"人性"置于"理学"范畴内,提出"理"为本源,而人性亦为"理",由此将其阐述为:"性,即理也。"④左宗棠秉承程朱理学的观点,即认为"理为本源,性即理也"⑤,其在第二次科考时写道:"性为道义之门,存存而易在圣心矣。……理所触而气以附,气所附而

---

① 徐志频:《左宗棠的正面与背面:为官有术,做人有道》,北京:中国青年出版社,2016年,第76页。

② (宋)程颢、程颐:《二程遗书》(第15卷),上海:上海古籍出版社,2000年,第203页。

③ (宋)黎靖德:《朱子语类》(第1卷),北京:中华书局,1986年,第1页。

④ (宋)朱熹:《四书章句集注》,北京:中华书局,1983年,第17页。

⑤ (宋)朱熹:《四书章句集注》,北京:中华书局,1983年,第329页。

形以全。有浑然而与形以俱至者焉,则所谓性也。"①其又说:"盖性居夫道之先,道可见性,而性不外道。……性为义之本,义以成性,而性先有义。"②这都是左宗棠对此观点的认知,即性受于天、性本与理、性为道义之门,理又是儒家思想至善的道德标准,具体为仁义礼智信,因此性无有不善,这其实是将道德提升为天理,使其具有万物本体的高度。由此可见,左宗棠对于道德的重视程度,其十分明晰道德内居于心、外表于情的重要意义。这种思想不仅使左宗棠明晰道理、重视道德,更使其心怀修为"圣心"之志,他曾说:"读书作人,先要立志,想古来圣贤豪杰是我者般年纪时是何气象?"可见其志存高远。同时这种思想的形成使左宗棠清楚,想要明"理"必须重视读书,换个角度也可以理解为必须读有"理"之书和读书必须明"理",他认为学习某一学科或某一件事相对容易理解,但读书则不然,除了认真学习和深入思考,还需要循序渐进和融会贯通才能达到明理的目的,方可"从容涵泳以博其义理之趣"③,然后将学习明晓的道理落实到行动中,才能使行为有理可据、有本可依,实现"天地民物,莫非己任"④的理想,这在一定程度上也是其后来注重实学实用和学以致用的基础所在。此外,左宗棠还认为"读书能令人心旷神怡,聪明强固"⑤,但不能心急,"经传精义奥旨初学固不能通"⑥,但如果用心体会,认真研究每个字的出处,深入思考每句话的道理,全面分析每件事的脉络,这样认真去做,持之以恒,最后必然有所感悟,体会到义理悦心之效,这种做法培养出左宗棠为学、为人、处事踏实稳重的思维性格,也是其倡导的厚积薄发思想的基础。

再来看"以敬存理"思想方面。程朱理学认为"敬是持己,恭是接人","君臣朋友,皆当以敬为主"⑦,提出"敬"可以让自己更明白事理,"虽曰无状,敬自可见"⑧。由此强调"涵养须用敬,进学则在致知"⑨。对于修身方面,左宗棠受

---

① (清)左宗棠:《左宗棠全集·家书诗文》,长沙:岳麓书社,2009 年,第 369 页。
② (清)左宗棠:《左宗棠全集·家书诗文》,长沙:岳麓书社,2009 年,第 369 页。
③ (清)左宗棠:《左宗棠全集·家书诗文》,长沙:岳麓书社,2009 年,第 370 页。
④ (清)左宗棠:《左宗棠全集·家书诗文》,长沙:岳麓书社,2009 年,第 20 页。
⑤ (清)左宗棠:《左宗棠全集·家书诗文》,长沙:岳麓书社,2009 年,第 19 页。
⑥ (清)左宗棠:《左宗棠全集·家书诗文》,长沙:岳麓书社,2009 年,第 9 页。
⑦ (宋)程颢、程颐:《二程遗书》(第 18 卷),上海:上海古籍出版社,2000 年,第 232—233 页。
⑧ (宋)程颢、程颐:《二程遗书》(第 18 卷),上海:上海古籍出版社,2000 年,第 233 页。
⑨ (宋)程颢、程颐:《二程遗书》(第 18 卷),上海:上海古籍出版社,2000 年,第 237 页。

程朱理学的指导和启发,讲求以敬存理。第二次会试后,左宗棠在书院教书,重新研读宋代儒家经典著作,对照自身存在的"气质粗驳,失之矜傲"①,想要努力克服和改变,但是效果不是很好,稍稍察觉意识到,随即又忘记了,性情依然急躁,经过深刻思考与反省,终于领悟到"涵养须用敬"是对症良药,痛下决心改掉自身不良习气,"先从寡言、养静二条实下功夫,强勉用力"②。同时左宗棠在书信中反省年少时所犯的错误有"举止轻脱,疏放自喜,更事日浅,偏好纵言旷论;德业不加进,偏好闻人过失。"③其深感惭愧,并就此事请老师贺熙龄监督。这种"以敬存理"的思想和决心使得左宗棠开始修炼谨慎自抑的修身德行,也进一步培养其踏实稳重的求学行事性格。

"性即理也""以敬存理"的修身思想培养出左宗棠个人修养方面的道德品质,具体表现形式为志存高远、读书明理、踏实稳重、谨慎自抑,同时也为其提倡的实学实用和厚积薄发奠定基础。在育人方面,他将上述思想和表现形式全面地融入对子女的教育中,具体体现在以下方面:首先,他教育子女要志存高远,立"学做圣贤"之志,强调"志患不立,尤患不坚",并鼓励道:"如果一心向上,有何事业不能做成?"④其次,他始终教育子女要读书明理和力行致用。左宗棠要让子女清楚读书是为了明晰事理、明达天理,明白应该如何为人处世,这样才能聪明强固,不断向圣贤学习。而且左宗棠反复教导子女读书不要以科考为目标,而是要力行致用,其在家书中写道:"诸孙读书,只要有恒无间,不必加以追促。读书只要明理,不必望以科名。子孙贤达,不在科名有无迟早,况科名有无迟早亦有分定,不在文字也。"⑤左宗棠认为只要子孙自觉坚持读书,无有间断即可,无须强加逼迫,因为读书的目的和价值在于明理,不在于名利,前者靠自身的道德修养来维护,后者才需要靠家长的权威强迫来达成,甚至左宗棠还认为如果读书只为追名逐利或光耀门楣,而丢弃掉耕读立家、修身养性的初衷,就不是孝子贤孙,这可谓其教子思想的一个鲜明特征,这也体现

① 彭昊、张四连选编/译注:《左宗棠家训译注》,上海:上海古籍出版社,2020年,第3页。
② (清)左宗棠:《左宗棠全集·书信一》,长沙:岳麓书社,2009年,第12页。
③ (清)左宗棠:《左宗棠全集·家书诗文》,长沙:岳麓书社,2009年,第58页。
④ (清)左宗棠:《左宗棠全集·家书诗文》,长沙:岳麓书社,2009年,第10页。
⑤ (清)左宗棠:《左宗棠全集·家书诗文》,长沙:岳麓书社,2009年,第173页。

出其要求子女重实学、轻功名,同时要厚积薄发。故此,左宗棠曾劝诫儿子:"只要读书明理,讲求作人及经世有用之学,便是好儿子,不在科名也。"①左宗棠后世子孙秉持此种家风,为官者并不多,大多成为医学、化学、史学等不同领域的人才。最后,左宗棠经常教育子女要踏实稳重和谨慎自抑。左宗棠一再强调"敬"的重要性,教导子女无论为人还是读书都要以敬存理,且详细告诉子女如何做到这一点,例如:"读书先须明理,非循序渐进、熟读深思不能有所开悟。""即如写字,下笔时要如何详审方免谬误。"②再如其对于儿子家书中误将"醴"写成"澧陵"而言道"吾为尔惭"③,同时让儿子及时修改并指出"小楷须寻古帖摹写,力求端秀"④,不能着急下笔,并说"直行要整,横行要密,今后切宜留心"⑤。可见左宗棠认为字迹潦草、模糊不清、书写错误等不是小事,是不敬,必须谨慎认真,言论行为也是如此,也要做到"敬"。他曾教育子女说:"无论稠人广众中宜收敛静默。即家庭骨肉间,一开口,一举足,均当敬慎出之,莫露轻肆故态,此最要紧。"⑥此外,他要求子女做事也要谨慎认真、明理公正,说:"当得意时,最宜细意俭点,断断不准稍涉放纵!"⑦又说:"惟理明心公,则于事无所疑惑,而处得其当矣。"⑧

## 二、礼制傲气、动心忍性

中国是礼仪之邦,重视礼仪是优良传统。儒家思想尤其重"礼",讲求"道之以德,齐之以礼"⑨,推崇仁敬、正义、诚信、辞让、慈孝。对于修炼心性、改变自身的性格缺点、提升自身的道德修养,左宗棠认为应该重视儒家礼仪的规范作用,主张礼制傲气和动心忍性,在孝奉父母前辈、敬事师尊兄长方面,在与宗

---

① (清)左宗棠:《左宗棠全集·家书诗文》,长沙:岳麓书社,2009年,第21页。
② (清)左宗棠:《左宗棠全集·家书诗文》,长沙:岳麓书社,2009年,第30页。
③ (清)左宗棠:《左宗棠全集·家书诗文》,长沙:岳麓书社,2009年,第30页。
④ (清)左宗棠:《左宗棠全集·家书诗文》,长沙:岳麓书社,2009年,第40页。
⑤ (清)左宗棠:《左宗棠全集·家书诗文》,长沙:岳麓书社,2009年,第30页。
⑥ (清)左宗棠:《左宗棠全集·家书诗文》,长沙:岳麓书社,2009年,第54页。
⑦ 彭大成、杨浩:《左宗棠的家教思想及其当代启示》,《湖南师范大学教育科学学报》2015年第14期,第98页。
⑧ 孙占元:《左宗棠吏治思想述论》,《山东社会科学》1995年第3期,第79页。
⑨ 张燕婴译注:《论语》,北京:中华书局,2006年,第36页。

亲、友人、夫妇的交往之道方面,还有在日常的衣食住行方面都以古代先贤为楷模和榜样,换言之,应该以儒家思想的礼仪规范制约自身的"傲气"。这种"傲气"是膨胀、泛滥的私心与私欲,是无法得到普遍满足、无法得到广泛享有的私欲与私利。这种"傲气"会体现在人的思想意识中,也会主导人的言行举止和为人处世。例如自大自负生成的"狂妄之气"、过度奢靡生成的"土豪之气"、为官掌权生成的"官僚之气"、骄横跋扈生成的"野蛮之气"等都属于"傲气"的范畴。在左宗棠看来,磨砺自身品格,"劳其筋骨,饿其体肤,空乏其身",将儒家礼仪规范作为一种生活方式和生活态度深植入心、指导行为,才可以保证在任何情境中都能做到"不作违心之论,不发妄悖之言",持守本心、褪去傲气,这才是"君子"的标准,这样才能达到修炼心性、激励心志的目的,这样才能实现修身的目标,这样才能具备报效国家、安定天下的道德资格。

"礼制傲气""动心忍性"的修身思想培养出左宗棠坚守一生的德行修养,具体表现形式为崇俭广惠、以礼择友、诚以待人、尊师敬长、知恩图报,这在其后期的为人处世中均有所体现。左宗棠始终坚持"崇俭广惠"的本色,其一生清廉俭朴,"非宴客不用海菜,穷冬犹衣缊袍"[①],晚年告诫子女"满甲之日,不准宴客开筵"[②]。其要求自己和家庭廉洁简朴,但对待同僚、下属或家境困苦之人却十分大方,常用自己的俸禄救济他人。其择友讲求志同道合,往来讲求君子之交,待人讲求诚信正直,即使对于前来探听虚实、搜集情报的外国军官也以礼相待、坦诚相向,而且不卑不亢,授之以实、示之以强,克制先下手为强的"野蛮之气",赢得了对方的敬佩和友好。其从内心尊敬老师、孝顺长辈,并且知恩图报,即使是一面之缘的前辈长者对自己的指导和教诲也令其常忆其情、感念其恩,叹为人生幸事。

在育人方面,左宗棠也将自己的全部礼仪道德观念灌输于子女。首先,左宗棠提出"自奉宁过于俭,待人宁过于厚"[③]的崇俭广惠之道,这不仅体现出其内在的修身态度,也表现出一种怡情养性的智慧和一种兼济天下的情怀,对其经世、安民的实践行为也有重要的影响,左宗棠晚年已身居高位,为子女置办

① (清)左宗棠:《左宗棠全集·家书诗文》,长沙:岳麓书社,2009 年,第 58 页。
② (清)左宗棠:《左宗棠全集·家书诗文》,长沙:岳麓书社,2009 年,第 143 页。
③ (清)左宗棠:《左宗棠全集·家书诗文》,长沙:岳麓书社,2009 年,第 7 页。

产业十分容易,但其"不欲买田宅为子孙计"①,只因担心子女会沉迷于富贵奢华而玩物丧志,成为纨绔子弟,也未给子女留下大量钱财,避免"积财"带给后代不良的暗示,他认为"积财"会给子孙招致祸事而不是福报,主张"古人教子必有义方,以鄙吝为务者仅足供子孙浪费而已"②。又说:"亲友做官回乡便有富贵气,致子孙无甚长进。"③同时其常说自己的养廉银不会积攒起来或作为家用,会全部用来救济贫困弱小,并劝告子女:"宜早自为谋。"④其主张的"崇俭"并不是要子女做守财奴,而是希望子女具有"广惠"的胸襟,能够乐善好施,他经常帮助族中亲戚,于家书中写道:"族中苦人太多,苦难普送。拟今岁以数百金分之,先侭五服亲属及族中贫老无告者。"⑤他也经常用自己的养廉金救助不幸遇难的下属或军兵家中孤苦无依的遗孀,对于友人亦是如此,其于家书中写道:"同年金季亭讳有成,家贫而持介节","其家仅剩一寡媳、一孤孙,不能存活,竟至留为乞丐","由家中取银百两恤其孤寡"。⑥

其次,在交友方面,左宗棠教导子女要结交正士,"坦诚宽厚",这既是德育的教子之念,也是克己之道。一方面,他从德育高度为子女确立了"近墨者黑"的交友禁忌,强调"同学之友,如果诚实发愤,无妄言妄动,固宜引为同类。倘或不然,则同斋割席,勿与亲昵为要。"⑦还说:"至子弟交结淫朋逸友,今日戏场,明日酒馆,甚至嫖、赌、鸦片无事不为,是为下流种子。"⑧他要求子女坚决不能与这类人交友,不能熏染恶习,并严加告诫子女要摆脱世家子弟的习气,切忌放浪形骸和言行不端,一定要结交正士,才能终身受用。另一方面,其从德育视角也为子女确立了坦诚宽厚的交友原则,他对儿子说:"君臣朋友之间,居心宜直,用情宜厚。"⑨又说:"弟平生待人,总是侃直。见友朋有过,见面纠之。"对于朋友兄弟之间真正意义上的扶助,左宗棠持这样的观点:"延哥、和哥性质

①　(清)左宗棠:《左宗棠全集·家书诗文》,长沙:岳麓书社,2009年,第138页。
②　(清)左宗棠:《左宗棠全集·家书诗文》,长沙:岳麓书社,2009年,第163页。
③　(清)左宗棠:《左宗棠全集·家书诗文》,长沙:岳麓书社,2009年,第138页。
④　(清)左宗棠:《左宗棠全集·家书诗文》,长沙:岳麓书社,2009年,第173页。
⑤　(清)左宗棠:《左宗棠全集·家书诗文》,长沙:岳麓书社,2009年,第77页。
⑥　(清)左宗棠:《左宗棠全集·家书诗文》,长沙:岳麓书社,2009年,第194页。
⑦　(清)左宗棠:《左宗棠全集·家书诗文》,长沙:岳麓书社,2009年,第11页。
⑧　续晓琼:《从名臣家书看晚清风习》,《新湘评论》2012年第20期,第50页。
⑨　(清)左宗棠:《左宗棠全集·家书诗文》,长沙:岳麓书社,2009年,第147页。

均非可处乐之人,愚而多财,将益其过,故每吝之,冀其从艰苦长些志气耳。"①

　　再次,左宗棠要求子女要有"自律"之心、有"谦逊"之道,对尊师、亲长要"谦卑恭谨",不可傲慢无礼,即使在书信中用语也必须得体、合适,其曾言:"初次通信尤宜加慎,岂可任意草率,失敬礼之意。"②对于尊敬师长的行为,其说道:"长辈呼尔为少爷,必敛容退避,示不敢当。"③最后,知恩图报是左宗棠一直坚持教育子女的德育思想主张,特别是他告诉子女要怀有"保世滋大"的心态感恩国家和报效国家,其刚刚步入仕途时曾言:"未出任事以前,当苦心读书;既任事以后,当置身家性命于度外,乃可望有成就。"④他也曾在家书中说:"思国恩高厚,报称为难;时局方艰,未知攸济。亦惟有竭尽心力所能到者为之,期无负平生之志而已!"⑤左宗棠的爱国、报国情怀着实令人钦佩,同时他还教育子女在与家人、朋友的交往中也必须秉承感恩的观念,书信中说道:"外祖母待我如子,从前寒苦时得外家资助甚多。数年从戎于外,未获一奉甘旨,将来建坊之费自当独任。"⑥

### 三、义高于利、以义制利

　　义利观是儒家经典的经济伦理思想,正确的义利观是特定的伦理规范和道德原则,在传统美德中占据很高的地位。左宗棠信奉程朱理学的义理之说,并以此形成了义高于利、以义制利的德育思想主张。青年时期的左宗棠即在《名利说》一文中对义利观进行了阐述,结合左宗棠后期为人处世的原则,义利观可谓贯穿其德育思想始终,主要观点主张是:第一,认为"名"与"利"本质上并无区别,是一致的,皆是为了追求个人利益。这有其合理之处,广义上的"利"包含物质利益和精神利益,将"名"释义为精神利益,那么应该把它归纳到"利"中,看作是"利"的一部分。狭义上的"利"只指物质利益,"名"可以带来"利",也就是说"功名"有了,"利禄"随之可来。但从某种角度看,这种观点存

---

① (清)左宗棠:《左宗棠全集·家书诗文》,长沙:岳麓书社,2009年,第128页。
② (清)左宗棠:《左宗棠全集·家书诗文》,长沙:岳麓书社,2009年,第86页。
③ 秦翰才:《左宗棠全传(下)》,北京:中华书局,2016年,第73页。
④ (清)左宗棠:《左宗棠全集·家书诗文》,长沙:岳麓书社,2009年,第142页。
⑤ (清)左宗棠:《左宗棠全集·家书诗文》,长沙:岳麓书社,2009年,第27页。
⑥ 孙占元:《左宗棠评传》,南京:南京大学出版社,1995年,第134页。

在有失公允的地方，不应将"名"仅视为追求个人利益的虚名，他到晚年时期才有所改变，认识到存在纯粹的精神追求。第二，认为义高于利、以义制利，坚决抵制见利忘义的行为，可以说这是左宗棠义利观的核心与基础。第三，左宗棠认为借由正当手段获取的个人利益是有益于社会的，是具有合理性的，应予以肯定和支持，这为其后期倡导工商业的发展奠定了一定的思想基础，可以见于其创办福州船政局、兰州织呢局的行为实践中。① 尽管左宗棠也受到传统观点的影响，提出"一艺一伎之名"②，"今之君子不欲居"③，然而"百工之事"毕竟是社会所不可或缺的，那些从事"一艺一伎"的人，"吾益人而不厉乎人，尽吾力食吾功焉，斯亦可以"④。也就是说，如果是以正当方法追求个人利益，那么这种行为对他人、对社会就是有益的，对这种行为应当大力赞赏。如左宗棠所言："夫恒情所谓求利者有其具，农之畔、工之器、商贾之肆，此以其财与力易之者也。"⑤第四，左宗棠对于个人追求不当之利、自私自利的行为持否定态度，赞成对社会和国家有利的公利行为。在左宗棠看来，追求私利、使得他人利益受损的行为是坚决不可取的，是"徇私灭公，适己自便"，但对于"大利"应大力支持，"农桑者天下托命之具，大利之原，而国家无尽之藏也"⑥。同时左宗棠主张执政要惠民，"为政先求利民，民既利矣，国必与焉"⑦。通过这些可以发现，左宗棠所言"大利"即为"公利"，是对国家、对人民有利的利益，不管处于何种时代背景，先公后私、公私两利的行为都是应该加以支持和提倡的，这也是其德育思想有诸可取的内容之一。

进一步分析左宗棠的义利观，我们可以发现其思想具有非常明显的过渡特征，对比同时期的其他洋务人员，左宗棠的义利观不只具有共性特点，还具有独特的先进之处。第一，左宗棠支持那些以正当方式追求个人利益的行为，

---

① 李福英：《论左宗棠的义利观——兼谈福州船政局、兰州织呢局的伦理实践》，《湖南师范大学社会科学学报》2007 年第 1 期，第 115—118 页。

② （清）左宗棠：《左宗棠全集·家书诗文》，长沙：岳麓书社，2009 年，第 215 页。

③ （清）左宗棠：《左宗棠全集·家书诗文》，长沙：岳麓书社，2009 年，第 215 页。

④ （清）左宗棠：《左宗棠全集·家书诗文》，长沙：岳麓书社，2009 年，第 215 页。

⑤ （清）左宗棠：《左宗棠全集·家书诗文》，长沙：岳麓书社，2009 年，第 215 页。

⑥ （清）左宗棠：《左宗棠全集·家书诗文》，长沙：岳麓书社，2009 年，第 394 页。

⑦ （清）左宗棠：《左宗棠全集·札件》，长沙：岳麓书社，2009 年，第 448 页。

这与程朱理学中将"义"与"利"对立起来而提出"存天理,灭人欲"的极端主张相比较,可以说是一大进步和超越。左宗棠认为,如果社会民众都一心求利,那么对国家是不利的,对社会是不利的,同样对"义"也是不利的,他提出:"唯存心为一己之私者无取焉。一己之私谓何? 名也,利也。心在名利,则为私之念多,为公之念少;为私之念重,为公之念轻,天下将何赖焉?"①左宗棠认为,对于那些合法、不损人利己的人,应支持其以正当手段追逐个人利益的行为,且这种行为还应获得政府的保护。但是假如只是追求个人一己私利而不考虑国家和社会利益,甚至损公肥私,这种行为必须坚决抵制。第二,在重视农业发展的同时,左宗棠也主张大力发展工商业。他认为工商业的发展能够帮助民众、社会、国家都从中获利,这在当时的社会现实环境中是非常重要且先进的发展进步思维。第三,义利观初步论及了"富国"和"富民"关系。左宗棠认为国家和人民实际是一体的,民存而有国,对民有利则对国也有利,"是故善养民者,不必损己以益民,而民自益;善富国者,不必穷民以富国而国自富"②。这在社会实践中表现为对于国计民生相关事宜的重视,这对于其后期的经世实践和洋务运动均至关重要。

在育人方面,左宗棠经常教育子女关于名利得失的态度,他说:"士君子立身行己,出而任事,但求无愧此心,不负所学。名之传不传,声称之美不美,何足计较?"同时说道:"尔母在日曾言我'不喜华士,日后恐无人做佳传',我笑答云:'自有我在,求在我不求之人也。'"③这是何等的胸襟心性。他也曾告诫子女:"先以义理正其心,继以经济廓其志",强调正"义"对于逐"利"的重要性和必要性。他还说:"古人建立丰功伟绩,无不本其难、其慎之心出之;事后尚不敢稍自放恣,则事前更可知矣。少年意气正盛,视天下无难事;及至事务盘错,一再无成,而后爽然自失,岂不可惜!"④此为更想让子女懂得,天底下的事情不都是很容易办到的,应踏实谨慎、厚积薄发,不能急功近利、见利忘义。

① （清）左宗棠:《左宗棠全集·札件》,长沙:岳麓书社,2009 年,第 112 页。
② （清）左宗棠:《左宗棠全集·家书诗文》,长沙:岳麓书社,2009 年,第 394 页。
③ （清）左宗棠:《左宗棠全集·家书诗文》,长沙:岳麓书社,2009 年,第 155 页。
④ （清）左宗棠:《左宗棠全集·家书诗文》,长沙:岳麓书社,2009 年,第 81 页。

## 第二节　"义与天下同安危"的爱国安民思想

左宗棠一生秉持和践行儒家思想,儒家思想的仁爱、忠恕、民本、义利、大同思想以及"修齐治平"的价值取向都影响到左宗棠的爱国意识和爱国行为,影响到左宗棠捍卫国家统一、维护民族团结、安稳民众生活和推进民富国强的具体爱国实践。左宗棠德育思想中的爱国安民思想也源于湖湘文化的忧患意识和爱国情怀的熏陶。正如前文在思想渊源中所述,"义利之辨""忧患意识""经世致用"和"实事求是"是湖湘文化的精华,这四者之间相互联系,"义利之辨"体现识忠义的大气节,"忧患意识"表达国家责任感与使命感,在以"实事求是"为原则的"经世致用"实际行动中贯彻实践。左宗棠深受湖湘传统爱国思想的影响,魏源、陶澍、贺长龄、贺熙龄、曾国藩等湖湘爱国人士对左宗棠起到重要的直接引导作用。虽然左宗棠自称"一介寒儒",接受的是传统封建思想教育,但其时刻以国家利益为重,维护国家统一,重视经世致用,关注国强民富,也正是近代中国闭关锁国和遭受西方列强欺凌的特定历史环境,使左宗棠最终成长为一名杰出的爱国者。左宗棠的爱国主义思想既存在共有的时代特征,也存其特有的鲜明特色,这种独特性主要体现在不惧强敌、不畏艰险;临危不乱,奋勇顽强;铮铮铁骨、威武不屈;谦逊好学,避虚就实;躬身践行,自立图强;赤诚如一,老而弥坚。这些赞誉的词语都能在其一生的奋斗中找到对应的实例,也使其爱国主义思想随历史时代的变迁而光辉依旧,对新时代思想政治教育也具有一定的借鉴意义。

左宗棠的爱国安民思想历经了19世纪30年代的初闻国事和忧国忧民、鸦片战争前后的义愤填膺和立志御敌、19世纪60年代的经世安民和洋务强国以及后期的塞防驱敌和海防抗法,这种爱国主义思想体现了其所言的"身无半亩、心忧天下"①,也如其在诗中所述的"楚人健斗贼所惮,义与天下同安危"②。纵观其一生的爱国事迹,左宗棠德育思想中的爱国安民思想主要表现在三个

---

① 罗正钧:《左宗棠年谱》,长沙:岳麓书社,1983年,第14页。
② (清)左宗棠:《左宗棠全集·家书诗文》,长沙:岳麓书社,2009年,第410页。

方面：一是抵御侵略，坚决维护国家统一；二是治政安民，谋划地域久安长治；三是自强自立，西学为求强国富民。

## 一、抵御侵略，坚决维护国家统一

面对侵略，左宗棠认为西方列强的侵略本质不会改变，因此始终主张坚决抗敌，反对妥协议和，表现出不屈服的英雄气概和爱国情怀。第一次鸦片战争期间，左宗棠正在安化山乡教书，但他十分关心战局之变化，并尽力研究外国资料，提出"御夷"方略，积极献计献策，并在得知签订丧权辱国的《南京条约》后愤慨此为"梦想所不到，古今所未有"①的耻辱。第二次鸦片战争时，左宗棠正入幕协助镇压太平军，但也对再犯之外敌表示了坚决主战的立场，获悉广东人民痛打英法侵略军后"殊为快意"，希望不要动摇抗战决心。因为两次鸦片战争教训之沉痛，左宗棠极其关心海防，调任陕甘总督前，左宗棠加紧筹建福州船政局的同时也在加紧筹划台湾防务，他深知宝岛台湾的重要战略地位，提醒朝廷提高警惕，随时"察看情形"，这足以证明他的政治敏锐性，后期日本侵略台湾，左宗棠极力主张集中调配福州船政局已造成的轮船，"水陆并进"，"制此凶锋"。

左宗棠不仅在思想上坚定而赤诚，而且勇于付诸行动。在新疆地区形势岌岌可危、朝廷国防战略出现较大分歧时，他力排众议，主张海防、塞防并重，下定决心率军西征，"引边荒艰巨为己任"②。左宗棠也深知其他人望而却步的原因，但他坚持"断无推却之理"③，捍卫祖国统一的责任感和使命感使他无所畏惧，他坚信"天下事总要有人干"，"岂可避难就易哉！"④他甘冒极大的政治风险，克服缺兵饷、缺军粮、战线长、运输难、环境恶劣等一系列难以想象的困难，凭借娴熟的军事谋略，确定"先北后南""缓进急战"的战略方针，一举歼灭阿古柏建立的所谓"哲得沙尔汗国"的殖民政权，捍卫了国家的领土和主权，也有效挫败了英、俄帝国主义企图肢解和鲸吞我国领土的阴谋。这个时期的西方列

①　杨东梁：《左宗棠卷》，北京：中国人民大学出版社，2017年，第393页。

②　（清）左宗棠：《左宗棠全集·奏稿六》，长沙：岳麓书社，2009年，第390页。

③　邓曙光：《左宗棠家书·全编新注》，北京：中国华侨出版社，1994年，第229页。

④　（清）左宗棠：《左宗棠全集·家书诗文》，长沙：岳麓书社，2009年，第139页。

强侵略中国的方式已呈现出"分而治之"的趋势,尤其是企图在多民族地区制造混乱和分裂,破坏民族团结与联合,此时左宗棠的爱国安民思想也日臻成熟,此思想具有反妥协、反侵略和反分裂的鲜明特点,坚决维护国家领土完整和主权统一,收复新疆后他多次奏请和最终实现的新疆建省就是出于稳定团结和反对分裂的考虑,其赋予古典爱国主义以新的内涵和生命力,因此具有重大的时代价值和历史价值,在当代社会也具有积极意义。

左宗棠同这个时期的其他政治人物一样,对西方资本主义国家的认识也存在一个逐步深化的感性认识过程,也曾认为"其志未在通商取利,非必别有奸谋"①,也曾认为俄、德是友好的,英国也只是"外强中干,难以持久"。这些言论可见他认识的盲目性和时代的局限性,但他的思想并不僵化,认识也随着列强的步步进逼而逐渐清晰,左宗棠同西方资本主义国家交往遵循的原则核心就是国家和民族之利,谁破坏了这一原则,他就会坚决与之斗争。收复新疆过程中,英国再三通过外交干扰,先是交战之际借"调停"之名向朝廷施压,要求停战,同时大肆散布清军失败谣言以动摇朝廷信心,之后又胁迫朝廷准许阿古柏"立国",企图从我国领土中分离南疆。左宗棠直击其隐藏目的是借助阿古柏反动政权阻止沙俄继续南侵,并严厉斥责对方为什么不用印度和本国领土给阿古柏立国,而要用中国的领土? 他声明新疆是中国领土,"尺寸不可让人"②。沙俄侵占伊犁地区后,左宗棠立即认识到外敌的贪婪绝非谈判议和能够轻易消除,左宗棠坚决反对中俄伊犁交涉中签订的《里瓦吉亚条约》,不惧怕战争威胁,主张力战以誓死捍卫国家主权,他不顾年迈多病,行军一千五百里,于哈密凤凰台驻军,准备一旦谈判失败即三路出兵,誓与沙俄决一死战,武力收回伊犁,为表爱国决心,左宗棠竟带着棺材上前线,从而上至将领、下至军兵,个个斗志昂扬,将生死置之度外,这样的爱国决心震撼了外敌,也对谈判极为有利,终使伊犁回归祖国。左宗棠虽在镇压太平军和创建造船厂时与法国人有一定往来,但是当法国侵略中越边境时,他一语道破法国之目的"意在假

---

① 杨东梁:《左宗棠卷》,北京:中国人民大学出版社,2017年,第169—174页。

② (清)左宗棠:《左宗棠全集·书信二》,长沙:岳麓书社,2009年,第336页。

道于越南以开矿取利"①,他反对妥协退让,提出解除侵略威胁"非决计战不可"②,他的爱国行为和国内舆论对抗法斗争起到极大的推动作用,也积极影响到众抗战将士。战争爆发后,清军再三失败,左宗棠寝食不安,他此时已年过七旬且百病缠身,虽没有亲赴前线,却毅然指挥调度前线,直至最后一息。临终前依然挂念台湾建省,策划创建近代海军等事宜,他在病危时口授遗折:"臣以一介书生……内参枢密,外总师干,虽马革裹尸,亦复何恨! 而越事和战,中国强弱一大关键也。臣督师南下,迄未大申挞伐,张我国威,怀恨生平,不能瞑目!"③字字亦诚,句句悲壮,言语中闪耀着爱国思想的光芒。

左宗棠一生都在积极参与抵御列强侵略的斗争,从不妥协,坚决反对屈辱求和,坚决维护国家统一,其坚贞不屈的战斗精神和强烈的爱国思想感动后人,令人钦佩,甚至在外国人的心中也产生敬畏之情。

## 二、治政安民,谋划久安长治

左宗棠不仅仅是一名军事家,不仅仅只会带兵作战,还非常擅长对区域稳定和发展的治理,这源于其思想的核心是义利观,追求的是利国利民,因此他的爱国思想不只体现在抵御侵略、维护国家统一和救国于危难之上,还体现在维护国家稳定的安民方面。

正如上文所述,左宗棠在收复新疆后多次奏请在新疆建立省制,置州县。这一举措是历史上的一次重大政治体制变革,对于边疆稳定和民族团结意义深远,可谓受益至今,但过程同样历尽艰辛。"新疆"之名本就具有深刻的寓意,象征着在外敌侵略者处失而复得的故土,正如左宗棠的奏折中所说:"他族逼处,故土新归。"④清朝初期,新疆地区开始实行以军府制为主的多元管理体制,具体为根据每个地区归附的顺序以及忠心的程度设立不同的管理体制,如在东部地区,因汉、回较为集中而设立州县制,在哈密、吐鲁番蒙古族聚集地设

---

① 杨东梁:《左宗棠卷》,北京:中国人民大学出版社,2017年,第621页。
② 中国史学会主编:《中国近代史资料丛刊〈中法战争〉(四)》,上海:上海人民出版社,1957年,第321页。
③ (清)左宗棠:《左宗棠全集·奏稿八》,长沙:岳麓书社,2009年,第554页。
④ (清)左宗棠:《左宗棠全集·奏稿八》,长沙:岳麓书社,2009年,第135页。

立札萨克,在南疆设立伯克制,而占主导的军府制实行军政合一,将军为当地最高行政长官,管辖区域内的相关事务,这种管理体制存在的弊端很多,因为机构重叠而导致牵制彼此,管理效率低、效果差,经常出现无政府管理的混乱状态,实现繁荣发展更无从谈起,当地民众深受剥削之苦,民族阶级矛盾不断激化,所以给予了外国侵略者可乘之机。自 1875 年(光绪元年)在与友人的信中提到新疆设省建县的一些构想后,左宗棠先后五次上奏朝廷,且在被屡次搁置后决心不改、持之以恒,甚至在被调离回京和任职两江总督时,仍然挂心新疆稳定,苦苦坚持,继续上奏,直至朝廷最终准奏,这种心系苍生、一心为国的大义令人动容。

　　除奏请建省和改革管理体制外,左宗棠还提出将国策中增加一项平等待回的民族政策,其主要目的就是要维护民族团结、巩固稳定局面和防止边疆分裂。左宗棠同时提出"立国有疆,富国裕民",他还认为"自古边塞安全,屯田是最重要的事情"①,因此大力推行垦荒屯田,推广畜牧放养,扶植蚕桑丝业,涉及这方面的具体内容和成果将在后文的经世致用思想部分详述。除鼓励多种经营外,左宗棠明白要真实地体恤民情和切实地解除民困,才能使得民安。新疆每年的降水量很少,常年干旱,左宗棠认为这是一个亟待解决的困难,安民是稳定之基础,水利则是养民之前提,为根除干旱问题,左宗棠亲自带人兴修水利、疏通河道、开凿渠井;新疆难民众多,左宗棠亲自组织安抚难民,使其重回故里,且给予种粮和良田,使其安居乐业;新疆农业产量较低,左宗棠亲自研究农耕技术,并组织推广;为增加财政收入,左宗棠亲自参与开矿办厂,鼓励西学长技,大力发展工商业;新疆地区交通不便,左宗棠亲自组织修路架桥,不只打通北疆到南疆的交通连接,此干线由乌鲁木齐经嘉峪关直至兰州,又连接至陕西潼关和青海西宁等地,支线更是不计其数,很多道路的修建都是边行军边垦荒进行的,且大西北地势险要、幅员辽阔,可以想到其难度之大,例如哈密至巴里坤的一段道路长达 300 余里,就是由"嵩武军"在重山叠嶂和悬崖峭壁间修建的,此段道路共计盘旋 32 圈才翻过天山之巅。

　　新疆地区教育落后,左宗棠积极推动民族教育,采用很多措施发展教育事

---

　　①　罗正钧:《左宗棠年谱》,长沙:岳麓书社,1982 年,第 41 页。

业。首先是"广置义塾",新疆地区原有的书院不只数量少,且设备简陋,教育水平低下,同时多年的战乱使教育环境极度恶化。在左宗棠的大力支持下,短期内不仅有数十家书院恢复正常,同时新建了为数不少的书院,从而奠定了新疆民众尤其是青年人学习先进文化、掌握外部信息的基础条件,左宗棠还主张少数民族子弟树立进步的道德观念和法制观念,提升自身修养,这种做法极大改善社会风气,也逐渐培养出一批新兴人才,左宗棠因此受到当地民众的爱戴和拥护。其次,为进一步实现安定团结,左宗棠结合新疆实际建议广开科举,他组织当地的一些好学之人熟读传统文化和儒家经典,做到知义理、明是非,并派人重金聘请湖北、湖南、京城等地的学者前来讲学,使当地民众及时了解学术发展,认识到中华传统文化的博大精深,增进当地民众对汉族文化的认同,培养其国家和民族大义,同时改革西北考试制度,上奏申请在西北地区单独设立科举考试,改变西北地区学子考取功名困难的历史现状,以调动当地学子奋发求学的积极性,快速改变文化教育落后的局面。

综上所述,左宗棠在收复新疆后的一系列施政措施,从根本上解决了新疆地区贫穷落后的不利局面,用其实学实用的治理之才能,实现了新疆地区在政治、经济、文化等领域的快速发展,加强了新疆与内地间的交流,有效促进了新疆的战后团结与稳定,其中不仅蕴含着左宗棠所付出的心血,更体现出他爱国安民的思想精髓。至于他在其他地区的安民施政举措,如陕甘地区的修路架桥、垦荒种树、洋务工业,如两江区域的兴修水利、防患水害、筹办矿业等,将在下文经世致用思想部分阐述,这里不再详述。

### 三、自强自立,为求强国富民

近代中国遭受的侵略与古代存在方式上的不同,不仅体现在战争和炮火上,还体现在技术和资本上,因此只致力于领土主权的完整和统一是不够的,要从根本上转变被动挨打的局面,学习先进、革新发展是根本出路,这也是近代爱国人士提出"师夷长技以制夷"的出发点,左宗棠也清楚这一点,因而呼吁"中不如西,学西可也",并且率先引进了西方资本主义的先进技术和生产方式,创办出中国近代第一个造船厂和机器织呢厂,培养了中国第一批相关专业的人才,促进了近代工业发展。同时更难得的是他主张自强自立,呼吁"中国自强之道，全在振奋精神，破除耳目近习，讲求利用实际"①。这不仅表达出其为国为民奋发图强的雄心，也表达出其德育思想中浓厚的爱国精神和可贵的民族气质。

1882年（光绪八年），左宗棠曾言："因思自强之道，宜求诸己，不可求诸人，求人者制于人，求己昔操之己。"②这是他二十年兴办洋务的一贯主张和经验总结。可以说，"求诸己"是自强自立之根本，也是源于左宗棠对西方列强贪婪残忍本性的深入认识。他对西方列强始终持有一定程度的警惕，早在19世纪60年代其筹建船政局的奏折中就指出外国"多方阻挠，乃意中必有之事"③。左宗棠对洋人的本性总结为"暗中使坏""贪鄙傲很""久据其利""秉性难移"。他认为不能靠洋人的援助，现实只会是"先生侵略学生"，必须依靠自己，具备自主的力量，要在工商业发展的各方面摆脱被洋人控制的局面。因此，他提出一些自强自立的主张，主要包括以下方面：首先，在新式设备方面，左宗棠认为"借不如雇，雇不如买，买不如自造"④，把实现设备现代化的希望定位于"自造"上。他在1865年（同治四年）的奏折中详论了这一主张，二十年后更加坚定"自造"的原则不可动摇，"惟海防以船炮为先，船炮以自制为便，此一定不易之理也"⑤。左宗棠强调自造的另一层含义是即非为一时之机和一战之备，而在于传习以为"中国永远之利"⑥。可见他强调的"自造"，并非只限于有中国自己制造的厂局，而是要把"自造"的技术掌握在国人手里并进行推广，让先进技术能够在全国普遍实行，以实现提高社会整体生产能力的自强。其次，在管理方面，左宗棠强调要摆脱洋人控制，在洋教官教习操练军队时，他指出"只可请教习不可请官"，要讲清楚、分明白"官"和"教习"的权限职责，就是出于防范洋人争夺军队指挥权的目的。在主张"自造"轮船后，左宗棠尤其看重学习掌握驾驶轮船的技术，他认为国人学会驾驶轮船才不至于受制于人，并强调这是一个关键问题。创办福州船政局之初，任命法国人为正、副监督以及聘请外国匠师

---

① 杨东梁：《左宗棠卷》，北京：中国人民大学出版社，2017年，第63页。
② 杨东梁：《左宗棠卷》，北京：中国人民大学出版社，2017年，第314页。
③ （清）左宗棠：《左宗棠全集·书信一》，长沙：岳麓书社，2009年，第659页。
④ （清）左宗棠：《左宗棠全集·书信一》，长沙：岳麓书社，2009年，第652页。
⑤ 杨东梁：《左宗棠卷》，北京：中国人民大学出版社，2017年，第364页。
⑥ （清）左宗棠：《左宗棠全集·书信一》，长沙：岳麓书社，2009年，第659页。

也是其当时的无奈之举,当他听到后期船政局的中国匠师能够独立完成整套制造技术而不再需要外国匠师时,他"快慰奚加",称"此是好消息",并认为这是国家由弱至强的根本,一种国家自强自立的自豪感溢于言表,这也是在其坚持的"用洋人而不为洋人所用"的指导思想下做到的,应该承认左宗棠在自主管理和技术操作方面始终保持头脑清醒。反观其他的一些洋务派官员,对此问题认识不足,在不得不聘请外国人后,将厂局的主持管理权限也拱手相让,最终只能任由洋人摆布,由此在实际运行中遇到不少挫折,导致洋务运动失败。第三,在自主权的捍卫方面,左宗棠始终强烈主张抵御外资。他强调矿山、电线、铁路等新式企业都必须自行开办,坚决不允许外资插手,曾指出:"若任其租地开掘,则后患不可胜防。"①左宗棠也认为通信和铁路"实于军情、商务大有裨益"②,因此强调中国自己要牢牢掌控铁路、电线的修建和架设权,切忌被洋人夺取,在英国提出想要架设上海的电线时,左宗棠强调必须自办,坚决反对英国的提议。

在其德育思想中,左宗棠特别强调中国的自强自立,特别重视人才的培养。他认为如果中国储备一批精通西方长技之人才,那么国家必定自强自立,不会再受西方列强的制约和要挟,并认为选拔人才是国之要事,应该"省虚文而收实效"③。左宗棠有其系统性的人才选择、培养和使用标准,他强调要摒弃狭隘的乡土之观,消除城府之见,一律唯才是用,无论其为何籍,不得不说这具有极强的先进性,他曾说:"惟树木树人同一理也。广厦未启,先储众材,有度之山林者,有取之异地者,惟其材适于用而用之,彼此奚择焉。"④而且他认为人才培养要知人善用,全才实难获得,要善于识其才、尽其用,同时强调要大胆使用人才,发挥人才的主观能动性,放手去做事。左宗棠也反对通过科考选取人才,提出要注重其实学和实用,甚至认为"科名之学者"没有真才实学,遇到大事"反不如乡里粗才"。故此他创办的兰州机器织呢局挑选的师匠大多来自聪慧的勇丁,实现了不拘一格任用可用之才的主张。左宗棠还要求选择洋务企

---

① 杨东梁:《左宗棠卷》,北京:中国人民大学出版社,2017年,第595页。
② 孙占元:《左宗棠评传》,南京:南京大学出版社,1995年,第389页。
③ (清)左宗棠:《左宗棠全集·札件》,长沙:岳麓书社,2009年,第595页。
④ 杨东梁:《左宗棠卷》,北京:中国人民大学出版社,2017年,第711页。

业的管理人员,一定要精通业务和热心事业,他建议不调用武职官员任船政局管事。这种不拘一格、广开才路、不务虚名、求实用人的态度,于当时实属难能可贵,即使于今天依然具有可借鉴的价值。关于人才培养,左宗棠主张效法西方而重艺事,多次指派生徒去西方国家学习,目的是培养熟练掌握现代技术的人才回来报效国家,以实现强国富民,他始终坚信外国人能做到的,国人亦能做到。他这种正视落后却自强自立、不甘落后的爱国精神在一定程度上领先于同时代的其他洋务官员,他自强自立的爱国行动同收复国土、抗击侵略以及治政安民的爱国行动一样令人钦佩,也着实激励了一批人奋发上进,其中不乏后世的思想大家和治国之才,也使其德育思想具有进步意义和借鉴价值。

## 第三节　"穷经将以致用"的经世致用思想

左宗棠德育思想中的经世致用理念源于儒家经典的传统教义。春秋时期孔子主张"博学于文"①和"行己有耻"②,主张学与行结合,其三千弟子中的一部分人成长为治国经邦之才,七十二名弟子通晓"六艺",其中不乏后世敬仰的"大家",这便是原始儒学倡导的学以致用。左宗棠十分重视儒家经典的经世功能,为此作诗言道:"世事悠悠袖手看,谁将儒术策治安?"③"只恐微才与世疏,圣明何事耻端居。"④就学术而论,左宗棠经世致用思想特点不拘于一家一派,兼取程朱陆王。左宗棠把程朱理学思想作为待人处世和安身立命的根本,作为兴教化、正人心、移风俗的圭臬,而其务实际、重事功的思想特点也受到陆王"心学"影响,认为只靠道德说教,虽能巩固理学权威,但无力改变时局境况,他赞同王阳明强调的发挥人的主观精神和主体意识,其中王阳明的主观战斗精神对左宗棠产生一定影响。左宗棠不赞同嘉庆以后汉学空谈义理、脱离实际的颓风末习,他曾言:"穷经将以致用也,而或泥于章句训诂之学,掇摭遗义,

---

① 张燕婴译注:《论语》,北京:中华书局,2006年,第108页。
② 张燕婴译注:《论语》,北京:中华书局,2006年,第215页。
③ (清)左宗棠:《左宗棠全集·家书诗文》,长沙:岳麓书社,2009年,第406页。
④ 杨东梁:《左宗棠卷》,北京:中国人民大学出版社,2017年,第733页。

苏索经余,前人所弃,后复拾之,纵华辨之有余,究身心之何补?"①他是个实干家,十分推崇诸葛亮、陈亮这类历史名人,重视实事实功的成就,他一生无论求学、带兵还是理政,都脚踏实地,先谋划准备而后坚决执行,因此不管程朱还是陆王,都只是他投身实干的思想武器。

正如前文在文化背景中所述,左宗棠德育思想颇符合今文经学主张的"引经致用",受湖湘经世派的魏源、陶澍、贺长龄等人影响颇深,他们试图通过义理之学和经世之学来拯救晚清内忧外患的现实。在前文的左宗棠德育思想形成过程部分也已说明,左宗棠的"义理经世之学"得益于其师贺熙龄的直接引导,受益于魏源的思想主张。左宗棠认为魏源的主张"切实而有条理",他把家中藏有的旨在"备矇诵、知民务、集群虑、研几微、究中极"②的《皇朝经世文编》进行反复研读,视该书"体用俱备"③,以致丹黄殆遍,他也被魏源的《圣武记》所吸引,认为该书"序次有法",认为"其谈掌故,令人听之忘倦"④。左宗棠始终强调读书的目的在于致用,这种主张在其家书中俯拾皆是,如"读书明理,讲求作人及经世有用之学"⑤,"非多读经书,博其义理之趣,多看经世有用之书,求诸事物之理,亦不能言之当于人心也"⑥。

"穷经将以致用"是左宗棠经世致用思想的核心内容。左宗棠认为,经世致用的前提是"穷经",最终目的是"致用",绝不可能凭空口实现任何作为。纵观左宗棠的一生,也是其一直在不断践行经世致用思想的一生,我们依据其所处环境的不同、"穷经"内容的不同以及"致用"方式的不同,可以将其经世致用思想的践行分为两个方面:一是对中华典籍的经世致用;二是对西学长技的经世致用。

## 一、对中华典籍的经世致用

在对于中华典籍的学以致用方面,左宗棠"穷经"钻研的学问和"致用"的

---

① (清)左宗棠:《左宗棠全集·家书诗文》,长沙:岳麓书社,2009年,第359页。
② (清)魏源:《魏源集(上)》,北京:中华书局,2018年,第156页。
③ (清)左宗棠:《左文襄公全集》(第2卷),长沙:岳麓书社,2009年,第10页。
④ (清)左宗棠:《左宗棠全集·书信一》,长沙:岳麓书社,2009年,第46页。
⑤ (清)左宗棠:《左宗棠全集·家书诗文》,长沙:岳麓书社,2009年,第21页。
⑥ (清)左宗棠:《左宗棠全集·家书诗文》,长沙:岳麓书社,2009年,第78页。

实践主要表现在以下方面：

首先是方舆之学。左宗棠凭借其时势敏感和政治敏感，阅读了大量历史地理学的相关著作，比如顾炎武的《天下郡国利病书》、顾祖禹的《读史方舆纪要》、徐松的《汉书西域传补注》等。他潜心研究考论，"于可见之实行者，另编存录之"①，制成心得笔记。基于多年的研究，他后期开始编绘当时的全国地图、分省地图以及各朝地图，且"每作一图易稿，则授周夫人影绘之，历岁乃成"②。1838 年（道光十八年），左宗棠开始摘抄各省通志，抄录《畿辅通志》和《西域图志》，"于山川关隘，驿道远近，分门记录，为数十巨册"③。鸦片战争爆发后，左宗棠的研究视野已由国内逐渐扩至国外，虽然依旧是源于传统典籍寻找对策，但已经在开眼看世界了，这为其后来"西学"和"洋务"奠定了基础。方舆之学的深厚积累和潜心研究使左宗棠对天下地理环境和历史形势了如指掌。后期能够在镇压太平军、镇压捻回军、收复新疆和抗击法国侵略等战役中建立丰功伟绩，可以说与其研究方舆之学的坚实基础密不可分，左宗棠也曾坦言此一系列战事"均得方舆旧学之力"④。

其次是农学。经世人士一贯主张重视农业，"业以农为本"是我国传统观念，"利民生"才能"行王道"。左宗棠出身耕读世家，也特别重视农业，视其为人生第一要务，曾言"王道之始，必致力于农田"⑤。第三次会试落榜后，左宗棠在京购买很多农书，准备"闭门伏读，实地考验"⑥，其"尝自负平生以农学为长"⑦。受到贺长龄《区田说》的影响，左宗棠非常赞赏古代的"区田法"，也曾作《广区田制图说》。此后，左宗棠又在遍读历代农事著作和分类编纂研究的基础上，编辑出《朴存阁农书》。后期为官时，左宗棠尤其注重农学实用，在东南各省和西北等地，采用不同的耕作法，选取合适的农作物，因地制宜发展农业。例如在陕甘地区，他认为不适合"区田法"，适合种植棉花，因为"区法宜于人稠

---

① 罗正钧：《左宗棠年谱》，长沙：岳麓书社，1982 年，第 7 页。
② 罗正钧：《左宗棠年谱》，长沙：岳麓书社，1982 年，第 14 页。
③ 罗正钧：《左宗棠年谱》，长沙：岳麓书社，1982 年，第 16 页。
④ （清）左宗棠：《左宗棠全集·家书诗文》，长沙：岳麓书社，2009 年，第 76 页。
⑤ （清）左宗棠：《左宗棠全集·家书诗文》，长沙：岳麓书社，2009 年，第 377 页。
⑥ （清）左宗棠：《左宗棠全集·附册》，长沙：岳麓书社，2009 年，第 385 页。
⑦ （清）左宗棠：《左宗棠全集·书信三》，长沙：岳麓书社，2014 年，第 274 页。

地狭之处"①。而在收复新疆后,他把屯田垦荒作为重要工作之一,指示下属率领"嵩武军"在哈密地区垦荒屯田,并要求军屯、民屯同时进行,选好屯务人员,同时定好屯田章程和奖惩制度。办理民屯时不允许军队骚扰农户,不允许私自克扣屯田银两,先将赈粮发给贫苦者,把种子和农器借给耕丁,将淘汰的军马集中调配作为农用,收获时只收回种子成本,并用现银以时价收购平民垦荒所种粮食,不允许故意压价;办理军屯时按市价收购勇丁的收成以作军粮,令他们有所获利;军屯、民屯没有明显界限,军事结束后军屯开荒的土地一律归还于民,使之安心经营农业。同时规定开屯整治水利耗费的银钱由军队承担,且新屯田地免除近几年赋税。因左宗棠对屯田的重视,军屯、民屯关系得到妥善处理,令战争解救的难民能够回籍安家复业,不仅提升了农民屯田积极性,也解决了军事用粮之困。

再次是国计民生之学,包含荒政、水利、盐政、田赋等,左宗棠称其为"时务之学"。第一次赴京会试归来后,左宗棠在上书乡试主考徐法绩的信中写道:"睹时务之艰棘,莫如荒政及盐、河、漕诸务。"②左宗棠在陶澍家教书期间曾饱览陶家大量藏书,其中有许多书涉及这些时务之学,这对其了解当时社会经济情况起到重要作用。

于荒政方面,收复新疆后左宗棠曾积极推进畜牧业,认为"西北之利,畜牧为大;而牧利又以羊为长"③,故此主张选取水草便利之地,大力发展畜牧业,同时在军饷中拨出一些现银,让善后局帮助牧民购买种羊,如在罗布海尔等地,左宗棠认为民众适合打鱼和放牧,不用种田亦可自足。同时他看到此地有许多桑树,可以用来养蚕、缫丝和织绸,而且派人了解到沙俄等邻国有很大购丝需求,但由于新疆丝业较落后,他们不惜去四川采购。因此左宗棠在新疆大力扶植发展蚕桑业,与俄国贸易。他先后于湖州觅得蚕桑工人60名和蚕织工匠2名,将其雇到新疆,在各地创办蚕织局传授技术,包括栽桑、饲蚕、煮茧、缫丝、织造等,养蚕业很快在新疆各地发展兴盛。反观陕甘地区,根据其自然条件,左宗棠提倡培植经济作物,开展多种经营,劝导除水稻外还要种植棉花,还设

①　(清)左宗棠:《左宗棠全集·札件》,长沙:岳麓书社,2009年,第294页。
②　(清)左宗棠:《左宗棠全集·书信一》,长沙:岳麓书社,2009年,第1页。
③　(清)左宗棠:《左宗棠全集·札件》,长沙:岳麓书社,2009年,第477页。

立专门教纺织技术的局所。为鼓励经营,左宗棠陕甘两省刊刻颁发《种棉十要》和《棉书》,谆谆教诲官吏和市民,由此陕甘地区的农民方始重视种棉。于水利方面,左宗棠认为"水利废兴,关系民生国计"①。特别是在干旱的西北,水利更是当务之急。他先后拨款主持在宁夏兴修汉渠,在河州引河灌溉农田,在西宁、河西走廊修复渠道,西北大旱时又力推凿井灌田,并用赈粮外加银钱的"以工代赈"的方法鼓励民间掘井。1881年(光绪七年)时任两江总督的左宗棠仍然特别重视兴修水利,亲自察看地势后认为按江苏地理特点,治水应先治淮,一年即完成周家庄、六安闸、八堡铁、牛湾等地堤工,随后又完成兴筑宝应、氾水、永安、高邮、甘江五汛东西堤,至此扬州辖地内运河堤工全部完工。治淮同时,左宗棠还认真治理江苏其他河道水害,取得显著成效,其中包括为防海潮侵袭盐场,修复了苏北沿海的范公堤,修建了九十二座海滩潮墩;为消除滁河大水患,耗时两年,动用三十营军队,开辟朱江山河的分洪入江,令数十万良田免受威胁;为治理南京、镇江一带水害,派出十三营兵丁,挑挖赤山湖底积淤,修筑圩坝,疏浚河道,并在三汊河入江处建筑大闸,控制水量,除此还有南京秦淮河建闸建桥,沿江修建圩堤等。这些举措,使江苏的水利经受住了1883年(光绪九年)洪水的严峻考验。除上述事例外,左宗棠在福建、甘肃等省改革盐票以及在江南整顿漕务等也是其实践时务之学的实例,这里不再进行详述。

最后是塞防、海防之学。鸦片战争前后,边疆危机已经有所显现,由此经世派掀起了边疆研究的热潮,左宗棠也很关注塞防问题,他曾提到屯田和新设省府的想法:"西域环兵不计年,当时立国重开边。……置省尚烦它日策,兴屯宁费度支钱?"②并指出边疆问题要引起足够的重视,"重新疆者,所以保蒙古。保蒙古者,所以卫京师。"③朝廷出现"海防"和"塞防"争论时,左宗棠始终主张海防和塞防都要重视,他入仕后也为涉疆问题坚决抵御外侵,并终于在多次奏请朝廷后实现新疆单独设省以稳固边疆。至于海防,左宗棠认为中国自强之策应是仿造轮船,并因此创办福州船政局,使其经世致用思想进一步增添了新内容,也逐步迈入学习西方和兴办洋务的经世致用新实践。

---

① (清)左宗棠:《左宗棠全集·奏稿八》,长沙:岳麓书社,1996年,第32页。
② (清)左宗棠:《左宗棠全集·诗文家书》,长沙:岳麓书社,2009年,第406页。
③ 罗正钧:《左宗棠年谱》,长沙:岳麓书社,1983年,第328—329页。

### 二、对西学长技的经世致用

在对于西学长技的经世致用方面，左宗棠继承了林则徐、魏源"师夷长技以制夷"的主张，他把国外之"长技"归结为轮船、机器、火器、铁路、电报、开矿以及语言、算学、文字等方面，他主张以"求强"和"求富"为目的，把这些西学内容付诸实践，这也符合其"穷经将以致用"的德育思想要求。

左宗棠认识西学长技可以说是始于船坚炮利，正是因为西方列强的坚船利炮将中国封闭的大门叩开，因此国内"开眼看世界"之人也异常重视仿制船炮。林则徐认为"制炮造船，则制夷已可裕如"①。魏源则言"战舰""火器"和"养兵练兵之法"为"夷之长技"。丁日昌指出"船坚炮利，外国之长技在此，其挟制我中国亦在此"②。左宗棠也持有上述相同观点。基于此类思想，洋务运动就顺其自然地以创办军事工业为第一步。为达到对西学长技的"穷经"，在福州船政局创办过程中，除仿造功能外，左宗棠还极力主张以机器制造机器，积微成巨，化一为百，"使中国才艺日进，制造、驾驶展转授受，传习无穷"③，并要求"选少年颖悟子弟习其语言、文字，诵其书，通其算学，而后西法而衍于中国"④。可见对于派遣留学生到国外学习的西学内容，左宗棠要求不仅限于轮船和火器，只要是实学，只要是有利于"强国"的，都要认真学习和为我所用。后期，左宗棠致函船政大臣沈葆桢时，又谈到派遣留学生，而且还认为"泰西各国艺事有益实用者，火器而外，水器为精"⑤，认可其开河机器的优势。三年后，他建议仿西法用机器开采徐州利国驿煤铁矿，雇外国矿师。临终前，他还在遗折中说："凡铁路、矿务、船炮各政及早举行，以策富强之效。"⑥从创办军事工业到兴办民用企业，求强与求富并举，表明左宗棠洋务思想是不断进步的。

左宗棠西学长技，引进科学技术以提高生产能力，着眼点是实学和实效，这符合其经世致用思想的特点。"中不如西，学西可也"的历史现状和解决方

① （清）林则徐：《林则徐集·奏稿》中册，北京：中华书局，1965 年，第 885 页。
② 戚其章：《晚清海军兴衰史》，北京：人民出版社，1998 年，第 142 页。
③ 杨东梁：《左宗棠卷》，北京：中国人民大学出版社，2017 年，第 58 页。
④ 陈学恂：《中国教育近代史教学参考资料》上册，北京：人民教育出版社，1998 年，第 70 页。
⑤ 杨东梁：《左宗棠卷》，北京：中国人民大学出版社，2017 年，第 532 页。
⑥ （清）左宗棠：《左宗棠全集·奏稿八》，长沙：岳麓书社，2009 年，第 554 页。

法也提出了一个符合发展趋势的新命题。对于这种引进西学的新思潮,守旧势力大力反对,称西学为"雕虫小技"和"奇技淫巧",称西学的行为是"失体"和"失道"。左宗棠主张引进西学就必须正视和解决这些问题,他通过中国落后的事实和西方互学的做法对"失体"的论调加以驳斥,指出在轮船制造方面,数十年来西洋各国讲求互相学习、互相促进,甚至日本也开始购船于西洋,因仿造不成,便派留学生赴西洋学习。左宗棠还对传统的本末观作了辨析,指出:"中国之睿知运于虚,外国之聪明寄于实;中国以义理为本,艺事为末;外国以艺事为重,义理为轻。彼此各是其是,两不相喻,姑置弗论可耳;谓执艺事者舍其精,讲义理者必遗其粗,不可也。谓我之长不如外国,借外国导其先,可也;谓我之长不如外国,让外国擅其能,不可也。"①左宗棠的这段辨析有效指出了中国传统中顽固守旧的一类人空谈义理、虚用智慧的关键问题。顽固守旧的传统思想是不适合社会发展的,左宗棠反对把义理和艺事割裂开,强调讲义理者不应遗弃艺事,执艺事者不能舍弃义理,主张"本末兼顾",最终目的是利国利民,以实现其爱国爱民之义,这也符合左宗棠遵义理、重实学、求义利的思想特征,而"经世致用"的思想在一定程度上被视为中国近现代教育救国、科教兴国的萌芽和渊源。

## 第四节　左宗棠德育思想的基本特征

德育虽不是古代即存在的名词,但确为自古以来就存在于我国各个社会阶段的教育现象,它与人类发展共始终,在其伴随社会前进以及伴随物质文明、精神文明和政治文明创建的发展过程中,既不断遵循先前社会在原理和内容上的宝贵遗产,又会产生符合所处历史阶段的新生内容,既会在阶级和民族形态中形成相对应的复杂融合,又会出现不断向前发展的意愿需求,因此德育思想具有继承性、时代性、民族性和实践性的属性特征。接下来将分别从继承性、时代性、民族性、实践性的角度,分析和研究左宗棠德育思想的基本特征,从中挖掘有益的思想价值。

---

① 罗正钧:《左宗棠年谱》,长沙:岳麓书社,1983 年,第 127 页。

## 一、对传统文化的批判继承

左宗棠德育思想最主要的来源是儒家思想,最直接的来源是新儒学即宋明理学,但同时又吸收了墨家、法家、道家等思想的可取之处,并受到湖湘文化历史先贤传统思想的积极影响,因此这种带有"左氏风格"的德育思想明显具有继承性的特征。重要的是,左宗棠德育思想的形成虽可谓集多家之长,但并非无原则继承和混乱融合,而是经过了自身的思考和实践,取其精华,去其糟粕,具有独特的批判继承特点。这种批判继承的特征体现在以下方面:

首先,左宗棠毫无疑问地一生继承弘扬儒家思想,但对于后期的两个发展流派却褒贬不一。他十分推崇以程朱理学为代表的宋学,对乾嘉时期盛行的汉学颇有微词,因为汉学过于重视文辞考据,往往仅凭所谓专深的研究,即可作一百多万字的文章,或者专门研究书本上的一句话究竟是真是假,故又被称为"训诂考据之学"。左宗棠曾批判说"训诂校雠之习盛,士竞时局,逐声气,以搏击儒先为能,放言无忌"。①

其次,左宗棠虽推崇程朱理学,但也并非毫无原则地完全继承,也会客观地理解和判断。如在德育思想关于左氏义利观的主张中,左宗棠就肯定追逐个人利益的行为,不过肯定的前提是这种逐利行为是通过正当的手段且有利于社会和国家的。而对于私利亦即人欲的看法,程朱理学中存在把义与利相对立以及"存天理,灭人欲"的主张。左宗棠的义利主张显然与此不同,相比较于完全灭人欲的极端观点,左宗棠的主张则更为先进和客观,更符合时代进步的需要。

最后,左宗棠主张实学和实践,特别看重儒学的经世功能,因此他对中国传统思想中某些空言义理、虚用智慧的行为持否定态度,也反对将义理视为本、将艺事看成末的"重本抑末"论调。在运用德育思想中的经世致用思想推行洋务时,左宗棠曾斥责这种本末观,反对把义理和艺事割裂开来,强调"本末兼顾",主张讲义理不应弃艺事,也主张执艺事不能舍义理。

综上所述,左宗棠德育思想具有明显的继承性特征,而这种继承性是建立

---

① 　(清)左宗棠:《左宗棠全集·家书诗文》,长沙:岳麓书社,2009 年,第 222 页。

在理性思考和明确取舍基础上的,这是其不同之处,也是其可取之处。

## 二、对时代现实的理性思考

遵循社会存在与社会意识的唯物史观理论,时代与思想存在辩证统一的关系,时代属于社会存在,思想属于社会意识,社会存在决定社会意识,社会意识反映社会存在,社会存在的变化决定着社会意识的变化,社会意识又会能动地反作用于社会存在。前文在时代背景中有所叙述,随晚清时期的社会变化,作为思想文化核心的儒家思想也必然随之变化,左宗棠德育思想正形成于此种变化之中,且属于时代进步思想的范畴,因此左宗棠德育思想具有明显的时代性特征,基于对时代现实的积极理性思考,表现出独特的历史使命感和时代担当,集中体现出社会稳定和进步的需求。

左宗棠所处的时代真可谓"内忧外患":于内政治腐朽,党派复杂,营私舞弊,国库空虚,赋税严重,矛盾激化,社会动荡,经济落后;于外西方列强大肆入侵,武力侵略,经济掠夺,企图"分而治之",导致朝廷不断割地赔款。正因为左宗棠德育思想在此时期形成和发展,因此受时代所影响,也被时代所需要。此时政治和社会所面临的第一需求是稳定,左宗棠也清醒地认识到这一点,因此他的德育思想中的爱国安民思想部分集中体现了这一内容,"心忧天下"的左宗棠入仕即开始四处平乱御侵,先镇压太平军,后镇压捻回军,先收复新疆,后收回伊犁,晚年抗击法国。在此过程中,源于左宗棠德育思想的完整和强大,他的思路一直是清晰的,所以才能在朝廷首次派他兴兵新疆时提出陕甘局势未定,不适宜兴师远征,他认为先平定内乱才能抵御外敌,先铲除阿古柏政权才能收复伊犁,同时认为在平内乱时一定要"剿抚兼施",在胜外敌后一定要"治政安民",重视战事的善后才能实现"长治久安"。可是无论战事还是治事,没有真才实学都无法成事,也正是因为左宗棠清晰地认识到这一道理,所以他重视关乎治理和国计民生的实学,且通过长期的积累,逐渐形成了其德育思想中的经世致用思想。

左宗棠德育思想的时代性不只表现在他对于国情的准确把握,也表现在他对于时代的审时度势。国内战乱局势稍显稳定后,社会的进步需求就愈发凸显出来,贫弱落后就要被动挨打,这是一个不争的事实,想要强大就必须学习和进步，比我们强大、先进的西方资本主义国家就是学习的首选对象，因此魏源之流的进步人士提出，左宗棠以其经世致用思想的进步性也提出"中不如西，学西可也"，洋务派掀起实业救国的运动热潮，但同为洋务运动，思想、主张和做法是不同的，左宗棠明白"师夷长技以制夷"要求我们不能盲目学习，一定要自强自立，因此他的德育思想增加了"自强自立以强国富民"的内容，并积极付诸行动，他所主张的自强自立是要通过学习，实现技术自主化、管理自主化和资本自主化，可以说左宗棠的德育思想始终随时代的变化而进步，体现出他对于时代现实的理性思考，也体现了他与时俱进的思想品质。

左宗棠德育思想继承传统，源于时代，不只能够服务于时代需要，还能够为时代需要而进步，因此具有鲜明的时代性特征。客观上说，这种以天下为己任，以守道救时、救亡图存为目的的德育思想也带有明显的时代阶级性特征，从现代角度可理解为时代局限性，这会在下文中详述。

### 三、对民族性格的传承弘扬

民族性是左宗棠德育思想的一个重要特征。习近平总书记在党的十九大报告中指出："实现中华民族伟大复兴是近代以来中华民族最伟大的梦想。"[1]中华民族的民族特征包含文化特征、心理特征和行为特征等，是经过长时间的沉积而形成的，外化体现更多的是一种民族性格。左宗棠德育思想的民族性特征不仅仅体现在对于中国传统思想的继承和吸收上，更体现在其德育思想的内容及实践行为所蕴含的民族精神和民族气节上。

左宗棠的这种民族精神主要体现的是忧国忧民和爱国爱民，具体表现在其德育思想的治政安民方面。无论是在镇压太平军和捻回军之后，还是在驱逐阿古柏和收复新疆之后，左宗棠都不辞辛苦地致力于战后地区尤其是贫困落后地区的治理，其目的主要是促进民族团结和维护民族稳定，他不仅大力推广农业和鼓励多种经营，还急民之所需，解决干旱、水患、路塞、学废等危害民众或困扰民治的问题，其中兴修之堤坝、疏通之河道、开凿之渠井、架设之桥梁

---

① 习近平：《决胜全面建成小康社会 夺取新时代中国特色社会主义伟大胜利——在中国共产党第十九次全国代表大会上的报告》，《人民日报》2017 年 10 月 28 日，第 01 版。

不计其数;修建的道路始自陕西潼关,经兰州后向西至青海、向北至新疆,主干和支线里程数以万计;倡办的义学多达数百处,重建和新建的书院也达数十所。除上述功绩之外,他还在西北地区历尽艰辛办成了具有重大历史意义的两件大事:一是促成了新疆建省和管理体制改革,使民众少受剥削之苦,弱化了民族阶级矛盾;二是促成了将平等待回的民族政策写进国策。这两件大事不仅进一步促进民族团结和维护民族稳定,更可谓在促进民族融合和维护民族统一的进程中起到至关重要的作用。

左宗棠的这种民族气节主要体现在其德育思想的保国卫民和强国富民上,具体表现在其面对西方强敌的不妥协和面对西方长技的不谄媚方面。尚未入仕的左宗棠,在面对国家遭遇西方列强的侵略时,即初露不妥协的主战态度,甚至对参战跃跃欲试。收复新疆的左宗棠,在遇到朝廷战略的分歧时,他力排众议亲率大军西征,在面临缺饷少粮的困难时,他从不退缩克敌勇往直前,在得知辱国条约的签订后,他顿足捶胸,决一死战,在面对中法战争的炮火时,他寝食难安,毅然带病南下,此时左宗棠德育思想中的爱国思想日臻成熟,具有反妥协、反侵略和反分裂的鲜明特点,也体现出钢筋铁骨般的民族气节。认识到国家的贫弱落后,左宗棠呼吁"中不如西,学西可也",并且积极开展洋务运动,但与其他人不同的可贵之处是他始终主张中国要自强自立,他所强调的自强自立完全付诸行动,主张机器设备不要只"能造",还要掌握技术能"自造";主张聘请外国匠师时只能用于教授,不能用于管理;主张新式企业必须自办,坚决不能让外资插手;主张要善于培养人才和敢于使用人才,这些主张不仅表达出其为国为民奋发图强的雄心壮志,也体现出其德育思想中浓厚的爱国精神和可贵的民族气节。

左宗棠德育思想具有鲜明的民族性特征,其德育思想体现出的民族精神和民族气节,不仅令人钦佩,这种民族性格也激励后人自强自立。左宗棠可称得上是对近代中国的发展产生积极影响的民族英雄人物之一,其德育思想在新时代的思想政治教育实践活动中依然具有非常重要的价值和意义。

### 四、源于实践并用于实践

以"穷经将以致用"为核心的经世致用思想是左宗棠德育思想的重要内容

之一,其一生特别重视思想与实践的结合,他的思想主张也较为完整地体现在实践中,并通过实践进行修正和完善。他修身思想中的谦虚谨慎、踏实稳重不仅体现在平时的为人中,也体现在对待军事的态度上,他带兵作战一贯强调要知己知彼、"缓行速战";他的崇俭广惠、乐善好施不仅体现在日常交往中,也体现在治军御下和治政安民的过程中,他一贯严于律己,但对待下属、军士和民众百姓,尤其是贫困之人却极度大方;他的以礼择友、尊师重道不仅体现在为学交友中,也体现在经世和爱国的行动中,他一贯追求志同道合;他的义高于利、以义制利不仅体现在教书持家的经济活动中,也体现在西学长技、救亡图存的倡导推进中,他主张官办企业,也支持商办企业;他的经世致用不仅体现在对于实学的追求上,更体现其一生对于思想的践行中;他的爱国安民不仅体现在自我实现上,更体现在其一生为国为民的方方面面。

　　左宗棠德育思想的实践性也表现在育人实践方面。首先是家庭教育方面,左宗棠以其德育思想为基础,形成了以教育子女为主、教育宗亲子弟为辅的教育过程,因其常年在外,这种教育过程多是以书信形式完成的,依据其书信往来,我们也可窥见左宗棠德育思想的教育实践和价值。对于家庭教育,习近平总书记曾指出:"不论时代发生多大变化,不论生活格局发生多大变化,我们都要重视家庭建设,注重家庭、注重家教、注重家风,发扬光大中华民族传统家庭美德,促进家庭和睦,促进亲人相亲相爱,促进下一代健康成长,促进老年人老有所养,使千千万万个家庭成为国家发展、民族进步、社会和谐的重要基点。"[1]家庭教育的内容包含了左宗棠德育思想的各个方面,他要求子女志存高远,要立"学为圣贤"之志;他要求子女要崇俭广惠,要"自奉于俭,待人于厚";他要求子女要谨慎自抑,要做到尊亲、尊师,不妄言、不妄行,持心公正,踏实办事;他要求子女要知恩图报,不只是对待亲友,尤其是以"保世滋大"之心对待国家的养育之恩;他要求子女要经世致用,不为科名而读书,要"读书明理,力行致用",要求"实学",要知行合一。其次在下属和军兵教育方面,左宗棠强调将领"治心",全军"养气",将领必须严于律己,要秉公赏罚、诚以待下、廉以率属,要任人唯贤、唯能而不唯亲,并以身作则、亲自示范;他强调军兵要培养报

---

①　习近平:《在 2015 年春节团拜会上的讲话》,《人民日报》2015 年 2 月 18 日,第 02 版。

国卫民的信仰,激发主动性和自觉性,成为"有思想"的武装,重视纪律,"习劳作苦",在军情允许下从事农业和其他劳动生产,"以习劳练其筋力,以作苦范其心思"①,避免思想腐化,避免滋扰百姓。最后在对边疆子弟的教育方面,左宗棠通过开办义学和书院进行施教,甚至在闲暇时间亲自前往书院批阅试卷和交流思想,教育内容主要包括传统的儒家思想以及经世致用的实学思想,帮助少数民族子弟快速提升自身修养,并可以习得一技之长,使之能够有利于家庭和社会。

根据上述两方面的论述,我们可以看出左宗棠德育思想不仅来源于实践,自身包含实践思想的内容,且具有明显的实践性特征,这种实践性使其德育思想不仅能够适应时代所需,更具有时代价值和历史价值。

本章对左宗棠德育思想的主要内容及特征进行了较为翔实的阐述。首先,梳理并概括了左宗棠德育思想,具体由修身育人思想、爱国安民思想和经世致用思想构成,其修身育人思想包括性即理也、以敬存理、礼制傲气、动心忍性、义高于利、以义制利方面,具体表现为读书明理、志存高远、崇俭广惠、谨慎自抑、踏实稳重、尊师敬长、待人以诚、知恩图报、以义制利等;其爱国安民思想包括抵御侵略坚决维护国家统一,治政安民,谋划久安长治,自强自立,为求强国富民;其经世致用思想的核心内容为穷经将以致用,包括对中华典籍的经世致用和对西学长技的经世致用。其次,从继承性、时代性、民族性、实践性的角度分析并阐述了左宗棠德育思想的基本特征,具体为对传统文化的批判继承、对时代现实的理性思考、对民族性格的传承弘扬、源于实践并用于实践。习近平总书记曾说:"价值观念在一定社会的文化中是起中轴作用的,文化的影响力首先是价值观念的影响力。"②左氏义利观是左宗棠德育思想的内核,决定着左宗棠德育思想及行为的价值标准。左宗棠德育思想尽管为当时的统治阶级服务,是当时社会的上层建筑,但也是中华优秀传统文化的组成部分,符合继承弘扬传统文化的要求,对于开展新时代思想政治教育、弘扬社会主义核心价值观、增强文化自觉与坚定文化自信都具有积极的借鉴意义。

---

①　杨东梁:《左宗棠卷》,北京:中国人民大学出版社,2017年,第654页。
②　中共中央文献研究室编:《习近平关于社会主义文化建设论述摘编》,北京:中央文献出版社,2017年,第105页。

# 第四章　左宗棠德育思想的评价

前文已对左宗棠德育思想的形成条件与过程详实地进行了阐述,并对左宗棠德育思想的主要内容进行了梳理,分析了左宗棠德育思想的基本特征,本章将主要论述对左宗棠德育思想的评价,客观分析其存在的闪光点和局限性,分析其具有的历史意义,为后续的左宗棠德育思想当代价值转化及应用夯实基础。

## 第一节　左宗棠德育思想的闪光点

客观地评价左宗棠德育思想,需要从正、反两方面分别分析左宗棠德育思想的闪光点和局限性,以更加清晰地了解左宗棠德育思想,有助于深入研究左宗棠德育思想的当代价值以及转化方法。首先看一下闪光点,主要表现在以下几方面。

### 一、对于义利观的独特见解

左宗棠思想的来源可谓集多家之长,主要以儒学为基础,以宋明理学为特色,尤其信奉程朱理学,这些也正是其德育思想构建的基本原则和必要条件,其中"义利观"是其修身思想中最为核心的内容,其深入德育思想本体,对于其他思想内容的形成和实践行为的产生具有重要意义。

早年左宗棠就《名利说》一文对义利观进行阐述,提出义高于利,反对见利忘义,并对有益于他人和社会的正当获取个人利益的行为予以肯定和支持,后期随思想的发展和成熟,其义利观的"义"主要指民族"大义"和国家"大义","利"也进一步升级为利国利民的公利层级,也即左宗棠所言的"大利",对比而言个人利益则为私利,亦即"小利"。所以整体看其义利观的观点可以归结为:不仅"尚义",而且主张"兴利",主要推崇维护国家和民族公利,也肯定和支持利于公利的私利,但一旦"利"和"义"发生矛盾,必然将"义"放在首位。进一步分析左宗棠的义利观,可以发现其观点具有非常明显的独特之处。结合左宗棠德育思想渊源和历史背景来理解,形成这种独特性的原因主要来自以下几个方面:首先,受程朱理学影响,将"义"置于较高地位,但对程朱理学中较为偏激的"存天理,灭人欲"持否定态度;其次,出于个人及家庭条件的需要,为了维持并不宽裕的家庭生活,左宗棠很早就开始参与经济活动,因此对正当逐利的个人行为是支持的;再次,对时务的关注和对强国途径的探索使左宗棠并不反对追求正当的个人利益,只不过正当性要同国家利益和民族利益相关联,也可以说个人利益是实现国家和民族利益的手段或路径;最后,出于社会现实的时代性需要,其所处时代的内忧外患和贫弱交加,使为国为民的左宗棠必须找到符合时代发展规律、适应社会发展要求的方法,由此导致了其具有左氏特色的义利观的形成。

左宗棠德育思想中的义利观,既包含了儒式义利观的基本要素,又体现出适应时代发展的基本特征,因此既符合中国传统道德文化要求,又符合时代现实进步发展要求。正是义利观的这种独特性使其成为左宗棠德育思想的核心,使我们能够更合理地理解左宗棠在处理为学、为人、为事、为政、为军等各方面关键问题时的行为逻辑。它不但是左宗棠修身思想的主要内容,也是其教子育人的主要观点,同时还是经世致用思想和爱国安民思想的实践准则。正是基于这种思想核心,左宗棠积极筹办洋务运动官办企业的同时,也支持和鼓励私人商办企业,如兰州织呢局和徐州利国驿煤铁矿,并且客观地提出官办利少弊多,不如商办,甚至提出"与民争利,不若教民之兴利为得"①。可见其支持多种经营模式的主张,这对于左宗棠所处的时代性质以及相比于其他洋务官员而言是具有先进性的。作为社会主义国家,我国是提倡多种所有制经济共同发展的,习近平总书记也多次指出:"必须坚持和完善我国社会主义基本

---

① 李伟、刘丹:《左宗棠开发西北的思想与实践》,《湖南商学院学报》2004 年第 1 期,第 67—68 页。

经济制度,毫不动摇地巩固和发展公有制经济,毫不动摇地鼓励、支持、引导非公有制经济发展。"①由此可以看出,尚处于半殖民地半封建社会的左宗棠已经开始支持和鼓励官办企业和商办企业共同发展,不得不承认其德育思想领先于时代的创新性;正是基于这种思想核心,左宗棠在收复新疆垦荒屯田时,不论民屯所种植的粮食,还是军屯所种植的粮食,都主张以实价收购,让民众和军丁均有利可图;正是基于这种思想核心,他不只是积极为国家平乱御侵,更在战后不辞辛苦地大力筹划和推行农业、经济、水利、教育等治政安民的措施;正是基于这种思想核心,虽然在洋务运动中与洋人有过不少交往,但在面对西方列强入侵时,他坚决抵抗侵略;正是基于这种思想核心,他毅然反对洋人资助建造铁路、铺设电线的所谓"好意",虽然知道这样更快速高效,但却坚决主张这些设施必须由国人自办;正是基于这种思想核心,他年过七旬、病体缠身,仍决然为中法战争筹划调度,为报国用尽最后一丝气力。更为可贵的是,他从未在这类事情上谋取私利,却拿出大部分廉俸去帮助别人。

左氏特色的义利观既是左宗棠为人处世的主要原则,也是其德育思想判断功过是非的衡量标准,可谓左宗棠德育思想之"魂",贯穿其德育思想的全部内容。左宗棠支持官办、商办并行的思想主张与我国目前执行的多种所有制经济共同发展的政策思路有相似之处,体现出超越时代的先进性,对于社会的发展与进步具有一定的推进作用。其"义高于利、以义制利"的义利原则具有非常重要的历史价值,而且伴随时代的进步与发展,在新时代仍然具有值得借鉴的现实意义,是中华优秀传统文化谱系中不可或缺的内容。

## 二、对于实践思维的独特运用

有学者曾评论左宗棠是一位切切实实地做事的行动家,对抽象的理论建构并不热衷,②或许存在其时间和精力有限的客观原因,但不可否认的是左宗棠确实更注重实践,他的德育思想不只在理论上尊奉、在语言中表达,更在行动中践行。也许有人会质疑说"实践"更应该归纳为左宗棠德育思想的一大特

①　习近平:《决胜全面建成小康社会　夺取新时代中国特色社会主义伟大胜利——在中国共产党第十九次全国代表大会上的报告》,《人民日报》2017年10月28日,第01版。
②　王小波:《关于左宗棠伦理思想的几个问题》,《求索》2013年第2期,第99页。

性,确实如此,但正是因为这一外在特性的存在以及左宗棠对于实践的格外重视,才使得他的德育思想隐含着与"实践"的内在关系,这种内在关系可以从两方面加以理解:一是左宗棠德育思想本身即为对儒家思想的实践运用;二是左宗棠德育思想不仅源于对儒家思想的实践,更在其不断实践运用中加以提升和完善。

在前文的思想渊源和思想内容方面已有详述,左宗棠的德育思想主要受到儒学经典和新儒学即宋明理学的影响,体现了"修齐治平,内圣外王"的核心主张,其修身育人思想不仅尊崇儒学经典的礼仪规范和义利思维,而且承袭新儒学的性理观和义利观,其经世致用思想不仅源自儒学经典的学行结合,而且继承新儒学的义理经世,其爱国安民思想不仅认同儒学经典的忠恕民本,而且来自新儒学的忠义爱国。儒学理论本就具有实践思维,而自身修养也是儒家思想实践思维的重点,儒学讲求的"治国平天下"也是以"己所不欲,勿施于人"为中心的,宋明理学更是"以实践为宗旨",强调"圣贤所重在实践"①,"穷理致知,反躬实践"②。左宗棠德育思想即是在对儒学经典和新儒学的继承的同时结合个人和时代的具体条件而形成的,因此是儒家思想的实践运用。左宗棠十分重视儒学的经世功能,其诗中曾言:"世事悠悠袖手看,谁将儒术策治安?"③他在儒家思想的基础上形成了其德育思想中的经世致用思想,强调"穷经"的目的在"致用",我们甚至可以认为学习研究儒家思想并形成左宗棠德育思想也是"穷经将以致用"的一个实践过程,这里的"儒家思想"是"经",而"左宗棠德育思想"是"用",这也可以作为左宗棠德育思想的实质是对儒家思想的实践运用的一个佐证。

左宗棠不仅在对儒家思想的实践运用中形成了其德育思想,也在对儒家思想的实践运用中对其德育思想进行提升和完善。儒家思想的实践思维,不只限于认识和改变外在世界,更突出在认识和改造主观世界,包括自我修养转化与人格健全。《大学》就以"止于至善"为目的,即实践的目的是至善,求善的修养有慎独、正心、诚意、致知、格物,其中致知就是发展实践思维,格物就是使

---

① (清)黄宗羲:《宋元学案》第四册卷八十六,北京:中华书局,1987 年,第 2886 页。

② (清)黄宗羲:《宋元学案》第四册卷九十,北京:中华书局,1987 年,第 3009 页。

③ (清)左宗棠:《左宗棠全集·家书诗文》,长沙:岳麓书社,2009 年,第 406 页。

用实践思维在具体行为上为善去恶,进一步提升修养。《中庸》也提出"博学之,审问之,慎思之,明辨之,笃行之",其中"笃行"也是强调实践运用对于自我提升的作用。左宗棠一生善于运用儒学的实践思维去提升和完善自己,比如克制性情存在的傲气、提升对于义利的理解、平衡对于农学的过度倚重、反思对于世界的寡知、反省对于西方长技的蔑视等。对于儒学的实践作用,左宗棠曾说"以儒学正心化短为长",只有不断进行儒家思想的实践运用,才能不断修养德行,这一过程贯穿于左宗棠的一生,也是其德育思想萌芽、发展和成熟的全过程,并不断通过实践往复循环,不断进行过程化的演变。

左宗棠德育思想不仅是对儒家思想的实践运用,本身亦具有实践性,不仅内容包含经世致用的实践思想,更用一生的行动以践履,因此主张实践并践行实践是左宗棠德育思想的闪光点。中华优秀传统文化的发展和传承就是一个实践的过程,儒家、道家等思想均提倡重视实践,孔子曰:"先行其言,而后从之。"老子云:"九层之台,起于累土;千里之行,始于足下。"对于实践的重视也是中外思想家的共识,马克思说:"人的思维是否具有客观的真理性,这不是一个理论的问题,而是一个实践的问题。"①列宁说:"理论在变为实践,理论由实践赋予活力,由实践来修正,由实践来检验。"②毛泽东说:"通过实践发现真理,又通过实践证实真理和发展真理。"③习近平也曾引用南宋理学家张栻的名言"行之力则知愈进,知之深则行愈达"④来阐述实践的重要性。左宗棠德育思想不仅提供了重视实践的内容,还身体力行地提供了重视实践的事例,这不仅对研究理解其思想主张提供了帮助,更为合理利用其思想价值提供了资源。

### 三、对于教育实践的独特方法

左宗棠在对儒家思想的实践运用中形成自己的德育思想,不仅用于其自身的行为修养标准,并且将其应用于育人的实践,这种教育形式主要体现在教育子女宗亲、教育下属士兵以及教化边疆子弟方面。左宗棠德育思想在教育

---

① 《马克思恩格斯文集》(第 1 卷),北京:人民出版社,2009 年,第 500 页。
② 《列宁全集》(第 33 卷),北京:人民出版社,1985 年,第 208 页。
③ 《毛泽东选集(第 1 卷)》,北京:人民出版社,1991 年,第 296 页。
④ (宋)张栻:《南轩集》卷十四《论语说序》,《张栻全集》,长春:长春出版社,1999 年,第 751 页。

实践方面有其特有的先进性,这也成为其德育思想的一个闪光点。

首先是内容丰富,适合因材施教。家庭教育方面,左氏家风是左宗棠家庭教育的一种重要表现形式,可以说包含了其德育思想的全部内容,既有立志、明理、崇俭、坦诚等方面的修身思想,还推崇感念国恩、报效国家的爱国思想,也有轻科举、重实学、求致用的经世致用思想,不仅用于教育子女,对氏族子侄也有重要影响。左宗棠虽然几次科举落第,但却没有完全否定八股文,他否定的只是讨巧的八股时文,肯定真八股文的融汇义理,因此他要求子女通过练习写真八股文而明理经世,要求子女多看有用之书,求诸事物之理,这也符合左宗棠德育思想中的立志、明理与经世致用。同时左宗棠要求子女崇俭广惠以求经世济民,这里左宗棠将古人提倡的"俭以养德"提升至"博施于民而能济众"的高度,进一步深化了"崇俭"的含义,也为经世致用夯实了理论基础,开辟出一条理学经世的践行之道;教育下属和军兵方面,则以修身和爱国思想为主,重在"治心""养气",他要求将领严于律己、公平公正、任人唯贤,要求军兵重视纪律,避免思想腐化和"扰累百姓",他灌输全军爱国思想,培养保国卫民的信仰,激发抵御侵略的主动性和自觉性,使左军成为"有思想"的武装;教化边疆子弟方面,他侧重传统文化教育,内容上以修身和学以致用为主,目的是帮助民族子弟快速提升自身修养,并习得有利于家庭和社会的一技之长。

其次是教育方法得当,教育过程的感染性,适合言传身教,左宗棠育人必首先以其德育思想约束自身,于家庭方面,左宗棠与常人不同,他希望子女不求早达,只愿厚积薄发,认为少年得志并不好,大器晚成才能长久,他常以自己为例,让子女安心磨炼,去除浮躁,人生自有实现抱负之时。此外,左宗棠十分看重家里兄长和丈夫的榜样作用,常嘱托长子担负"家督"之责,还主张子女读书学习要量力而为,根据身体和心性因材施教,而且左宗棠还经常拿自己当反面教材教育子女,这种做法不但没有使父亲的形象受损,反而有助于增进感情,提升子女接受的效果,可谓一种温情式教育。左宗棠后世子孙大多在各自领域取得一定成就,其中为官者寥寥,而技术和教育领域居多,如医学、化学、史学等,这与左宗棠德育思想及其育人方式的传承有很大关系,这些内容和方法对于当代教育也同样存在可借鉴之处;于下属军兵方面,要求大家做到的,左宗棠必定以身作则、亲自示范,效果显著,也造就了左氏铁军的风范,战无不胜、攻无不克，且战斗、生产、工程并行不误；于边疆子弟方面，左宗棠充分利用闲暇时间亲自在书院与书生交流思想，其治理和发展西北边疆教育事业的思想及行为也对当地民众产生积极影响，当地人感其为人与功绩，为其建立祠堂。综上，左宗棠对于教育实践方面有其独特的方法，我们应该研究和继承弘扬左宗棠德育思想以育今人。

## 四、对于自强自立的独特主张

处于特定的时代背景中，左宗棠清醒地意识到国家遭受的侵略不仅来自真实的战争炮火，同样来自没有硝烟的战场。要从根本上改变被动挨打，中国必须自强自立，有别于其他洋务人士，"自强自立"是左宗棠洋务思想的独特之处，也是其德育思想的重要闪光点。左宗棠主张的"自强自立"主要体现在技术自主、管理自主和人才自主三个方面，自强自立不仅在当时的洋务运动倡导中非常具有先进性，也始终是社会发展中代表民族精神的核心内容之一。开展洋务运动过程中，他一直主张自建自制，所谓自制并非只是自己建厂制造，而是要把建造技术掌握在国人手中并能够广泛传播，他强调管理和技术操作上的自主性，虽迫于历史条件，初期也不得不聘用外国技师，但管理大权不能拱手让于洋人，他始终坚持新式资源企业必须自行开办，坚决反对外资插手，他始终重视人才战略，有其独特的人才选拔、培养和使用标准，曾多次主张派生徒出国学习，掌握现代科学技术。

基于自强自立的思想意识，左宗棠对于洋务企业人才管理方面，也有其独到的认识。左宗棠特别重视人才，已经意识到人才于竞争之重要，认为"无人才不可为国"[①]，"没有人才，不可冒昧从事"[②]。他将实业界的人才分为科学人才和管理人才两种，认为"管理人才所负之责任为至重也"[③]。他主张选择人才以德为先，认为"今日用人不患无用，而患无体。其人果正，则必有忠君爱国之心，则勤求事理必于当"[④]。主张不用关注虚名学历，不可求全责备，要注重实

---

①　张謇：《张謇全集》第 4 卷，南京：江苏古籍出版社，1994 年，第 661 页。
②　刘念智：《实业家刘鸿生传略》，北京：文史资料出版社，1982 年，第 60 页。
③　穆藕初：《穆藕初文集（增订本）》，上海：上海古籍出版社，2011 年，第 111 页。
④　张謇：《张謇全集》第 2 卷，南京：江苏古籍出版社，1994 年，第 56 页。

用，"若虚有其名，无裨实用，不如无学"①。其选用的一个专家是水手出身，没有学历，但却成长为工程师，才能技术甚至超过外国人。在使用人才方面，左宗棠主张人尽其才，而且更懂得爱护人才，为其提供较好待遇，人才缺乏时可用洋人，同样要为洋人提供优厚待遇，同时要致力于本国人才的发掘、使用和培养，才能自强独立；在培养人才方面，他主张创办培训学校，举办培训班，进行专业培训，还曾选送百余人出国深造，这可谓当时的一个创举。刨除左宗棠思想的阶级局限性，他对于人才管理的观点已经近似于现代企业的人力资源管理内容，具有较强的实际借鉴价值，这也显示出其德育思想上的先进性。

自强自立是中华民族传统美德，"天行健，君子以自强不息"的思想激励着每一代人，自强自立已成为中华民族的基因，植根在中国人内心，并影响着人们的思维方式和行为方式，因此不论在任何时期，都有其永不褪色的时代价值，也是新时代思想政治教育的重要元素。

## 第二节　左宗棠德育思想的局限性

左宗棠德育思想是继承传统和适应时代的产物，代表其所处封建社会的统治阶级的利益，有其闪光点的同时，也存在反映封建统治阶级的规范与准则的内容，带有一定的阶级局限性和历史局限性，性质上是消极和落后的。左宗棠德育思想的局限性主要表现在以下几方面。

### 一、维护封建统治的思维根基

尽管左宗棠德育思想中带有诸多改良思维和先进因素，诸如崇俭广惠、义高于利、学以致用、自强自立等，也以其德育思想为理论指导开展了军事、政治、经济、教育等实践活动，以求救亡图存和强国富民，但归根结底其所为之目的是维护封建统治。对于此局限性，我们尝试从时代和个人两方面进行分析。

中华传统文化中的德育包含集道德教育、思想教育和政治教育于一体的内容架构。以道德教育为主导，伦理道德政治化以及政治伦理道德化是明显

---

① 荣德生：《乐农自订行年纪事》，上海：上海古籍出版社，2001年，第212页。

特征,思想符合政治需要也成为传统德育的一大特色。儒家的仁、义、忠、孝等思想都带有一定程度的政治色彩,不同时期的思想内容也依据政治需要而发生转移。梁启超说:"儒家之言政治,其唯一目的与唯一手段,不外将国民人格提高。以目的言,则政治即道德,道德即政治。以手段言,则政治即教育,教育即政治。"[①]左宗棠处于封建社会以及半殖民地半封建社会的过渡阶段,其社会性质下的德育思想也必然符合上述特征,虽然当时也出现龚自珍、魏源等进步人士,但其进步思想也仅限于政治、经济、教育等不同领域的制度层面,而未涉及总体社会制度即社会性质。换言之,其经世救国的目的是维护清朝的封建统治。

就左宗棠个人而言,其自幼接受儒家思想的教育,恪以程朱为宗,承袭了程朱理学的理气论,认为天理之道不变,道出于天,不能更易,由此形成为清王朝统治效力的世界观,他强调存天理,好在并未完全"灭人欲",并主张"道可见性,而性不外道"[②],可见其认为人的本质即"性"的概念要服从于封建统治即"道"的规范。后期又受到魏源等人义理经世的影响,左宗棠认识到西方诸国在技术、经济等方面的先进性,也意识到清政府的腐朽无能,但传统思想的影响使其认同学习西方的先进技术,却不屑于西方的统治观念,其思想和行为也曾触及对封建制度的变革,但只想通过"西学长技"实现中国振兴,这里的"国"其实也等同于统治阶级。

综上所述,客观上看这种维护封建阶级统治的局限性应属于时代局限性,也许有人会质疑左宗棠的新思想没有涉及社会性质变革的层面,因而应属于个人局限性,但受传统思想和时代现实影响,常人大多如此,真正能够影响社会性质变革的伟人毕竟只占极少数,我们不应过分苛责,而且林则徐、魏源、左宗棠等人也认识到了西方经济制度具有的优越性以及对国家经济发展的作用,并进行了积极尝试,从历史发展的角度看,不能否认左宗棠德育思想及行为对于后续的社会变革所具有的贡献,这一点从后期的变法领袖梁启超给予左宗棠的极高评价中也可窥见一斑。

---

①　梁启超:《先秦政治思想史》,北京:东方出版社,1996 年,第 53 页。

②　(清)左宗棠:《左宗棠全集·家书诗文》,长沙:岳麓书社,2009 年,第 370 页。

## 二、封建地主阶级属性的忠君理念

在中国传统的儒家思想中,"忠君"居于首位,可以说"忠君"是封建伦理的最高道德规范,①自幼接受传统封建思想教育的左宗棠,自然也逃脱不了"忠君"思想阶级属性的深重影响。同时左宗棠毕竟也是地主阶级的代表人物,也不能不受到所处时代的限制,其爱国思想也无法完全脱离封建地主阶级的根本利益,只是除此之外,他的爱国思想还确实含有"国"与"民"的概念,这是值得肯定的地方。因此,左宗棠抵抗侵略、爱国安民的思想和忠于朝廷、忠于皇帝的理念不可分割地交织在一起,这也形成了其封建地主阶级属性的复杂性。而且从左宗棠个人角度出发,他的"忠君"也含有一种报答皇帝"知遇之恩"的情感,于是左宗棠临终时提到"受文宗显皇帝特达之知"②。这种情感是建立在左宗棠知恩图报的个人修养方面的,从某种程度上是可以理解和认可的。

综上所述,我们认为左宗棠这种带有封建地主阶级属性的忠君理念局限性同时具有时代与个人性质,只是主要偏重时代局限性,个人局限性的程度应弱化。

## 三、对农业与工商业的重视程度不对等

左宗棠特别重视农业,视其为人生第一要务,曾作为实学进行深入研究,且著有《广区田图说》和《朴存阁农书》,又在其执政地区大力推行实践。但谈及"本务"农业与西方工商业时,他认为西方工商业之"淫巧"不能与我国农业之"本富"相提并论,这是存在偏颇的。究其原因,主要还是时代背景造成的,"业以农为本"是传统观念,即使经世派也历来主张重视农业,视其为国家根本。左宗棠出身于耕读世家,受此种思想影响,主张"是故王道之始,必致力于农田"③。他也"尝自负平生以农学为长"④,在后期的带兵作战和治政安民方面,所注重的"农学"也使其大展拳脚,并建立不少为国为民的功绩,一生引以

①　范文澜:《中国通史》,北京:人民出版社,2015年,第3页。
②　孙占元:《左宗棠评传》,南京:南京大学出版社,1995年,第3页。
③　(清)左宗棠:《左宗棠全集·家书诗文》,长沙:岳麓书社,2009年,第377页。
④　(清)左宗棠:《左宗棠全集·书信三》,长沙:岳麓书社,2009年,第274页。

为傲,因此其更偏重农业。虽然后期在洋务运动大力推行发展工商业的过程中,左宗棠这种偏重农业的思维方式已有很大程度的改变,但仍然未能与农业完全对等。

### 四、家庭教育中的重男轻女观念

左宗棠尤其重视家庭教育,但是在左宗棠存世的家书中,并未见到单独写给女儿的书信,反之写给儿子关于德育方面的书信占全部家书的比例高达93%,可见他的关注点几乎全部集中在儿子身上,内容也涵盖了左宗棠德育思想的全部主张。书信最多是写给长子孝威的,占到其家书总数的60%以上,对其关爱备至,言辞颇为严厉,其次是写给次子孝同的,对他的"训谕"也较多,只是在长子孝威不幸早逝后,左宗棠对儿子和孙辈的训导言语变得柔和许多,依然饱含殷切的期望。这种局限性主要源于中国传统的父权制宗族制度所发展而来的男女不平等情况,具有明显的社会历史局限性。但事实上左宗棠的四个女儿都受到了良好教育,皆能吟诗作赋,这与周夫人的个人修养及教育观点有直接关系,也离不开左氏家风的直接影响。由此可见,只给儿子写信应该属于左宗棠的个人倾向,但其对儿子的德育仍具有可借鉴之处。

## 第三节　左宗棠德育思想的历史意义

我们试以"历史分析式"的研究方法对左宗棠德育思想做阶级性、历史性的反思,从整体上对左宗棠德育思想进行科学合理的总结,进而形成客观公正的历史价值评判。左宗棠德育思想的历史意义表现在以下几方面。

### 一、左宗棠其人在中国近代史上具有较高的历史地位

左宗棠身处半殖民地半封建社会的特殊时代,是一位顺应历史发展的进步人物,是一名坚决捍卫国家领土和主权完整的民族英雄,其思想主张和行为功绩在中国近代史上是值得高度肯定的。左宗棠创办了福州船政局、兰州机器局、兰州织呢局等洋务企业,对中国近代工业发展作出巨大贡献;他培养了大批造船和航海人才,奠定了中国近代海军之根基,被称为近代海军之父;他

不论任职何处,都非常关心民生疾苦,采取各种措施治政安民,尤其是在西北大力推进栽桑种茶、筑路植树、垦农兴教,优化了西北的生态环境,可谓西北开发的先驱和功臣;在西方列强企图对中国"分而治之"时,唯有左宗棠不言辱和,一生为抗击侵略而斗争,这在晚清大臣中是独一无二的,尤其是收复新疆一役,不仅保住了我国近六分之一的国土面积,建立永垂不朽之功绩,更长国人之气,灭洋人之威,在民族精神层面激励了后世无数的进步青年。晚年的左宗棠更殉职于抗击法国的战争中,真正做到了"鞠躬尽瘁,死而后已",令人感激涕零。毛泽东曾评价"湖湘名人,无出'曾左'",鲁迅先生把左宗棠列入"中国脊梁"①式的人物,同时期的曾国藩由衷赞誉左宗棠是"当今天下第一人"②,并坦承"国幸有左宗棠也"③,梁启超更称赞左宗棠为"五百年来第一伟人"④。综上可见左宗棠其人在中国近代史上具有较高的历史地位。

## 二、左宗棠德育思想是中华优秀传统文化的组成部分

中华优秀传统文化是中华民族在几千年文明发展史的特定自然环境、经济形式、政治结构、意识形态的共同作用下形成、积累和流传下来的精华,内涵上包括爱国主义精神、人文主义精神及和谐发展观念等内容,形式上既涵盖经典文献、文化物品等客体形式,又涵盖思维方式、行为规范、风尚习俗等主体形式,中华优秀传统文化蕴含着中华民族自强不息、奋斗不止的精神追求,对我国精神文明的传承发挥着不可替代的作用。2021 年 3 月,习近平总书记在福建考察时强调:"我们要特别重视挖掘中华五千年文明中的精华,弘扬优秀传统文化,把其中的精华同马克思主义立场观点方法结合起来,坚定不移走中国特色社会主义道路。"⑤中华优秀传统文化的主流思想是儒家思想,又包括道家

---

① 方文国:《〈左宗棠〉:旷世伟大到底是怎么炼成的?》,《中华读书报》2013 年 10 月 23 日,第 01 版。

② 方文国:《〈左宗棠〉:旷世伟大到底是怎么炼成的?》,《中华读书报》2013 年 10 月 23 日,第 01 版。

③ 彭昊、张四连选编/译/注:《左宗棠家训译注》,上海:上海古籍出版社,2020 年,第 3 页。

④ 方文国:《〈左宗棠〉:旷世伟大到底是怎么炼成的?》,《中华读书报》2013 年 10 月 23 日,第 01 版。

⑤ 张岂之:《重视挖掘中华五千年文明中的精华》,《人民日报》2021 年 4 月 7 日,第 08 版。

思想、法家思想等重要组成部分。前文已述,左宗棠德育思想的实质是儒家思想的实践运用,其最主要的来源也是儒家思想,最直接的来源是宋明理学,同时也吸收了墨家、法家、道家等思想的可取之处,并结合时代现状和社会需求,进行了带有阶级性的应用、批判式的继承,具有时代先进性特征。因此左宗棠德育思想是中华优秀传统文化的组成部分。

### 三、左宗棠德育思想在中国德育思想史上具有一定的历史地位

左宗棠德育思想的重要渊源是儒家传统思想和湖湘传统文化,儒家传统德育思想对于中国德育思想史的重要性自不必多言,其不仅是中国古代德育思想的源头,为中国传统德育的形成与发展奠定了根基,也是中华文明绵延更迭过程中应用最主流、最广泛、最持久的德育思想,其对于新时代德育依然具有重要作用,习近平总书记曾指出:"孔子创立的儒家学说以及在此基础上发展起来的儒家思想,对中华文明产生了深刻影响,是中国传统文化的重要组成部分。"[①]湖湘文化作为一种地域性文化,具有的"经世致用""实事求是""忧国忧民""兼收并蓄""敢为人先"等德育特质也使其在中国德育思想史上描绘出浓墨重彩的一笔,特别是近代以来,以陶澍、魏源为代表的改革派,以曾国藩、左宗棠为代表的洋务派,以谭嗣同、唐才常为代表的维新派,以黄兴、宋教仁为代表的资产阶级革命派,以毛泽东、刘少奇为代表的中国共产党人,均在不同时期为中国的发展进步作出了不朽贡献,因此湖湘地区在近代享有"湖南人才半国中""半部中国近代史由湘人写就""无湘不成军"等盛誉。[②] 左宗棠德育思想是对儒家传统德育思想与湖湘传统德育文化的继承与发展,借传统之东风,左宗棠德育思想在中国德育思想史上具有一定的历史地位,其德育思想及实践行为值得后世研究和传承。

本章主要研究对于左宗棠德育思想的评价,包括左宗棠德育思想的闪光点,左宗棠德育思想局限性,左宗棠德育思想的历史意义。首先,阐述了左宗

---

① 习近平:《在纪念孔子诞辰 2565 周年国际学术研讨会暨国际儒学联合会第五届会员大会开幕会上的讲话》,《人民日报》2014 年 9 月 25 日,第 02 版。

② 汪建新:《闳中肆外国尔忘家——毛泽东诗词中的家国情怀》,《人民政协报》2019 年 7 月 1 日,第 11 版。

棠德育思想的闪光点,即左宗棠德育思想对于义利观的独特见解、对于实践思维的独特运用、对于教育实践的独特方法以及对于自强自立的独特主张。其次,分析了左宗棠德育思想的阶级局限性和时代局限性,即左宗棠德育思想存在维护封建统治的思维根基、含有封建地主阶级的忠君理念、对农业与工商业的重视程度不对等以及家庭教育中的重男轻女观念。最后,论述了左宗棠德育思想的历史意义,即左宗棠德育思想及行为在中国近代史上具有较高的历史地位、左宗棠德育思想是中华优秀传统文化的组成部分、左宗棠德育思想在中国德育思想史上具有一定的历史地位。从整体上分析解读左宗棠的德育思想,有利于我们把握其时代特征和历史局限,总结其时代价值和历史价值,更有利于我们建立对其进行当代价值转化和借鉴的信心,使用正确的转化方法发掘其对于当代社会的有益价值并合理利用。

# 第五章　左宗棠德育思想的当代价值

前文已详实地阐述了左宗棠德育思想形成过程和主要内容,并对左宗棠德育思想进行了客观的评价,可以看出左宗棠德育思想是在批判继承和吸取中华优秀传统文化精华的基础上,受社会进步思想影响和满足社会发展需要的综合产物,因此具有先于时代发展、推动社会进步的先进性特征。左宗棠德育思想是中华优秀传统文化的组成部分,我们能够感受到其德育思想中的部分合理元素对于当代社会依然具有借鉴意义和应用价值,本章将进入左宗棠德育思想当代价值的研究阶段。围绕这一研究,我们需要逐一思考和解决如下问题:在中国特色社会主义新时代是否需要中华优秀传统文化? 如何对左宗棠德育思想进行科学合理的转化? 转化后的当代价值如何体现和如何实践应用? 第一个问题的答案显而易见,习近平总书记在党的十九大报告中指出:"中国特色社会主义文化,源自于中华民族五千多年文明历史所孕育的中华优秀传统文化,熔铸于党领导人民在革命、建设、改革中创造的革命文化和社会主义先进文化,植根于中国特色社会主义伟大实践。"[1]一句话言明中华优秀传统文化对于我国社会主义文化和思想政治教育的意义与价值所在。党的十九届六中全会通过的《中共中央关于党的百年奋斗重大成就和历史经验的决议》强调,要注重用中华优秀传统文化培根铸魂,完善思想政治工作体系。[2] 教育部等十部门联合印发的《全面推进"大思政课"建设的工作方案》提出的课程体系涵盖中华优秀传统文化的模块和内容。具体来看,公民道德建设工作和思

---

① 习近平:《决胜全面建成小康社会　夺取新时代中国特色社会主义伟大胜利——在中国共产党第十九次全国代表大会上的报告》,《人民日报》2017 年 10 月 28 日,第 01 版。

② 习近平:《中共中央关于党的百年奋斗重大成就和历史经验的决议》,《人民日报》2021 年 11 月 17 日,第 01 版。

想政治教育工作是当今社会的重要工程，不仅对于社会主义精神文明建设具有推动作用，也为实现中华民族伟大复兴建立道德支撑。《新时代公民道德建设实施纲要》①开宗明义地提出"把立德树人贯穿教育全过程"，并在重点任务中强调要筑牢理想信念之基、培育和践行社会主义核心价值观、传承中华传统美德、弘扬民族精神和时代精神。习近平总书记曾在北京大学师生座谈会上强调"立德树人"的重要地位，同时指出："核心价值观，其实就是一种德，既是个人的德，也是一种大德，就是国家的德、社会的德。"②并从"思想水平、政治觉悟、道德品质、文化素养"③层面提出"明大德、守公德、严私德"④的具体要求。可见，新时代公民道德建设之"德"、立德树人之"德"和社会主义核心价值观之"德"，都同属于广义上"德"的内涵，不仅指狭义上的道德品质，还包括政治觉悟、文化素养、理想信念、价值理念等，包含个人、社会、国家的整体性和全面化的价值追求，这与我们在前文中所定义的"德育"概念是属于相同范围的，同宗同义同范围的中华优秀传统文化是公民道德建设的传承来源，也是社会主义核心价值观的重要源泉。

## 第一节　左宗棠德育思想的当代价值转化

提及左宗棠德育思想的当代价值转化，必然涉及近代社会性质变化问题，中国近代史主要经历了三次社会性质的变化：第一次变化是 1840 年鸦片战争爆发及签订《南京条约》，标志着中国由封建社会进入半殖民地半封建社会；第二次变化是 1949 年新中国成立，标志着中国由半殖民地半封建社会进入新民主主义社会；第三次变化是 1956 年三大改造基本完成，标志着中国由新民主主义社会进入社会主义初级阶段。党的十八大以来，中国特色社会主义进入了新时代，这是我国发展的新的历史方位。新时代的文化建设要有新要求、新

---

① 《中共中央国务院印发〈新时代公民道德建设实施纲要〉》，《人民日报》2019 年 10 月 28 日，第 01 版。

② 习近平：《青年要自觉践行社会主义核心价值观——在北京大学师生座谈会上的讲话》，《人民日报》2014 年 5 月 5 日，第 02 版。

③ 习近平：《在北京大学师生座谈会上的讲话》，《人民日报》2018 年 5 月 3 日，第 02 版。

④ 习近平：《在北京大学师生座谈会上的讲话》，《人民日报》2018 年 5 月 3 日，第 02 版。

特色和新征程,要善于从中华优秀传统文化的深厚土壤中汲取养分,总结其内涵与特征,挖掘其优点与价值,激发其生机与活力,同时结合中国特色社会主义文化的育人优势,提升国人思想政治文化修养,增强文化自觉和文化自信。马克思说:"人们自己创造自己的历史,但是他们并不是随心所欲地创造,并不是在他们自己选定的条件下创造,而是在直接碰到的、既定的、从过去承继下来的条件下创造。"①在现代社会中如何承继传统,也就是我们面对的左宗棠德育思想当代价值转化问题所属的研究范畴。先看"传统"这一名词,其特征主要包括三个方面,分别是世代相传的事物、制度或惯例,相传事物实体、制度等的统一性,传统特征的持续性。② 可见传统不是简单静止的遗迹,而是延续在人类的发展进程中且在一个个"现实"节点上呈现出来的"历史镜像图"。从辩证的角度看,现代性中包含传统,传统性中亦蕴含现代,也可以理解为传统曾被时人称为现代,现代也终将在未来变为传统,而且传统存在于现实之中,是对历史的传承,而对于传统来说,现代也是传统的演变和转化。因此传统与现代密不可分,从文化思想的角度看,新的思想体系不会凭空出现,要以原有的思想体系为基础,传统思想体系在新的条件下也可以重新被认知和运用,传统转化为现代的过程是传统的现代化过程,也是对传统在一定条件下的再生和复兴。所以对于中华优秀传统文化的当代价值转化不仅是传统和现代的统一,更能体现其在当代依然具有的"生命价值"。我国历来重视对中华优秀传统文化的继承发展,党的十八大以来,习近平总书记曾多次提出继承和弘扬中华优秀传统文化,习近平新时代中国特色社会主义思想包含了新时代继承弘扬中华优秀传统文化的指导方针,主要包括:"两创",即"对中华文化要实现创造性转化、创新性发展";"两有",即"有鉴别的对待和有扬弃的继承";"两相",即"中华传统文化要与当代文化相适应、与现代社会相协调"。本节将遵循这一指导方针,摒弃左宗棠德育思想的阶级局限、时代局限,吸收其合理元素,完成对左宗棠德育思想的当代价值转化,为后续的应用及实践奠定基础。

---

① 中共中央编译局:《马克思恩格斯选集》第1卷,北京:人民出版社,1995年,第585页。
② (美)爱德华·希尔斯:《论传统》,傅铿等译,上海:上海人民出版社,1991年,第15—17页。

## 一、鉴别、继承、适应、协调:客观评判左宗棠德育思想当代价值

根据"两有""两相"的原则,推动"两创"的前提是客观理性地评判中华优秀传统文化具有的价值。在评判过程中不能仅凭直觉、感悟和主观情感,而是要依据科学的评判标准,判断其是否符合当代社会发展的需要和实现中华民族伟大复兴的需要,中华优秀传统文化,能否利于文明发展、文化认同、道德建设、民族团结、社会进步、民族复兴等方面,能够满足上述要求固然非常好,但若只符合其中的某一方面或某些方面也是弥足珍贵的,也符合进行创造性转化和创新性发展的前提要求。首先我们对于中华优秀传统文化的继承要重点把握"两有"和"两相"的基本原则,即一是要有区别地对待和有扬弃地继承;二是要与当代文化相适应、与现代社会相协调,这是建立在马克思主义基本原理和党在历史上提出的文化方针基础上的。批判继承是马克思主义对于人类文化的指导性原则,主要指以历史唯物主义和辩证唯物主义为指导原理,有批判、有选择、有目的地继承,把批判与继承相结合,以符合人民群众利益和社会发展需要。古为今用是马克思主义对于人类文化的方向性原则,主要指正确处理"古""今"关系,也就是处理好传统文化和当代文化的关系,既不能不加分析而盲目肯定传统文化,又不能割裂开传统与当代文化之间的联系,要充分发掘传统文化的资源为当代文化建设服务。在对于左宗棠德育思想的继承研究过程中,我们只有坚持上述原则才能避免陷入全盘肯定的保守主义或全盘否定的虚无主义。

第一,对传统文化要有鉴别地对待,有扬弃地继承。在判断"精华"与"糟粕"方面,毛泽东曾提出"人民的东西"①和"反封建的东西"②即是"精华","封建主义的东西"③则是"糟粕";符合社会进步的属于精华,阻碍社会前进的则属于"糟粕",归纳其判断标准,应分为真理性标准、人民性标准和历史性标准。根据上述标准区分精华与糟粕的前提是要重视历史和研究历史,具体到对于左宗棠德育思想的继承研究过程中,经过前文的研究分析,于思想内部方面我

---

① 毛泽东:《毛泽东文集》第8卷,北京:人民出版社,1999年,第225页。
② 毛泽东:《毛泽东文集》第8卷,北京:人民出版社,1999年,第225页。
③ 毛泽东:《毛泽东文集》第8卷,北京:人民出版社,1999年,第225页。

们已了解左宗棠德育思想的主要内容及基本特征，于思想整体方面我们已认识到左宗棠德育思想的历史意义、闪光点和局限性。其中维护封建阶级统治的思维根基、封建地主阶级属性的忠君理念、家庭教育中的重男轻女观念集中体现了其带有封建主义色彩的思维理念，不符合利于人民的标准，不符合历史前进的需要，可归为左宗棠德育思想中的"糟粕"，是需要坚决摒弃的。这些局限性主要属于阶级、时代局限性，忠君理念和重男轻女观念带有一定程度的个人倾向。同时左宗棠德育思想中的修身育人思想、经世致用思想和爱国安民思想内容及表现形式符合"精华"的标准，应该加以弘扬。

　　第二，"要加强对中华优秀传统文化的挖掘和阐发，使中华民族最基本的文化基因同当代中国文化相适应、同现代社会相协调。"①这是习近平总书记在第十次全国文代会上的重要讲话，主要是从具体实践要求的角度研究对中华优秀传统文化的继承，其"精华"与"糟粕"的判断标准可以归结为人类文明标准、社会协调性标准和社会实践性标准。参照人类文明标准，能够穿越时空、富有恒久魅力、体现当代文明价值的传统文化思想与精神应属于"精华"，其与人类共同文明理念相契合，能够为人类文明进步作出贡献，反之就是"糟粕"；参照社会协调性标准，能够与当代社会主义经济、政治、文化、社会治理等体制规则协调适应和建立合理关系的传统文化内容应该被弘扬，不能协调适应甚至阻碍当代社会发展的则属于"糟粕"；参照社会实践性标准，产生于实践之中并能够适应当代社会实践需要、呼应当代社会实践课题的传统文化是值得大力弘扬的"精华"，因为其经得起当代社会实践检验，甚至可以对当代社会的实践具有启示价值。依据上述判断标准，我们重新审视左宗棠德育思想及其实践行为，不难发现左宗棠德育思想本就来源于实践，且在实践中提升，其中的修身育人思想内容和爱国安民思想内容是符合人类文明理念的，也基本符合当代社会文化、经济、社会治理等体制范畴和社会主义核心价值观的实践要求，只是还需要在某些思想内容的细节及表述方式方面加以调整和改善，使其更能够与当代社会相协调，而德育思想中的经世致用思想是讲求学以致用和

---

　　①　习近平：《在中国文联十大、中国作协九大开幕式上的讲话》，《人民日报》2016 年 11 月 30 日，第 02 版。

理论联系实践的思想内容,更能够适应当代社会重视实践的主流理念,甚至对于当代社会的实践途径与方法具有一定的启示价值,这些可以理解为左宗棠德育思想中的"精华"部分,是值得继承和弘扬的。反之,其思维模式中存在的封建色彩思维根基、"天道"理念、忠君理念、重农轻工观念、重男轻女观念都是不符合当代社会所提倡的进步标准的,也是不符合社会实践的,是其"糟粕"所在,应弃之并对其涉及的具体思想内容加以科学改造、合理吸取。

## 二、创造性转化、创新性发展:转化创新左宗棠德育思想当代价值

创新是中华民族发展不竭的动力,也是人类文明永葆活力的关键点。无论是尊重和源于传统,还是发掘和超越传统,都要赋予传统资源以新的生命。对左宗棠德育思想当代价值的科学评判,先要对基本属于精华的传统资源进行理性分析,还要对精华与糟粕交织融合的传统资源进行鉴别和消化,然后对符合继承弘扬的部分进行当代价值的转化和创新。所谓创造性转化是指遵照时代特点和时代要求,对具有当代借鉴价值的思想内容和表现形式加以扩充、利用和改造以及进行创造性诠释,使其具有新的时代内涵,激发新的生命活力;所谓创新性发展是指遵照时代进步和时代发展,对具有当代借鉴价值的思想内容加以拓展、补充和完善,使其具有新的表达形式,增加新的感召影响。接下来我们将以左宗棠德育思想内容及实践行为为基础,结合前文对其德育思想价值的评判结果,遵照当代社会的时代特征和发展进步要求,逐一对其思想及行为中可以继承弘扬的部分进行改造转化和发展创新。

首先,关于左宗棠德育思想中的修身育人思想方面,其思想内容主要是性即理也、以敬存理、礼制傲气、动心忍性和义利之辨。其修身表现形式包括志存高远、读书明理、谨慎自抑、踏实稳重、厚积薄发、崇俭广惠、尊师敬长、待人以诚、以礼择友、知恩图报、以义制利等方面。其思想目标主要是"立德",包括提升个人与他人的道德修养。其实践行为主要体现在自我修养的提升与完善、对子女宗亲的道德修养教育以及帮助下属、军兵和民族子弟提升道德修养等方面。结合新时代的时代特征分析,首先封建社会的"修身"是"齐家、治国、平天下"的基础,其过程也是"内圣"到"外王"的过渡,最终的价值取向是为维护封建阶级统治服务,而新时代的价值目标是实现人的自由而全面的发展,这

两者有本质的区别,这点也属于封建社会传统文化的共同局限,应该优先进行调整。其次,左宗棠德育思想中修身的目标基本适合,其描述可调整为完善自我、提升人格的道德水平,亦可称为理想人格的塑造,这种理想人格可以理解为承载新时代中国特色社会主义理想和价值行为规范的人格。再次,左宗棠修身育人思想内容中不适合新时代的大众表述方式,也予以规避使用,但表现形式基本符合新时代的社会道德规范,需要略加调整的是谨慎自抑的自抑态度与新时代提倡人的相对自由存有差异,故将谨慎自抑调整为谦虚谨慎,同时对尊师敬长、待人以诚、以义制利的表述略作调整,故此左宗棠修身思想内容及表现形式调整为志存高远、读书明理、谦虚谨慎、踏实稳重、厚积薄发、崇俭广惠、尊敬师长、诚实守信、以礼择友、知恩图报、见利思义。最后,除自我修养外,其育人功能可纳入新时代思想政治教育的范畴,育人对象应调整为社会全体成员,重点是高校大学生,因为此部分群体是西方敌对势力努力争夺的重点方向。

其次,关于左宗棠德育思想中的爱国安民思想方面,其思想内容主要包括抵御侵略,维护国家统一,治政安民,谋划长治久安,自强自立,为求强国富民。其思想目标是"义与天下同安危",其实践形式主要体现在解决内乱、抗击外敌的军事战斗方面,体现在对地方经济、政治、教育、基础设施建设、民生等方面的治理改善,体现在推动工商业发展的洋务运动以及对于技术、管理、人才的自主培养方面。结合中国特色社会主义新时代的历史定位,爱国主义的本质特征是坚持爱国、爱党和爱社会主义相统一,"实现中华民族伟大复兴的中国梦,是当代中国爱国主义的鲜明主题",因此首先应将左宗棠爱国思想在新时代应用的目标拓展为实现中华民族的伟大复兴。其次,左宗棠爱国思想的内容与主张符合新时代爱国主义对于爱国优良传统的继承标准,即热爱祖国,矢志不渝;天下兴亡,匹夫有责;维护统一,反对分裂;同仇敌忾,抗御外侮。其爱国思想在新时代的育人应用中,应调整并增加符合新时代爱国主义特征的内容,主要包括热爱祖国的大好河山、爱自己的骨肉同胞、爱祖国的灿烂文化、爱自己的国家。最后,左宗棠爱国思想的实践形式在其作为案例资源而应该被充分保留的基础上,在育人应用中应调整并增加符合新时代爱国主义实践形式的内容,即为献身于建设和保卫社会主义现代化事业,献身于祖国统一事业而奋斗。

　　再次,关于左宗棠德育思想中的经世致用思想方面,其思想核心内容主要是"穷经将以致用"的实践与提升。其思想目标是强国富民以及达成报国之志,其实践形式主要体现在对于实学的重视态度和深入学习研究,体现在将实学所得实际应用于军事、政治、经济、教育等关乎国计民生的具体措施中,体现在西学长技以及积极推动工商业的发展方面。结合新时代的时代特征分析,这种比较倾向于实践和方法论的思想内容明显更符合社会发展进步,只是出于发挥其育人功能的普遍性和针对性需要,将此思想调整为两种使用模式:一是针对全体社会成员,其思想内容主要改造为学以致用,使其更具有普遍性,更贴近日常生活,相对应的目标调整为改善生活态度和方法,实践形式体现在日常的学习、生活和工作中;二是针对专业化培养对象,其德育思想内容主要是经世致用,使其更具有针对性,更适合专业性教育领域,相对应的目标可升级为助力全面建设社会主义现代化国家以及助力党的第二个百年奋斗目标的实现。

### 三、支援性资源的育人功能:对左宗棠德育思想当代价值应用的定位

　　对左宗棠德育思想进行整理分析、鉴别评判、去伪存真以及合理地转化创新,使其具有新时代特征,更符合新时代的价值需要,至于明确左宗棠德育思想当代价值的应用定位,依然可以从中华优秀传统文化的角度去做进一步分析和研究。习近平总书记强调:"对历史文化特别是先人传承下来的价值理念和道德规范,要坚持古为今用、推陈出新,有鉴别地加以对待,有扬弃地予以继承,努力用中华民族创造的一切精神财富来以文化人、以文育人。"①可以看出发挥中华优秀传统文化的育人功能是最为实际和直接的应用目的,因此在对于左宗棠德育思想的应用过程中,更应该将其思想内容与实践行为作为一种支援性资源工具,应用于我国新时代的道德建设中,应用于思政教育中,应用于资政育人的实践中,从而发挥出它的现实作用。

---

① 习近平:《习近平谈治国理政》,北京:外文出版社,2014年,第164页。

　　从中华优秀传统文化的实践角度,我们有理由相信,对于左宗棠德育思想当代价值的合理应用,将有利于提供思想政治教育的实践启示,有利于引导新时代价值观念和生活观念,有利于提升新时代的文化自信心和民族自豪感,有利于助力社会主义文化建设和思想政治教育。首先,左宗棠德育思想来源于实践、提升于实践、包含实践内容且应用于实践,而且我们依据新时代价值转化的实践要求对其进行了改造与创新,其经世致用的实践思维模式与当代社会的思想主张和行为目标高度契合,这足以满足新时代的发展需要,使左宗棠德育思想及其实践行为能够为新时代的思想政治教育活动开展提供启示,发挥其支援性资源工具的作用。其次,左宗棠德育思想注重个人道德的修养与提升,且不仅将这种个人修养应用于家庭教育和社会教育的实践中,更体现在处世为人的实践中,改造与创新后的修身思想更符合新时代整体价值观念与个人价值追求协同发展的需要,注重提升个人道德水平、注重形成正确的价值观念与生活观念,能够为社会整体秩序的稳定和发展贡献应用价值。再次,传统文化蕴含的民族精神是维系各族人民纽带,是中华儿女共同的精神财富,能够凝聚各领域的中国力量,激发各民族的认同感、归属感和进取意识,形成推动社会发展的创造力,而且这种团结统一、勤劳勇敢、自强不息的民族精神是中华民族自尊、自信、自豪的力量原动力,转化创新后的左宗棠爱国思想内容更客观地体现了这种核心价值,对其进行合理应用,可以有效发挥其助力提升新时代社会成员文化自信和民族自豪的作用与意义。最后,中华优秀传统文化注重人与自然、人与人、人与自我的和谐关系,是道德践履之学、内圣外王之学、安身立命之学和人生智慧之学,这种智慧具有包容性,可以应用于个人、家庭、社会、国家甚至世界。左宗棠德育思想也内含这种智慧基因,经过适合新时代发展的改造与创新,对其进行合理的定位和使用,可以以小见大、以点及面,可以起到提升全民道德素质和启发社会思维的作用,也有利于对社会主义核心价值观的理解与实践,可以说对于新时代公民道德建设和思想政治教育具有一定意义,有利于以文化自信推动世界和平和人类文明,对于助力全面建设社会主义现代化国家也具有一定意义。

　　行文至此,我们已对左宗棠德育思想的价值转化进行了较为细致的阐述。所谓德育思想的价值转化,实质上即是指系统梳理中国传统德育文化资源,汲取精髓和营养,结合新时代特点,采取扬弃的态度实现其价值转化和创新。显然德育思想的价值转化不是进行"大换血"般的"推倒"和"洗牌",而是采取"先破后立"的态度对传统进行重塑,这其实也是新时代思想政治教育发展的路径选择。因此对左宗棠德育思想进行当代价值转化的意义还在于:将其思想的精华进行"内容转化""形式转化"及"效用转化",以中国特色社会主义新时代的评判标准进行创新性阐释,在提升新时代社会成员道德素质的实践过程中发挥出应有作用。换言之,提升新时代社会成员道德素质是左宗棠德育思想当代价值应用的直接目标,进而助力新时代公民道德建设、助力思想政治教育、助力践行社会主义核心价值观是左宗棠德育思想当代价值应用的宏观目标。无论时代怎样变迁,中国人对道德的追求不会改变,中国人血脉中沉淀的道德传统也不会改变,这种缔结的"道德情结"始终存在于传统和现实之间,优秀传统文化经过改造和转换,以崭新的方式再生与升华,即可作为文化继承的"文脉",对人的精神生活发展产生积极的引导。如何具体发挥德育思想的育人功能,可以从公民道德建设中寻求答案,《新时代公民道德建设实施纲要》指出公民道德建设要面向全体社会成员开展,推动全民道德素质提升,同时要聚焦重点人群,抓住关键。学校是公民道德建设的重要阵地,立德树人要贯穿教育全过程,同时学生由学校进入社会后产生公民道德行为和道德实践,但公民也需要道德再培育和道德再认知,因此"立德树人"的根本任务会相应拓宽到社会生活场域。基于此种现实需求,我们有必要将左宗棠德育思想当代价值应用的对象区分为学生群体和非学生群体,同时根据大中小学思想政治教育一体化建设的总体规划,遵循不同学龄阶段的认知规律,结合基础教育、高等教育的不同特点,再将应用对象中的学生群体细化为中小学生和高校大学生两个教育阶段,由此将应用对象最终定格为中小学生、高校大学生和非学生群体。为便于陈述和凸显非学生群体的社会属性,下文中将非学生群体统一称为社会人群。

## 第二节　助力中小学生道德启蒙与教化

中小学思想政治教育不仅是继承中华民族的优良传统,也是社会主义核心价值观的养成之道。习近平总书记在学校思想政治理论课教师座谈会上强调:"我们党立志于中华民族千秋伟业,必须培养一代又一代拥护中国共产党领导和我国社会主义制度、立志为中国特色社会主义事业奋斗终身的有用人才。""这就要求我们把下一代教育好、培养好,从学校抓起、从娃娃抓起。在大中小学循序渐进、螺旋上升地开设思政课非常必要,是培养一代又一代社会主义建设者和接班人的重要保障。"①习近平总书记也特别重视青少年德育,他强调:"道德之于个人,之于社会,都具有基础意义。做人做事第一位的是崇德修身。"②其中崇德是方向,修身是过程,中小学阶段的教育不仅要明确"崇德修身"的信仰,还要注重教化到内化的转化以及习惯的培养,从而达到立德树人和以德育人。

## 一、"学为圣贤"帮助建立崇德修身的信仰

信仰是一个人思想体系的核心,是选择人生观和价值观的态度。正确的人生信仰是对真理、善良和美好的领悟与追求,是对生命、自然和社会的感恩与敬畏,是具有正义感和使命感的人生信念,是利于国家和利于人民的人生价值,是超越私欲和胸怀世界的精神境界。当代社会可谓信息化社会,信息量巨大,信息渠道广泛,信息内容繁杂,在多元文化和不同价值观的冲击下,正确的信仰遭遇极大的冲击,中小学生也面临着精神空虚、思想困惑、信仰迷失的危险,不同程度上出现了一些"症状":一些中小学生志向缺失,儿时还大多存有不成熟的"科学家""医生"之类的梦想,随着成长反而渐渐失去梦想,变成没有志向、志向不清晰或不坚定;一些中小学生不喜欢读书,即使读书也偏爱杂书,对科学、理学、历史之类的书籍兴趣不高,对于传统文化知之甚少,甚至不明朝代更迭和社会变迁;一些中小学生没经历过贫苦,不知道节俭,不懂得珍惜,甚至盲目追求时尚、崇拜金钱、只认名牌;一些中小学生自私狭隘,只能无限获取他人的爱与奉献,却没有将爱与奉献给予他人的意识和行为;一些中小学生不懂感恩,习惯性地将他人的付出视为理所应当;一些中小学生不懂敬畏,心无

---

①　田丽、赵婀娜、黄超、吴月:《大思政课,总书记心中的一件大事》,《人民日报》,2022年5月22日,第01版。

②　习近平:《青年要自觉践行社会主义核心价值观》,《人民日报》2014年5月5日,第02版。

恩师,目无尊长,即使知道传统文化的"百善孝为先",也极少落实在行动上;一些中小学生贪图小利,不仅对于不应接受的不义之财"来者不拒",甚至主动"思考"和"创造"获取不义之利的方式方法。诸如此类都属于目前中小学生存在的"道德缺失"现象,究其根本是信仰缺失,也就是精神上的"缺钙",长此以往就会得"软骨病",不仅难以达到精神生活的充实和丰满,与远大的理想渐行渐远,甚至容易产生畸变的人格和观念,后果难以想象。改变和减少此类现象的最有效办法就是使用中华优秀传统文化的修身思想引导中小学生,帮助其建立崇德修身的信仰,帮助其"补钙",用理想信念的力量坚定其内心世界,使其在追求目标时,清楚个人利益的满足也要与精神生活的满足相结合,这样即使暂时面临贫苦与失落,依然会保持积极向上的理想信念和理性思维,避免为贪图一时的荣华富贵而放弃道义。

解决中小学生群体中存在的上述现象问题,需要加强道德教育,帮助其建立崇德修身的信仰,左宗棠德育思想及行为可以作为实际应用的一种思想资源。具体体现在:从小进行志存高远的思维教化,倡导立志"学为圣贤",此处的学为圣贤并不是成为圣贤,而是要学习圣贤的道德品质和高尚人格,要立"大德"之志,明确修身的方向。如最早出自《周易》的"自强不息""厚德载物"就是古之圣贤高尚人格的典型体现。张岱年先生认为:"中华民族的民族精神核心内容是'自强不息、厚德载物'。这种刚健有为、有容乃大的精神,在铸造中华民族的民族精神上起到决定性的作用。"[1]此外,对于中小学生而言,立"大德"之志是一种方向,具体行为要从一点一滴地修"私德"开始,左宗棠德育思想中的崇俭广惠即"自奉于俭,待人于厚",可以教化中小学生养成勤俭朴实的生活思维,对待他人不要自私狭隘,而要宽厚待人;其德育思想中的谦虚谨慎可以帮助中小学生培养不妄言、不妄行、持心公正、踏实做事的习惯;其思想中的尊敬师长可以帮助中小学生继承尊敬老师、尊敬长辈的传统美德;其思想中的知恩图报不只能够帮助中小学生培养对待亲友的感恩之心和报恩之德,还能教化中小学生产生感恩社会、报效国家的"公德"与"大德"意识;其思想中的见利思义可以使中小学生形成最初的价值观念,避免产生谋求不义之利的思

---

① 　张岱年:《张岱年自选集》,重庆:重庆出版社,1999年,第5页。

维和行为,自觉成为社会主义事业合格的接班人。

### 二、"抵御侵略"助力培植爱国爱民的情感

　　培养爱国爱民的整体主义观念,进行爱国主义、集体主义和社会主义教育是当代社会道德建设和思想政治教育的重要内容之一,这关乎精神文明建设方向和性质。近代以来,实现中华民族的伟大复兴可以说是中国人共同的心愿和梦想,对于个人而言,"大德"就是对于国家和民族的情感,即爱国之情和报国之志,其如同心中的一盏明灯,为个人的奋斗和努力指引方向,而且一盏盏明灯也势必照亮中华民族伟大复兴的历史进程。在 2020 年中央第七次西藏工作座谈会上,习近平总书记强调:"要重视加强学校思想政治教育,把爱国主义精神贯穿各级各类学校教育全过程,把爱我中华的种子埋入每个青少年的心灵深处。"[①]《新时代爱国主义教育实施纲要》也指出要根据学段的特点,在国民教育体系中全面开展爱国主义教育,尤其要从娃娃的基础教育抓起,激发青少年的爱国之情,"发挥社会主义核心价值观对国民教育、精神文明创建、精神文化产品创作生产传播的引领作用"[②],让爱国成为青少年的终生选择和坚守。不过当代社会多元化经济体制和全球经济一体化的发展,使中小学生的思想随生活方式的变化出现了多元化和多样化的趋向。其中有一些中小学生盲目追求自我和个性,缺乏大局观念和整体意识,道德虚无主义和民族虚无主义的心态滋生导致爱国主义思想的缺失,具体表现在以下方面:一是对爱国主义精神知识层面的欠缺,虽然对于历史中的个别爱国事例有所了解,但对于中华民族的爱国主义传统及发展过程知之甚少,对于典型事例的爱国主义背景和特征也没有进行过理解和思考;二是爱国主义思想意识淡薄,对于爱国主义的概念没有进行认真的学习,没有形成相对清晰的认识,且认为爱国主义离自己很遥远,其实这种思想大而化之就是一种虚无主义;三是爱国主义思想内容模糊,简单地认为爱国即是要做大事,就是为国家和人民贡献自己的知识、力

---

　　① 《全面贯彻新时代党的治藏方略 建设团结富裕文明和谐美丽的社会主义现代化新西藏》,《人民日报》2020 年 8 月 30 日,第 01 版。

　　② 习近平:《决胜全面建成小康社会　夺取新时代中国特色社会主义伟大胜利——在中国共产党第十九次全国代表大会上的报告》,北京:人民出版社,2017 年,第 42 页。

量甚至于生命的伟大事迹。诸如此类的现象都属于中小学生爱国主义思想的欠缺,根本原因还在于内容获取上的匮乏、意识思考上的短缺以及行为实践上的空白,长期的思想缺失会使中小学生因为潜意识中的自我渺小感而丧失了爱国主义思想形成和完善的动力与热情。传统文化的道德修养既包括个人的道德完善,即积聚自身实力的"内圣",还包括齐家、治国、平天下的大局观念,即为"外王"奠定基础,这符合我们党修"私德"为"大德"的道德主张,因此可以使用传统文化对中小学生进行爱国教育,这种历史型和案例型的教化更有助于帮助中小学生找到归属感,有益于其爱国主义思想意识的启蒙,现在党中央开展的党史学习教育就体现出这种积极作用。

在使用传统文化进行渗透式、启发式教育的过程中,左宗棠德育思想及行为可以作为一种实用性的资源,具体应用如下:首先在爱国主义精神的传统教化方面,左宗棠爱国思想和爱国行为可以作为一个典型案例使用,其收复新疆、抗击法国的英勇壮举可谓是民族英雄的经典形象,即使现在闻之亦令人心潮澎湃、斗志昂扬,尤其适合应用在对中小学生的传统爱国主义精神的讲解上,不过在讲述其抵御外敌和强国富民的爱国思想及行为时,应该客观阐明其思想存在的封建主义色彩和忠君爱国的时代局限特征,以及与我们今天"坚持爱国和爱党、爱社会主义高度统一"①的爱国主义在本质和目的上的不同;其次在爱国主义思想意识的引导方面,经过"两创"转化后的左宗棠德育思想可以发挥其重要作用,新时代的爱国主义同样要继承爱国主义的优良传统:热爱祖国,矢志不渝;天下兴亡,匹夫有责;维护统一,反对分裂;同仇敌忾,抗御外侮。这些几乎是左宗棠爱国行为的真实写照,其行为完全可以用来作为中小学生爱国意识的启蒙,同时在此基础上的新时代爱国主义主要包括热爱祖国的大好河山、爱自己的骨肉同胞、爱祖国的灿烂文化、爱自己的国家,可以说涵盖了个人生活的方方面面,以此来启发中小学生,有助于消除其意识上的距离感,使其善于通过身边的事感受爱国主义思想的存在;最后在爱国主义思想的表现形式方面,经过"两创"转化后的左宗棠德育思想依然具有实际价值,新时代的爱国主义主要表现为献身于建设和保卫社会主义现代化事业,献身于促进

---

① 习近平:《在纪念五四运动100周年大会上的讲话》,《党建》2019年第5期,第4—8页。

祖国统一的事业,丢弃掉封建外衣的左宗棠爱国行为包含了捍卫祖国统一、维护民族团结和促进社会发展的具体事例,同时也可以用左宗棠青少年时的爱国热情激发当今中小学生的共鸣,使其明白关心国家大事和做好身边小事都是爱国的具体表现形式,由此将爱国主义情感培植在中小学生的内心深处,进而转化为世界观和道德理想,再升华为行为自觉。

### 三、"读书明理""学以致用"助力培养自我教育的习惯

中小学生正处在人生观和价值观的初步形成阶段,身心的发展尚未成熟,对于自我的审视和认同还有待进一步提高,并且当代社会的中小学生群体中独生子女依然占有一定比例,较难快速适应社会和学会与人相处,部分中小学生缺乏团结协作的意识,缺乏独立思考的能力,缺乏解决问题的自信,面对社会存在的各种问题时经常会感到迷茫和不知所措。同时当代社会的中小学生自我意识比较强,经常会出现不依从的心理和行为,尤其在所谓的"叛逆"阶段,往往会对约束和疏导产生反向作用力,也被称为逆反心理。结合当代社会中小学生的性格特点和时代特点,帮助其建立"崇德修身"的信仰、对其进行诸多方面道德的教化以及对其进行树立爱国志向的引导只是道德教育的一部分内容,属于单方面的教育,更重要的内容还在于中小学生要学会完成由教化到内化的转化,即通过坚强的意志力和约束力实现自我教育,这也是教育的核心原理。培养和训练终归属于外力,对教化的接纳才属于内力,外力的教育一定要实现内化的接纳才能见效,于道德而言,这一转化过程就是中小学生的自我修养过程。习近平总书记也曾指出:提高个人品德修养,必须做到"吾日三省吾身"[①]。这种自我修养不仅要通过外在引导的持之以恒,还要经过内在思维的习惯养成,所以离不开强有力的自我教育,同时也要坚持学习和践行习近平新时代中国特色社会主义思想。

在中小学生培养自我教育习惯的过程中,左宗棠德育思想及行为可以提供实用性的资源和方法,其中经世致用思想即是一种强调理论联系实际的方法论,在此种环境中的创新性应用准确体现为学以致用,强调要在"学"中

---

① 张燕婴译注:《论语》,北京:中华书局,2006 年,第 22 页。

"用"、在"用"中"学"。中小学生可以在"学"中找到"用"的理论依据,培养"用"的自信,通过"用"的实践过程才能领悟到真知,才能使"学"得到升华,训练出自身的"能",在这种"学"和"用"的持续循环中,既培养了自我教育的习惯,也实现了自我修养即修身"为人"的目的,更重要的是通过此过程不断训练和积蓄自身的"能",在日常学习和生活的交往中,在面对各种具体问题时,不再不知所措,会通过独立思考的能力找到合理解决问题的办法,也即学会了"处世"的方法。同时我们也要清楚,学以致用有一个前提,就是"学","学"的途径除了包括从实践中获得和从教学活动中获得,还包括从书本上获得,因此读书对于自我教育尤其重要。养成好读书、读好书、会读书的习惯是自我修养的基础之一,左宗棠德育思想中的"读书明理"可以劝导中小学生培养这种好习惯,读有理之书并不断通过对书之理的学习和思考来实现道德的自我修养,这对于中小学生完成由教化到内化的转化过程具有很重要的实用价值,现在党中央强调的学党史明理可以说也与其合理内核和话语表达存在异曲同工之妙。

读书是中小学生培养自我教育习惯的一个重要手段,学以致用是中小学生培养自我教育习惯的一个有效方法,只有掌握了自我教育的方法,道德才能真正在中小学生的头脑中"扎根",才能发芽、成长、开花和结果,才能达到提升自我修养的目的,由此形成合理的人生观和价值观,具备独立思考的能力去解决问题,有助于中小学生处理人与人、人与社会的关系,实现身心的健康发展,正确的道德准则和理性的思维能力也有利于消减逆反心理,帮助中小学生较为顺利地度过生理概念上的性格"叛逆"阶段,进而形成正确的责任意识和使命意识,明确生命的价值所在。同时也有助于引导中小学生明辨是非,重视对国家、民族的责任,以及对社会、家庭的责任,履行相应义务并升华行动自觉,由此达到立德树人的目的。

## 第三节　助力高校大学生思想政治教育

从大中小学思想政治教育一体化建设的角度理解,如果说中小学思想政治教育是教化启蒙阶段,那么大学思想政治教育应属于教育培养阶段,对于中小学生侧重思维的启发和习惯的培养,对于高校大学生则应侧重引导其领悟实质和积累实践经验。对于道德的重要性,习近平总书记强调:"我们的用人标准为什么是德才兼备、以德为先,因为德是首要、是方向,一个人只有明大德、守公德、严私德,其才方能用得其所。"①他也指出:"要立志报效祖国、服务人民,这是大德,养大德者方可成大业。同时,还得从做好小事、管好小节开始起步,'见善则迁,有过则改',踏踏实实修好公德、私德。"②高校大学生处于人生的特殊时期和关键时期,这个时期既是未成年人到成年人的过渡阶段,又是学校到社会的过渡阶段,即将面临身上角色的转换与增添,也意味着责任与义务的增加,因此高校大学生思想政治教育不仅关系其个人,也会对家庭、社会、国家、世界产生不同层面和不同程度的影响,习近平总书记曾在北京大学师生座谈会上亲切地说:"我为什么要对青年讲讲社会主义核心价值观这个问题?是因为青年的价值取向决定了未来整个社会的价值取向,而青年又处在价值观形成和确立的时期,抓好这一时期的价值观养成十分重要。"③加强高校大学生思想政治教育有助于高校大学生成为中国特色社会主义接班人。

## 一、"崇俭广惠""自省自律"助力修炼高尚君子之人格

处于特殊时期和关键时期的高校大学生,由于"三观"还没有完全定型,自控能力不强,容易在进入社会时出现思想偏差和道德迷失的问题。一个人要"成人",关键在自身的道德修养,人存在不同的角色,因此个人修养需要在不同的关系中进行,同时也会对处于不同关系中的他人产生影响。修养的"修"指按规范和规则进行自我修整,以求合格精美;"养"指涵育熏陶,按规范和规则进行自我陶冶,以求充实完善。修身指通过修养提高自身素质,因此提倡修身对处于特殊时期、面临不同角色、担负历史使命的高校大学生来说具有重要的现实意义。修身是一个长期的过程,需要不断提升和完善,因此不可能一蹴而就,修身的目标最终指向理想化的道德人格,时代不同,价值目标不同,理想道德人格的标准也不同,当代社会的理想道德人格应体现人的才能、个性以及"自由而全面发展"的价值目标,应服务于"富起来"和"强起来"的战略目标,还

①　习近平:《习近平谈治国理政》,北京:外文出版社,2014 年,第 173 页。
②　习近平:《习近平谈治国理政》,北京:外文出版社,2014 年,第 173 页。
③　习近平:《青年要自觉践行社会主义核心价值观》,《人民日报》2014 年 5 月 5 日,第 02 版。

应适应市场经济化、经济全球化和现代信息化的需要。高校大学生已经进行过基本的道德教育，具备一定的道德水平，那么"成为什么样的人"应该是大学生在此阶段需要思考和明确的问题，为此习近平总书记说："自强不息、厚德载物的思想支撑着中华民族生生不息、薪火相传，今天依然是我们推进改革开放和社会主义现代化建设的强大精神力量。"[①]"自强不息、厚德载物"是一种值得修炼的高尚人格，自强不息表现为人格理想，厚德载物凸显出人格修养，新时代大学生应以"厚德载物"的胸襟接纳万物，以"自强不息"的精神走向世界。修炼和塑造此种人格，不断提升自身修养是关键，中华优秀传统文化的修身思想能够发挥重要作用，具体到新时代高校大学生应该加强的道德修养内容，应结合道德建设和社会主义核心价值观来认真剖析高校大学生目前存在的实际问题并以强有力的思想政治教育来解决。

由于高校大学生大部分时间处于脱离家庭、接近社会的高校生活状态，初次单独与不同地域、不同性格甚至不同民族的人共同学习和生活，容易盲目从众和相互影响，"近朱"固然是好，"近墨"则糟，需要独立思考和判断解决，而且当代社会网络和自媒体、新媒体等大众传播形式承载的各种信息冲击着追求时尚的大学生群体，对个人的辨别和自律能力要求极高，因此部分高校大学生容易出现道德迷失甚至道德倒退的问题。这里列举一些常见现象，比如一些大学生在日常交往中随便答应、随意承诺，失信的行为司空见惯，在考试时作弊和替考行为时有发生，在实习和应聘时"脚踏多只船"和无故"爽约"的思维和做法被视为正常现象，此外学术造假、学历造假、证书造假更是层出不穷，甚至出现骗取助学贷款、困难补助以及诈骗等恶劣行为，高校大学生诚信缺失已是社会公认的问题之一；比如一些大学生没有节俭意识，攀比成风，不仅浪费校园水、电等公共资源，在衣食住行中铺张浪费，还在网购和网络游戏中投入大把金钱，甚至因过度消费而深陷校园不良贷款；比如一些大学生情感冷漠、缺乏爱心，不仅对于身边需要帮助的举手之劳漠然无视，对于献血、捐助等义举无动于衷，还对于志愿活动和支边行动毫无意识，甚至对于贫困之人和弱势群体存有蔑视和敌视；比如一些大学生存在急功近利心理，读书学习执着于功

---

① 习近平：《习近平谈治国理政》，北京：外文出版社，2014年，第158页。

利结果,考试考什么就主要背什么,社会上流行什么就读什么,用人单位要求什么就学什么,但是不系统、不深入学习专业知识,不熟悉、不掌握专业技能,也不重视自身素质的培养,参加各种活动也只是为了多得一份履历。上述常见现象中存在所谓的对自身"有利"的行为均属于高校大学生见利忘义的范畴。解决高校大学生群体中存在的上述现象问题,必须使用思想政治教育的手段,加强中华优秀传统文化教育是一种有效的方式方法。左宗棠德育思想及修身行为可以作为实用性资源,其思想中的崇俭广惠、踏实稳重、诚实守信、见利思义等思想可以对高校大学生进行道德教育,包括日常生活的勤俭节约、帮助他人的乐善好施、修身学习的厚积薄发、待人处世的信守承诺、贯彻始终的以义制利等,帮助高校大学生修其心、养其性、正其行,提升自我修养,形成正确的人生观和价值观。除培养基本道德外,对于高校大学生来说更重要的是要具备高尚君子人格的决心和信心,还要培养自律习惯,像左宗棠一样做到自省自律、知行合一,其中自律可谓修身的本质特征。要有见贤思齐和从善弃恶的自愿自觉、要有好自为之和洁身自好的自重自爱、要有严于律己和宽以待人的自谨容人、要有礼者敬人和仁者爱人的敬意爱心、要有"吾日三省吾身"的自省反思、要有"慎其独,毋自欺"的慎独自诚,做到这些,循环往复、持之以恒,新时代高校大学生方能最终具备"自强不息、厚德载物"的君子人格,成为道德高尚、信心坚定的合格接班人。

## 二、"抵御侵略""自强自立"助力明确报国利民之志向

生于斯、长于此的国土家园,是每个人生存和发展的首要条件。因此培育爱国思想应是个人德育的重要内容。爱国主义是中华民族的优良传统,是中华儿女对祖国的忠诚与热爱,亦是中国特色社会主义新时代的行为指引。高校大学生是社会的优秀群体,是国家发展的希望,肩负着历史使命和时代任务,应努力站在时代的前列,因此必须坚定不移地厚植爱国爱民情怀,明确报国利民志向,积极投身于社会实践中。在 2019 年纪念五四运动 100 周年时,习近平总书记指出:"新时代中国青年要听党话、跟党走,胸怀忧国忧民之心、爱国爱民之情,不断奉献祖国、奉献人民,以一生的真情投入、一辈子的顽强奋

斗来体现爱国主义情怀,让爱国主义的伟大旗帜始终在心中高高飘扬!"①在中国特色社会主义新时期,爱国主义也增添了新的内容与形式,不仅要继承和发扬优良传统,还要适应新时代的新特点和新要求。党的二十大报告指出在新时代的新征程上中国共产党的使命任务是团结带领全国各族人民全面建成社会主义现代化强国、实现第二个百年奋斗目标,以中国式现代化全面推进中华民族伟大复兴。② 新时代高校大学生的爱国主义也必须与时俱进,为以中国式现代化实现中华民族伟大复兴而奋斗。但我们也必须意识到,当今社会的高校大学生在爱国主义的认识和践行中仍然存在一些问题:比如一些大学生对爱国主义的传统了解甚少,对中国近现代史上的爱国主义人物及事迹了解甚少,对不同时期的爱国运动了解甚少,对国家和民族的苦难史了解不够,甚至出现某大学活动展位误悬挂侵华"旭日旗"、大学生身着和服拍照等尴尬事件;一些大学生盲目跟随"出国热",花费大量时间和金钱准备考试,这种努力是值得肯定的,而且也有留学生出国深造是为了回来更好地建设祖国,但不能否认部分人纯粹是为了个人私欲和享受国外生活,从未考虑到国家的人才流失;一些大学生富有爱国激情,崇拜民族英雄,可是浅显地认为爱国主义即为保卫祖国而流血牺牲的英雄事迹,不了解新时代的爱国内容,不清楚和平年代的抵御侵略也同样重要;一些大学生不了解新时代的爱国形式,没有正确的爱国意识,不清楚自己的爱国行为具体可以如何体现。

结合上述问题和新时代要求,可以说爱国主义教育是高校大学生思想政治教育的重要内容,厚植爱国之情、明确报国之志、实践利国之行对高校大学生非常重要,既是其自身健康发展的需要,也是国家统一、民族团结的需要,既是践行社会主义核心价值观、培育良好社会风尚的需要,也是保证国家、民族未来发展方向的需要。面对世界百年未有之大变局以及多元价值观以不同形式的冲击,新时代呼唤"以变应变"的爱国主义。习近平总书记指出:"弘扬爱国主义精神,必须尊重和传承中华民族历史和文化。"③从利用优秀传统文化的

---

① 习近平:《在纪念五四运动100周年大会上的讲话》,《中国共青团》2019年第5期,第1—5页。

② 习近平:《高举中国特色社会主义伟大旗帜,为全面建设社会主义现代化国家而团结奋斗》,《人民日报》2022年10月26日,第01版。

③ 习近平:《主持中共中央政治局第二十九次集体学习》,《人民日报》2015年12月31日,第01版。

角度,左宗棠德育思想及行为可用于新时代高校大学生爱国主义教育的具体实践,左宗棠可歌可泣的爱国事迹会激发高校大学生的爱国之情。首先,学习左宗棠爱国思想及行为有助于高校大学生了解近代史上中华民族的爱国传统,如前文时代背景中所述,晚清时期是中国近代史的一个特殊时期,在这个时期,两千多年的封建社会性质发生了变化,中国面临内忧外患的局面,中华民族也经历了许多苦难,左宗棠收复新疆、抵御外敌的英雄壮举为后人铭记和传颂,其维护社会稳定和民族团结、倡导科技进步和自强自立的思想及行为也是爱国主义的集中体现,且左宗棠只是中国历史上众多的爱国人物之一,高校大学生必须充分学习和了解传统的爱国主义。其次,左宗棠在洋务运动中曾先后派遣百余名留学生到西方诸国学习先进技术,这在当时可谓一种壮举,而且派遣留学的最终目的是报国,使用国人自己掌握的先进技术发展工商业,促进社会经济的发展,因此我们鼓励和建议现在的留学生要保持赤子之心,胸怀报国之志,在学成之后能够回归祖国的怀抱,为新时代共同的中国梦而奋斗,因此习近平总书记提出:"希望广大留学人员继承和发扬留学报国的光荣传统,做爱国主义的坚守者和传播者,秉持'先天下之忧而忧,后天下之乐而乐'的人生理想,始终把国家富强、民族振兴、人民幸福作为努力志向,自觉使个人成功的果实结在爱国主义这棵常青树上。"①感人肺腑的话语充满了对留学生爱国之情的殷切期望。再次,民族危亡时刻,左宗棠从不妥协,坚决抗击西方列强的入侵,视死如归,其保住我国约六分之一国土面积的收复新疆一役,无论何时闻之均令人热血沸腾,甚至热泪盈眶,非常适合进行爱国主义教育,但是高校大学生要清楚左宗棠的爱国之情不仅只有抵御侵略一方面,而且当今世界处于百年未有之大变局,局势复杂、形势多变,虽然我们处于和平年代,但企图破坏我国安定团结的危险依然存在,世界也依然存在规模不一的局部争端,因此高校大学生也应该始终具有警惕意识,清楚当代的侵略和攻击与古时不同,也可以是没有硝烟的入侵,包括政治、经济、舆论、信息等众多形式,也包括干扰、制裁、污蔑、讹诈等多种手段,当然也包括意识形态和价值观念上的侵

---

　　①　习近平:《在欧美同学会成立 100 周年庆祝大会上的讲话》,《人民日报》2013 年 10 月 21 日,第02 版。

袭,这同样要引起高度重视。最后,左宗棠的爱国思想及行为几乎持之以恒地贯穿其一生,尤其是入仕后,形式也不仅限于军事战斗,还包括政治、经济、教育、国防、基础设施建设等关乎国计民生的诸多方面,这非常值得高校大学生学习和效仿,同时高校大学生要清楚新时代爱国主义的主题是实现中华民族伟大复兴的中国梦。因此只要为了十四亿国人共同的梦想而努力奋斗,不断提升自身的综合素质,积极投身全面建设社会主义现代化国家的伟大事业,便是强大的中国力量之一,便是爱国主义的具体表现,这是新时代高校大学生应有和必有的思想政治境界。

### 三、"穷经将以致用"助力锻炼经世致用之能力

新时代高校大学生不仅身处学校向社会过渡的个人关键时期,而且身处中国特色社会主义新时代的历史关键时期,生逢盛世,肩负重任,因此要立志成为我国社会主义建设强有力的接班人。党的二十大明确提出"着力培养担当民族复兴大任的时代新人"的战略要求,①我国"十四五"发展规划纲要也提出:全面贯彻党的教育方针,坚持优先发展教育事业,坚持立德树人,增强学生文明素养、社会责任意识、实践本领,培养德智体美劳全面发展的社会主义建设者和接班人。② 作为立德树人主阵地上的生力军,新时代的高校大学生不仅要注重自身的道德修养,还要注重自身的爱国主义教育,而且要具备过硬的综合素质和专业技能,这样才能扛起"合格社会主义接班人"的大旗。如何才能达到"合格",怎样才能具备过硬的综合素质和专业技能,高校大学生在以国家和人民的殷切希望为前进动力的同时,也要自泼冷水,清醒地认识到自身的问题和差距。首先在信息化社会的今天,高校大学生中读死书、死读书的人越来越少了,这是好现象,但随之出现了不读书、略读书的问题。其次,一些高校大学生出现了前文中提到的急功近利思维,出现了不力行、想成功的浮躁作风,为考试而背、为就业而学,也许从结果上观之,这种思想很"务实",做法很"适

---

① 习近平:《高举中国特色社会主义伟大旗帜,为全面建设社会主义现代化国家而团结奋斗》,《人民日报》2022 年 10 月 26 日,第 01 版。

② 《中华人民共和国国民经济和社会发展第十四个五年规划和 2035 年远景目标纲要》,《人民日报》2021 年 3 月 13 日,第 01 版。

合"，但却不注重实学和实用，专业技能谈不上过硬，综合能力的"合格"更无从谈起。再次，一些高校大学生更关心时尚潮流、娱乐动态、就业方向，对国际局势、国家形势、社会发展却关注甚少，这里不是指关心就业信息不正确，只是强调要从世界发展和国家发展的角度去观察行业发展和需求，这样更有利于明确适合自己的发展方向，找到既能实现个人自由全面发展，又能对国家和人民有利的事业，以实现"社会主义接班人"的历史使命和个人追求。最后，一些高校大学生缺乏创新精神、创业思维，安于现状、止步不前，创新可谓实现民族复兴和社会发展的时代主题，只有不断创新才能成为社会持续前进的动力，也更符合我国"十四五"发展规划中的"素质教育""健康人格"和"创新精神"的具体要求，才能成为社会主义事业的合格接班人。

强化高校思想政治教育是改变部分高校大学生不良现象的有效形式，要强化思政课和德育教育，帮助其营造求真务实、热衷时事、实践创新的学风和作风，帮助其建立个人的精神自强和文化自信，借助中华优秀传统文化的教育意义是一种有效的手段，左宗棠德育思想及其行为可发挥资源性作用，其经世致用思想及实践正是高度符合上述教育要求的实用方法。"穷经将以致用"是左宗棠经世致用思想的核心，而"经世致用"思想也是传统文化的精华，历史悠久，可谓近代教育救国、科教兴国和职业教育的最早渊源，包含"务实"和"革新"的精神，不仅要求人怀有远大的理想抱负，胸怀天下，更要"学用结合"，脚踏实地，注重实效和创新。具体到高校大学生应用层面，主要体现在三个方面：首先，在学术上要培养求实之思想，避免高谈义理的腐朽，反对脱离实际的风气，去除急功近利的浮躁，明白知识对习行的指导作用。习近平总书记指出："我们的一切学习都是为了学以致用，中华民族连绵不断的五千年文化，是我们的自豪所在，一定要发扬光大，使之成为推动中华民族伟大复兴的巨大动力。学习国学的目的，不是为了把它当古董摆设，也不是食古不化、作茧自缚，而是要变成内心的源泉动力，做到格物穷理、知行合一、经世致用。"①新时代高校大学生要把经世致用的穷经求真用在吸收传统文化的精华以为我所用上，也要扩展到学习的全部领域，应用到专业技能的学习与实践中，在道德修养的

① 万群：《习近平考察贵州纪实》，《贵州日报》2011年5月12日，第01版。

基础上,在爱国情怀的指引下,专心刻苦学习专业知识,夯实专业功底,真正成为专业领域的合格人才。其次,在认知上要培养经世之思想,要求自己多关心国家时势,感受社会变化,把握时代脉搏,在社会主义现代化建设的现实中学习,通过经世思想培育自己的社会责任感和历史使命感,领悟发展方向和启发创新思维,投身于社会主义现代化事业中,投身于中华民族伟大复兴中去实现自己的自由而全面发展,体会创造人生价值的成就感和自豪感。最后,在实践上要培养致用之思想,要求自己多从致用的角度去学习和思考,去实践和创新,打破传统思维,提高实践能力,建立探索意识和创新精神,多尝试自由创新和自主创业,积极参与"大众创业、万众创新"[①]的新时代创业教育实践。创业不仅是办公司,不仅是为了就业,创新才是创业的核心和灵魂,对于创新创业,高校大学生要养成勇于任事和敢于担当的创业品格,要建立崇尚实干和拒绝空想的创业精神,要具备开拓进取和敢于创新的创业意识,要练就知行合一和学以致用的创业能力,充分迎合高等教育改革的战略谋划,充分借助鼓励创新创业的系列举措,充分利用高校搭建的实践教学平台、模拟实训平台、信息服务平台、创新实训中心、创业孵化基地等资源。由此,通过左宗棠德育思想中经世致用理念的思维训练和方法实践,使高校大学生能够加强专业理论学习,在实践中加以印证,在实践中不断探索,能够把专业知识转变成职业技能,把创新思维转变为科技成果,服务于社会,有利于国家,并在这个过程做到立德树人。

## 第四节　提升社会人群道德水平

道德建设关乎所有公民的道德素质和社会整体的道德风气,影响个人的自由全面发展和社会的全面发展进步。立足于"立德树人"的教育理念和政治要求,立足于大中小学思想政治教育一体化建设的总体规划,在历经"孕育园

---

① 《国务院关于大力推进大众创业万众创新若干政策措施的意见》,《中国科技产业》2015 年第 6 期,第 60—64 页。

培苗发芽期"的中小学生教化和"主阵地拔节孕穗期"①的高校大学生教育后，我们的研究将进入"展览馆开花结果期"的非学生群体阶段，即社会人群阶段。马克思指出："人的本质并不是单个人所固有的抽象物。在其现实性上，它是一切社会关系的总和。"②众所周知，个人不能脱离社会而单独存在，因此社会整体的道德理念及价值观念将对个人产生重要影响；社会是个人的集合体，因此个人的道德素质及理想信念同样对社会整体具有重要作用。在中国特色社会主义新时代，社会整体道德水平的提高是一项战略任务，有利于实现全面建成小康社会，有利于实现全面建成社会主义现代化强国。个人进入社会后，既开启了人生真正的社会实践阶段，又在原有子女、学生的基础上被赋予了多种崭新的社会角色，包括公民、职业、父母等，并在不同的社会角色践履中发挥功能和承担责任与义务，因此基本涵盖了《新时代公民道德建设实施纲要》强调的社会公德、职业道德、家庭美德与个人品德建设的实施方向，也基本涵盖了以"明大德、守公德、严私德"三个层面对社会主义核心价值观的实践方向。《新时代公民道德建设实施纲要》强调的公民道德是对于全体社会成员的普遍要求，是公民的基本道德品质，"它既是公民基本道德素质的体现，又是社会公德、职业道德和家庭美德的共同基础"③。由此可见，社会人群思想道德提升与完善具有重要意义。

## 一、"礼制傲气""见利思义"提升个人道德修养

经历过家庭与学校的教育后，社会人群已经拥有一定程度的道德修养，已经基本建立个人的世界观、人生观、价值观，已经基本形成独立思考的习惯，已经基本具备分析和解决问题的能力，不过现实社会中的个人道德修养是久久为功的过程，修身需要长期进行，个人道德修养也需要在家庭、社会和国家的不同关系中培育，在自身扮演的不同角色和发挥的不同作用中培育，可以说生命尚存就不应该停止修身。公民个人道德素质的提升有助于完善社会之公德

---

① 张烁：《习近平主持召开学校思想政治理论课教师座谈会强调：用新时代中国特色社会主义思想铸魂育人　贯彻党的教育方针　落实立德树人根本任务》，《人民日报》2019 年 3 月 19 日，第 01 版。

② 《马克思恩格斯文集》（第 1 卷），北京：人民出版社，2009 年，第 501 页。

③ 许启贤：《论开展"公民道德"的教育和研究》，《道德与文明》2001 年第 1 期，第 19—22 页。

和实现国家之大德,这是新时代公民道德建设提倡的方向和目标,而且公民个人道德素质的提升也是"明大德、守公德、严私德"①的过程,塑造完美人格必须三德兼修。对于社会人群来说,大德是对国家和民族的情感,是对实现中国梦的信仰和努力,明大德能够提升自信心和凝聚力,为个人的发展奠定良好基础;公德是在正确理解和保障个人利益的基础上,对社会公共生活的行为规范或准则的遵守,守公德可以强化公共意识,达到个人与社会的协调以及私欲与公德的协调,提高生活质量,实现人生幸福;私德是在私人领域行为、私人利益行为或与他人交往中体现的德性,严私德能够帮助树立个人形象,成就个人事业,促成社会风气。严私德是守公德的根基,守公德是严私德的目标,明大德是守公德和严私德的方向,三者都属于个人道德修养,对个人、社会和国家都具有重要的作用,而且个人道德修养不会恒久不变,会随社会环境和个人条件发生变化,客观上说变化会出现积极和消极的方面,因此具体到左宗棠德育思想及行为对于社会人群的价值应用,主要从个人道德修养的两个变化方向进行分析和阐述,以助力推进公民道德建设。

一方面,党的十八大以来在全社会范围积极推进公民道德建设取得了可喜成效。全党开展各种形式的学习活动,调动各种渠道的宣传资源,使社会主义核心价值观能够"入脑入心",专家学者的生动解读、道德模范的先进事例,有力促进了社会主义核心价值观的实践转化。同时全国范围积极开展文明创建活动,包括文明城市、文明单位、文明家庭等,提倡文明观念、展示文明形象、争做文明公民,这种全民共建共享的社会主义精神文明新风尚,对于提升社会公民道德素质也有极大的推动作用。除此之外,我国迈入社会主义新时代以来,公益事业长足发展,各地区均倡导、推进志愿服务,社会各界也都在积极响应,慈善活动、志愿活动、社区服务逐渐增多,志愿者队伍持续壮大,志愿者能力不断增强,公益项目及形式多样化发展,甚至出现众筹等新型救助形式,公益活动效果也得以明显改善,帮扶和救助的群体范围也在不断扩大,这些举措和实践有效传递着团结友爱、互帮互助的社会风气,影响着公民道德素质的提升。类似上述能够凸显新时代社会良好风尚的事例不胜枚举,这些发生在身

---

① 习近平:《青年要自觉践行社会主义核心价值观》,《人民日报》2014年5月5日,第02版。

边的人和事对于社会人群的个人道德修养均起到积极的正向引导作用,因此社会人群的部分个体在受其影响而得到素质提升的同时,也会萌生想要进一步加强自我道德修养的意愿和想法。当出现此种想法却不明具体途径时,左宗棠德育思想能够为其提供有益启示和有效方法,左宗棠主张"礼制傲气",提出用传统礼仪道德规范制约自己的道德缺陷和不足,并在实践中通过自律加以修身和提升,同时转化创新后的左宗棠修身思想内容符合社会主义核心价值观,也符合新时代道德建设标准的要求,可以为社会提供个人道德修养提升方面的思想范例。

另一方面,世界百年未有之大变局给公民道德建设带来严峻挑战。西方世界的"颜色革命"使人们受到不同价值观念的冲击、受到不良思想文化的侵蚀、受到网络有害信息的腐化,当今社会仍然存在不同程度的道德问题,比如虽然社会主义核心价值观已深入人心、融入生活,但个别地方和领域仍然存在一些道德失范的现象,比较典型的有享乐主义、拜金主义和极端个人主义等,主要的内在原因集中于片面接受了资本主义全方位私有化的价值观念和崇尚所谓"自由"的"人权"主张,导致个人对经济财富和物质财富的过度渴望和追求;虽然社会在广泛提倡公民道德建设,但还有一些社会人群道德观念模糊,不分是非、不辨善恶、唯利是图、见利忘义,做出损公肥私和损人利己的行为,甚至做出不堪入目和伤风败俗的行为;虽然国家在积极推进诚信建设,社会也在积极开展社会信任的各种传播活动,但还有一些个人和社会群体与诚信背道而驰,缺乏诚信观念,不讲信用、造假欺诈的问题久治不绝,既有个人诚信的严重缺失,也有企业公信的短视匮乏,还有社会信任的潜在危机,有些失信现象甚至突破公序良俗、妨害人民生活、伤害民族感情。而且更加现实的是,有些本身受过道德教育、具有一定道德修养的社会人群,也容易受到不道德行为和利益的影响与诱惑,出现道德上的知行分裂,甚至出现道德倒退。这些问题必须引起高度重视,采取有力措施加以解决,其中加强社会主义核心价值观建设和优秀传统文化教育是有效途径,左宗棠德育思想及行为能够发挥实际应用作用,其中修身思想是其德育思想的基础,转化创新后的德育思想内容可以成为社会人群对照的道德标准,并且义利关系的价值观念是其德育思想的内核,也是左宗棠一生行为实践的价值衡量标准,时刻警醒自己和检验言行,转化创新后的义利思想同样可以成为社会人群的价值标杆,使社会人群时刻注意防范和避免自身陷于不当逐利、不当得利的诱惑与陷阱之中,出现道德的"失忆"或"倒车",同时转化创新后的诚实守信思想内容也应该引起社会人群的关注和重视。因为信任问题不仅仅是个人道德问题,也会危害到他人与社会,影响公民整体道德水平的提高,影响社会信任的建设与发展,甚至影响到国家间正常的交流与交往。

## 二、"爱国安民""自强自立"规范爱国实践行为

"爱国,是人世间最深层、最持久的情感,是一个人立德之源、立功之本。"[①]爱国是中华民族的优良传统,随历史时期的不同,爱国主义具有不同的时代特征与时代内涵。新中国成立前的爱国主义主要是建立在前期的反对分裂、反对民族压迫、反对昏庸统治、反对封建专制以及后期的实现民族独立和实现人民解放基础上的,新中国成立后,爱国主义的特征与内涵也发生过一些变化:新中国成立初期,爱国主义主要体现在保卫革命果实和建设社会主义新中国;社会主义改造基本完成后,爱国主义主要体现在为社会主义建设而努力奋斗;改革开放以后,爱国主义主要体现在积极服务于社会主义现代化建设;党的十八大以来,爱国主义的鲜明主题体现为实现中华民族伟大复兴的中国梦。我国的爱国主义教育对象也由最初的学生覆盖至全社会成员,爱国主义已成为公民的基本素质之一,其相关政策经不断完善已提升至国家制度层面。近代以来,可以说每个中国人最大的心愿和梦想就是实现中华民族伟大复兴,以生活视角窥视,这个心愿和梦想汇集了无数中国人对美好生活的理想追求和奋斗轨迹。对于社会公民来说,中国梦可谓个人之大德,缺少了个人之梦想,中国梦就失去了落实主体,缺少了生活之梦想,中国梦就失去了现实基础。习近平总书记指出:"实现中国梦必须凝聚中国力量。"[②]作为中国力量的主力,社会人群必须达成共识,才能内生自信心和凝聚力,才能同心同力、众志成城,达成实现中国梦的共同奋斗目标,可见社会人群的爱国共识尤为重要,我们要从思

---

① 习近平:《在北京大学师生座谈会上的讲话》,《人民日报》2018 年 5 月 3 日,第 02 版。
② 习近平:《在第十二届全国人民代表大会第一次会议上的讲话》,《人民日报》2013 年 3 月 18 日,第 01 版。

想和行为的维度着力推进凝聚社会人群的共识工作,对于在此过程中传统爱国主义的应用价值,习近平总书记曾说:"要认真汲取中华优秀传统文化的思想精华和道德精髓,大力弘扬以爱国主义为核心的民族精神和以改革创新为核心的时代精神,深入挖掘和阐发中华优秀传统文化讲仁爱、重民本、守诚信、崇正义、尚和合、求大同的时代价值,使中华优秀传统文化成为涵养社会主义核心价值观的重要源泉。"①因此我们要善于将左宗棠德育思想及行为应用到社会人群的爱国共识形成过程中。

在新时代弘扬爱国主义精神,普及社会公民的爱国主义教育,培养全民的爱国共识,近年来在全国范围内举办了形式多样的教育活动,比如主题为弘扬爱国主义精神的公民道德论坛活动、主题为弘扬爱国奋斗精神的全国性专项学习活动、主旨为弘扬爱国主义精神的百位英雄模范人物评选活动等,同时社会公民喜闻乐见的爱国主义题材的文艺作品也层出不穷,例如以红色新闻事业为视角全方位记录我国新闻发展历程的专题片《纪录中国》、生动展现爱国主义及人民群众勇敢与担当的电视连续剧《红高粱》、唱响爱国主义主旋律的红歌赛等,而且学术界也在广泛举办以爱国主义为主题的研讨会,诸如 2001 年在广州举办的"贯彻《公民道德建设实施纲要》与爱国主义教育理论研讨会"、2009 年在西安举办的"新中国 60 年社会主义与爱国主义理论研讨会"、2019 年在厦门举办的"爱国主义与时代精神学术研讨会"等,除此之外,全国范围纪念弘扬爱国主义精神的典型代表人物,譬如 2009 年《人民日报》文章纪念伟大的爱国主义者第十世班禅额尔德尼·确吉坚赞圆寂 20 周年②,2009 年中共中央统战部在北京举行座谈会纪念伟大的爱国主义者包尔汉同志逝世 20 周年,2016 年全国范围纪念伟大的民族英雄、伟大的爱国主义者、中国民主革命的伟大先驱孙中山先生诞辰 150 周年,特别是庆祝中共百年的党史学习教育把爱国主义推向新的阶段。这些具体举措,不仅使爱国主义在新时代得以广泛传播,更让社会公民在潜移默化中接受爱国精神洗礼、培养爱国主义情怀,提升了思想道德境界。其中,爱国人物事迹更具有普遍性和群众性的特

---

① 习近平:《习近平谈治国理政》,北京:外文出版社,2014 年,第 164 页。
② 杜青林:《爱国主义的典范 维护祖国统一的楷模——纪念第十世班禅额尔德尼·确吉坚赞圆寂 20 周年》,《人民日报》2009 年 1 月 27 日,第 02 版。

点,更容易被社会人群所感知,也更容易获得社会人群的认可,而左宗棠也是近代史上的一位民族英雄和一位爱国志士,其捍卫国家统一、促进民族团结、推动社会进步的爱国安民行为同样令人敬佩,同样值得纪念和传颂,其不仅是新时代高校思想政治理论课的有益内容,也同样值得作为众多爱国人物事迹的社会公共资源之一被广泛应用于激发和鼓励社会人群的爱国思想培育和爱国行为实践中。

同时我们应该认识到,社会人群中的个别人出现了非理性的所谓"爱国"言论和"爱国"行为,其原因或来自内在偏激极端的主观臆断,或来自外在别有用心的煽动唆使,或二者兼而有之,其现象多表现在国际争端或民族矛盾方面。这些个别人自以为是地认为这是民族"气节"的体现和"爱国"精神的体现,其实不然,这种言论和行为有百害而无一利,不仅没有任何意义和价值,反而使国家在正常的国际交往中处于被动,使正常的事件处理变得复杂,因此爱国一定要理性,要基于"史情""世情""国情"及"民情",看清本质、认真辨别、审时度势、理性思考,懂得运用正确的方式表达爱国情感。对于此种非理性"爱国"实践的规范和警示,左宗棠德育思想能够发挥一定程度的教益作用,在左宗棠爱国思想的实践中,他一生英勇抗击西方列强的侵略,但也同样在洋务运动中与洋人正常往来,目的在于学习西方的先进技术以强国富民,这些都是爱国主义的正确而理性的表现,于当今社会具有重要的借鉴意义。自强自立能够帮助规范和避免非理性的言论或行为,使人们致力于提升个人综合素质,提升个人专业技能,扮演好自己的社会角色,履行好自己的责任义务,积极投身于社会主义现代化事业的建设中,积极投身于社会主义核心价值观的践行中,积极投身于中华民族伟大复兴中国梦的实现中,这才是当代爱国实践的正确选择。

### 三、左氏家庭德育内容与方式,启发家庭德育理念

社会人群比较重要的角色之一即是为人父母的角色。中华民族一直重视家庭教育,所谓"天下之本在国,国之本在家"①,习近平总书记指出:"家庭是人

---

① 邓启铜、王川注释:《孟子》,南京:东南大学出版社,2013年,第138页。

生的第一个课堂,父母是孩子的第一任老师。"①良好的家庭教育不仅能够"帮助孩子扣好人生的第一粒扣子,迈好人生的第一个台阶"②,更加有利于以家庭、学校、社会三位一体为根基创建科学合理的育人模式,不仅利于子女的长大成人,更加利于社会的发展进步和国家的繁荣富强。但是正确良好的家庭教育不应只局限于学习书本知识和完成家庭作业,立德树人才是家庭教育的根本,家庭德育可谓家庭教育的重要组成部分,其主要在于帮助孩子建立正确的道德标准和行为准则,对于子女的道德启蒙、"三观"养成和终身发展至关重要。中华优秀传统文化自古即包含家庭德育的重要内容,家训、家教、家规、家风、家法、家书均是其具体的表现形式或方式,左宗棠的家庭德育观点主张也是其德育思想的组成部分,含有丰富的道德内容及独特的教育方式,在新时代的家庭德育实践中具有一定的借鉴意义和有益价值。但在现实生活中,有些家长对家庭德育的认知存在思维内容和方式方法上的误区和问题。从启发家庭德育思维和解决家庭德育问题的目的出发,结合转化创新后的左宗棠德育思想及行为实践,主要从两方面加以分析和借鉴。

　　首先,在家庭德育的思维方面,当今社会的有些家长存在重智轻德的思维倾向,有的片面认为智育是教育的全部,只看重考试和分数,不重视道德培养,有的虽报名德育相关的课程,但不断被智育的辅导挤占时间,有的虽进行德育学习,但只限于对知识点的记忆,未内化于心、外化于行,结果子女讲道理头头是道,却理论与实践分离,言行不一。同时当今社会的有些家长对于德育的内容缺乏系统性的认知,虽然初步具备家庭德育的思维,对子女开展德育实践,如学习国学、参加相关活动等,但是对于子女应具备的基本道德内容认知模糊,容易演变成一种"跟风"热潮,流于表面,出现了一边进行道德教育,一边却表现出任性贪心、浪费奢靡、自以为是、说谎违约、推卸责任、人情冷漠、目无尊亲的不良习气。左宗棠德育思想中给予家庭德育极其特殊的重视程度,是"内圣外王"在家庭层面的具体表现,其家教方式方法值得借鉴,即使左宗棠远在他乡,也通过书信等形式与家人沟通,开展家庭德育,因为他深知"修身"的重

---

① 习近平:《习近平谈治国理政(第二卷)》,北京:外文出版社,2017年,第354页。
② 习近平:《习近平谈治国理政(第二卷)》,北京:外文出版社,2017年,第355页。

要性,也深知家庭德育对于子女"修身"的重要性,这对于当代社会的家庭德育教育具有重要的启示作用,而且其教育子女的德育内容是具体而全面的,转化创新后也符合社会主义核心价值观的时代特征,应该成为当代社会家庭德育的实践参考资源,比如节俭的基本道德,是左宗棠家庭德育中经常提及的重要内容之一,而且他身体力行,虽廉俸颇丰但其一生清廉俭朴,不仅言传,而且身教,其后辈子孙也均世代贯彻奉行。习近平总书记曾指出新时代的家庭美德重在廉洁,所谓廉政先廉家,廉家正家风,并曾讲述杨震"四知拒金"[①]的故事。

　　其次,在家庭德育的方式方法方面,当今社会的有些家长缺少对于家庭德育具体实践的思考和总结,不会使用正确的引导和教化方法,简单粗暴,表面看似严厉,实则松懈,容易造成子女的迷茫和麻木,最后导致不知所措和无动于衷,而且随着社会经济的快速发展和物质生活的极大丰富,在具体的家庭生活中存在浪费成风、奢侈成性的不良现象,无限满足孩子需要、不考虑是否合理的惯子行为,也对家庭德育的贯彻实施效果生成不利因素和产生负向作用。左宗棠德育思想尽管有阶级和时代局限,但他在家庭德育方面提供了一些独特的方式方法,具有很强的实践性,对当今社会的家庭德育有不错的借鉴价值。他主张发挥长子的作用,不仅要做好榜样,还要担负起"家督"的职责,这对于目前积极响应国家生育政策的家庭尤其具有启示作用,对子女要一视同仁,不要过分娇宠幼子,要充分发挥长子的榜样和督导作用,以长带幼,共同进步。左宗棠家教思想还主张因材施教,厚积薄发,不可操之过急,这对于当今社会有些家长的急功近利心理甚至揠苗助长行为具有一定的警示和约束作用。同时左宗棠经常拿自己做反面教材,与子女平等交流,这有利于拉近与子女的距离,实现子女的接受与认同,这可成为新时代家庭德育实践的方式方法之一。

## 第五节　左宗棠德育思想当代价值的实践路径

　　本节坚持习近平总书记倡导的问题导向、实践导向、目标导向,重点研究

---

① 人民日报评论部:《习近平讲故事(少年版)》,北京:中国少年儿童出版社,2018年,第3页。

如何发挥左宗棠德育思想当代价值的问题,即左宗棠德育思想当代价值的实践路径,也就是研究为了到达目标人群的预期应用目的和应用效果所采取的方法,包括渠道、实施要点和注意事项等。研究社会成员的道德提升问题,有必要学习公民道德建设的实施要求。《新时代公民道德建设实施纲要》强调:推进公民道德建设要发挥学校的教育作用全过程贯彻立德树人,要发挥家庭的教育作用、发挥先进模范的榜样作用、发挥舆论的导向作用、发挥文艺作品的"化人"作用、发挥阵地的教育作用、发挥重点群体的引导作用;要推动道德实践的行为养成,包括开展弘扬时代新风的行动,开展普及群众的精神文明创建活动,推进诚信社会的建设工作,推进学习雷锋的志愿服务,开展移风易俗的系列行动,发挥礼仪礼节的教化作用,践行绿色生产生活的方式,注重对外交流的文明素养等;而且还要抓好网络空间道德建设,重点在加强网络的内容建设、培养文明的网络行为、丰富网络的道德实践以及营造良好的道德环境。可以看出,实施纲要全方位、全过程提出了提升公民道德的具体要求,我们应该以此为依据,结合研究对象的年龄特点、生活轨迹、偏好的接受方式等因素探索左宗棠德育思想当代价值应用的可行性实践路径。需要说明的是,从公民道德建设的实施过程进行研究,不是证明道德建设需要围绕左宗棠德育思想开展,或者说左宗棠德育思想的当代价值应用可以成为公民道德建设的全实践过程,而是要以左宗棠德育思想的当代价值应用作为研究视角,分析论证其在助力提升社会成员道德水平方面的具体可行方法。一言以蔽之,左宗棠德育思想当代价值是一种支援性资源工具,发挥的是"点"的作用,可以对"面"和"体"产生积极影响,但不能夸大为"面"和"体"。

## 一、家庭、学校、社会"三位一体":中小学生道德启蒙教化的实践路径

中小学阶段是系好人生道德扣子的基础时期,其思想政治教育方式应侧重于教化,资源素材应具有浅显通俗、易懂感性的特点,形式上应便于寓教于乐、寓教于学、寓教于行。中小学生的生活轨迹主要包含家庭、学校和社会,故将从这三方面研究具体的实践方法,以家庭为基础、以学校为主体、以社会为平台,符合中小学生健康成长和全面发展的"三位一体"新时代教育体系。

　　家庭德育对于中小学生道德启蒙教化的意义不再赘述,具体实践方法包括言传身教、可视传媒及其他教育方式。首先是长辈的言传身教。这种言传身教主要来自父母,朝夕相处的耳濡目染和基于血缘的浓烈亲情使家庭德育更容易相互理解和认同,更有感染性。左宗棠德育思想当代价值对于家长的应用实践,是下文社会人群部分研究的内容,因此这里言传身教的预设前提是已经具备基本道德要求。基于此前提,父母的言传身教是对子女最佳的德育方法,家长应结合子女的性格和爱好选取适合的教育内容与方式,家长与子女共同读书明理、崇俭广惠、诚实守信、知恩图报,不仅能够实现子女的道德启蒙教化,而且能够营造和谐、文明的新时代家风。其次是传媒工具的科学使用。中小学生心智尚未成熟,自律能力较差,长时间使用电子产品对于思维和视力会产生不良影响,出于心理和生理发育考虑,不建议过多使用网络和新媒体,这里提到的媒体工具主要指影视传媒和平面传媒,具体包括电视、电影、图书、报刊等,可视化的方法更直观,影响更深刻。因此需要将左宗棠的个人事迹搬上荧幕和书刊,制成健康乐观、积极向上且能够体现道德品质、爱国思想、民族精神的文化作品,以供中小学生观看。根据年龄特点,小学阶段的少年儿童更适合系列动画短片、连环画、经典小人书等作品形式,因为单次观看时间缩短,观看周期灵活,更形象生动和喜闻乐见,更容易被接受而记忆深刻;初、高中阶段的青少年更适合动画电影、人物传记等作品形式,因为单次观看时间较长,观看周期缩短,还可以增设相应思考内容以贴近此阶段的心理特征。最后是其他德育方式,包括国学辅导及利用音频资源等,这同样需要相应的资源转化或录制,目前某知名网站已存在“《中国名人传》之左宗棠”“晚清名将左宗棠”之类的音频资源。国学作为一种课外辅导形式近年来已越来越受到家长的认可,而主流音频网站或 APP 中也拥有非常丰富的资源,比较而言,二者同样绘声绘色和引人入胜,只是国学辅导经过老师的系统性讲解,能够使中小学生更加清晰地掌握人物思想内容及特点、理解人物的行为特征及目的,但左宗棠相关内容占国学辅导课程的比例不会太多,而评书、有声故事等音频资源可以就左宗棠进行专题录制,更具趣味性和娱乐性,但分析和评论内容较少,二者各有优缺点和侧重点,可结合实际需要具体选择。

　　学校是中小学生思想政治教育的主阵地,要贯彻育人为本、铸魂为上、德育为先的社会主义办学方向,把道德培养纳入教学、纳入学生学习生活,教师要以德立身、以德立学、以德施教、以德育德,和家长有效联动,共同做好中小学生德育工作,实现立德树人的根本任务。具体到左宗棠德育思想当代价值的实践方法,首先,左宗棠德育思想及行为可融入素质教育课堂,成为班本课、校本课素质教育的案例之一,也可以成为"家长大讲堂"班级互动的案例之一,教师或家长可以对左宗棠的事迹进行梳理和选择,选取代表性事件,调动中小学生的倾听兴趣和互动热情,以爱国情怀和民族精神为切入点进行修身思想、实践思想的培养,引导学生学习并效仿,树立修身榜样。这不仅能够有效启蒙中小学生的爱国情怀和奉献精神,还能有效启蒙修身自觉,鼓励学以致用。其次,左宗棠德育思想及行为可融入学习活动,成为主题来源之一,如主题作文、主题演讲、主题讨论等。教师可预先设置课下作业,让学生自行整理左宗棠的事迹资料,进行主题作文写作、主题演讲或主题讨论准备,统一点评或进行演讲、讨论。这种方法有利于学生通过资料整理进行初步思考和自我教育,只是需要注意的是,教师预留作业时可以有选择地圈定范围,如左宗棠的道德修养、教育子女、爱国思想或经世思想方面,这样既可以节省时间,又不至于使主题过于宽泛,合理控制范围也利于集中思考和互动,提升效果。最后,左宗棠德育思想及行为可融入校园生活,比如学校可开展"道德月"活动,根据左宗棠德育思想的内容,开展"节俭月""尊师月""礼仪月""爱国月"等主题活动,活动期间先宣讲主题来源、内容及要求,建立监督和奖惩机制,提升中小学生的自觉性和参与热情。例如"节俭月"活动,教师可先讲述左宗棠崇俭广惠思想、节俭自律行为以及对子女节俭的教育,灌输崇俭广惠理念,宣讲"节俭月"活动的具体要求,如节省使用、不乱丢弃文具,爱护教学用具,不浪费午餐,不随意食用零食,爱惜鞋帽衣服等,活动期间互相监督、专人记录,记录上榜并评选,对表现良好者给予奖励和鼓励,对表现一般者给予教化和辅导。

社会是中小学生思想政治教育的实践平台,可以扩宽视野和启发思维,只是中小学生参与社会实践的机会不多,需要学校和家庭的合理安排,也需要学校的统一组织或家长的亲自陪伴。具体到左宗棠德育思想当代价值的实践方法,首先是寓教于游,这是比较符合中小学生性格特点的教育方式,旅游不仅有利于中小学生的身心健康,还能够培养热爱祖国大好河山的爱国情怀,也更容易被中小学生接受、感知并产生深刻印象。家长可以带领中小学生游览左宗棠文化园,参观左宗棠纪念馆,了解其生平事迹,感受天地正气广场的浩气蓬勃,感受左宗棠雕像的雄伟壮观,感受诗联碑廊的浓情气魄,感受烽火台、年谱大道的历史气息,并从文襄公祠和功德石柱感受后人对于左宗棠的评价和纪念。家长也可以带领中小学生去到左宗棠誓死保卫过的约占全国领土面积六分之一的新疆地区,感受那里的风景与风情,感受古"丝绸之路"和今"一带一路"的重要枢纽,感受左宗棠铺路架桥、兴修水利、垦荒屯田、兴教办学的良苦用心。其次是参与公益实践,这也是中小学生践行社会主义核心价值观的最直接方式,可以组织参与"学校活动进社区""社会实践我当先"等活动,让中小学生成为"小小志愿者"或"社区小义工",在社会实践中锻炼和培养中小学生的道德思想与行为。比如优秀积极的学生家长或家委会成员可以带头组织"传统文化进社区"活动,发布活动信息,提前进行以左宗棠德育思想为例的传统文化教育,组织中小学生真正走进社区,在认真地沏茶敬茶中体会孝敬长辈,在勤劳地打扫房间中体会乐于助人。经历公益实践能够使中小学生产生深刻印象,引起道德重视,于内心认识和认同社会主义核心价值观,积累践行经验。这是道德教化到内化的过程,也是中华优秀传统文化对于现实生活的启示。最后是参与教育活动。中小学生可以于假期参加教育机构统一组织的夏令营、冬令营或游学活动,到爱国主义教育基地或中小学生研学实践教育基地参观和体验性学习,这也是学习和理解社会主义核心价值观提倡的重要方式之一。左宗棠故居、湖南省立第一师范学校旧址、岳麓书院等都可以作为优质的爱国主义教育基地,在这里中小学生可以感受到浓烈的爱国情怀和浓厚的文化气息,不仅能够充分了解左宗棠其人其事,还能对独具特色的湖湘文化产生印象,而且活动中的专业性讲解能够帮助中小学生进行系统性学习,群体性体验也能够激发中小学生提升道德修养的动力和共识。

## 二、思政课、实践活动、传播媒介:大学生思想政治教育的实践路径

新时代高校大学生普遍思维活跃、个性飞扬,普遍善于思考、善于行动,善于接受新鲜事物,而且时间充裕、精力充沛,但也具有较难自律和容易冲动的性格缺点,同时高校大学生生活轨迹以校园内外为主,课堂学习依然是大学生

的重要学习生活,大学生普遍乐于参与各类活动,且普遍具有网络、新媒体使用时间比例高的生活特点,所以高校大学生群体的实践路径应围绕思政课、实践活动和传播媒介展开研究,从这三个空间维度研究具体的实践方法,特点应定位于强辨识度、强参与度和强互动性,原则上要把握理论与实践的统一、历史与现实的统一、优秀传统文化与新兴媒体元素的统一、个人与国家及社会的统一、小我与大我的统一、文化特色与自我个性的统一,以此把高校大学生的思想政治教育推向新的阶段,这些也都符合"大思政"的育人格局。

（一）充分发挥思想政治理论课的主渠道作用

校园是高校大学生的主要活动场所,是立德育人的主阵地,而且思想教育、政治教育、道德教育也是新时代高校大学生的核心课程之一,因此校园理应成为左宗棠德育思想当代价值应用的主实践场地,思想政治理论课理应发挥主渠道作用。结合高校大学生的校园学习、生活的实际情况,具体实践方法主要包括以下方面:

首先,拓展高校思想政治理论课的课堂案例教学活动。高校思想政治理论课是对高校大学生进行思想教育、政治教育、道德教育的主渠道,广泛进行习近平新时代中国特色社会主义思想主题教育、中国梦教育、国情及形势教育、党史与国史及改革开放史教育、国家安全和国防教育等。通过有效的教育能够帮助大学生树立正确科学的历史观、大局观和角色观,激发民族自信心和自豪感,提升爱国情感,使党的创新理论落地生根和开花结果,使高校大学生做到知行合一和学以致用,并最终把学习成果转化为爱国的实际行动。可见个人道德修养、爱国主义思想、科学的实践理论也是思想政治理论课的主要内容,因此可以把左宗棠德育思想及行为作为案例资源之一,开展课堂案例教学活动,通过具体案例的分析与思考锻炼个人与社会、国家之间的辩证思维,使高校大学生坚定道德修养志向、坚定爱国主义信念、坚持科学实践方法,主动将个人思想行为与国家、社会的发展进步相融合。具体实践要点是不仅局限于单方面的案例讲解与分析,而是应该提前让大学生进行左宗棠人物事迹及思想资料的搜集与整理,且在一定范围内采用课堂演讲或讨论的教学形式,保证大学生的参与与互动程度,然后由教师进行讲解和辨析,以达到教学目的的统一和升华。具体实践难点是高校大学生的思维普遍较为活跃,应对讨论的内容和范围做好引导与掌控,避免因历史和现实的角度问题而出现思维与言辞上的偏离或偏激,这样才能达到思想政治理论课案例教学的好效果、正作用。

其次,应创新高校思想政治理论课的课外思政专题教育,包括思政专题讲座或专题座谈会等形式。专题讲座是最常见的校园活动形式之一,也是高校大学生参与度较高的校园活动形式之一,因此应该成为左宗棠德育思想当代价值应用的一种实践方法,而且这种实践方法在国内的某些高校已经得到运用,例如2018年湖南师范大学校友总会、左宗棠文化研究会等联合举办了关于左宗棠思想文化的思政专题讲座;2019年湖南科技职业学院在两个校区分别举办了主题为《话说左宗棠:与青年学生谈修身》的关于人文素质的思政专题讲座。目前看,关于左宗棠的高校思政专题讲座主要出现于湖南省的高校,应将此范围进一步扩大至全国,由全国范围内研究左宗棠或湖湘文化的知名学者专家深入全国各大高校,结合社会主义核心价值观的实践举办关于左宗棠修身、爱国、经世等方面的思政专题讲座,广泛传播左宗棠德育思想中适应新时代发展要求的思想精神。再看一下有关左宗棠的思政专题座谈会情况,2019年佛山科学技术学院中科协同创新研究院和湖南师范大学历史文化学院联合举办了"左宗棠精神与中华民族伟大复兴中国梦"的专题座谈会,湖南师范大学、华南理工大学、佛山市爱国拥军促进会、佛山科学技术学院等单位参会。这次座谈会有湘、粤两省的高校参与,也有新疆地区的文化人士参与,会上同时揭牌建立了"左宗棠文化传播基地"。只是这种座谈会虽属于思政范畴,但只是一种文化或学术交流形式,并未过多涉及高校大学生的参与。可以在校园内多举办以互动交流、答疑解惑形式为主的思政专题座谈会,突出体现"专家论坛""专家讲坛"的思政教育特色,这样才能使高校大学生充分了解左宗棠德育思想,理解历史与现实的差异,理解其与社会主义核心价值观以及中华民族伟大复兴中国梦的关系与区别,进而理解个人与社会、小我与大我、理论与实践。

最后,应创新高校思想政治理论课的课外学生活动,如大学生演讲比赛、创业大赛等以思想政治教育为主旨的学生活动。可以结合党庆日、国庆节、端午节、五四青年节以及公民道德宣传日等"爱国""道德"类节日,由高校团委、

学生会或学生社团联合会等组织以大学生爱国、修身为主题的演讲比赛,要将左宗棠爱国、修身思想精神与个人实践结合起来,将个人的理想追求与社会主义现代化事业及中国梦结合起来,将自我融入中华民族的未来发展,在节日气氛感染和民族情怀熏陶的双重作用下,实现优秀传统文化精华内化于心与外化于行的转化。具体实施要点是在学生活动开展的创新性上,要注重形式多样性,有效结合传统节日的民族特性和社会发展的时代特性,缺乏民族性,爱国、修身教育就失去了文化根基,缺乏时代性,爱国、修身就失去了现代价值。除此之外,还可以合理利用高校已经建设好的创新创业平台或资源,如创新实训中心、创业孵化基地、模拟实训平台等,举办以左宗棠经世思想为主题的大学生创新创业大赛,大赛可提前预热,给大学生留好充足的准备时间,进行左宗棠经世致用思想精髓的深入学习,进行相关专业领域知识的深入学习,进行创新作品、创业项目的深入思考,从而在比赛过程中才能具备真材实料,才能真枪实弹地实践比拼,才能把专业知识转化为专业技能,才能把理论转化为实践,从而把思想转化为成果并应用和服务于社会。近年来,全国范围的大学生创新创业大赛正如火如荼,在得知第三届中国"互联网|"大学生创新创业大赛"青年红色筑梦之旅"与革命老区的社会发展实现对接、精准助力扶贫时,习近平总书记欣慰地说:"祖国的青年一代有理想、有追求、有担当,实现中华民族伟大复兴就有源源不断的青春力量。希望你们扎根中国大地了解国情民情,在创新创业中增长智慧才干,在艰苦奋斗中锤炼意志品质,在亿万人民为实现中国梦而进行的伟大奋斗中实现人生价值,用青春书写无愧于时代、无愧于历史的华彩篇章。"[1]

(二)拓宽校外实践活动的思想政治教育渠道

高校学习生活是由校园到社会的重要过渡阶段,高校的开放式教育理念也确保了师生与社会存在广泛的接触,同时也为大学生在社会中学习、在社会中实践、在社会中成长锻炼创造了广阔的空间,这也更能发挥"大思政"育人的作用。通过社会实践活动能够增强高校大学生主体意识及意愿,形成知行合

---

[1] 《习近平回信勉励第三届中国"互联网＋"大学生创新创业大赛"青年红色筑梦之旅"的大学生:扎根中国大地了解国情民情用青春书写无愧于时代无愧于历史的华彩篇章》,《人民日报》2017年8月16日,第01版。

一的内在驱动力。正如习近平总书记所说："'大思政课'我们要善用之,一定要跟现实结合起来。"①根据实践形式和实践目的的不同,高校大学生校外实践活动的具体实践方法可以分为观察体验型、自我建设型和社会公益型三类。

首先是观察体验型校外实践活动。这类实践活动主要指高校大学生要亲自去往目的地进行实地观察和体验,包括参观纪念馆、博物馆、展览馆等,包括观看教育影片、文化展览、文艺活动等,还包括具体的民俗、民风、民情体验等。具体到左宗棠德育思想及行为的当代价值应用实践过程,除左宗棠纪念馆、湖南省立第一师范学校旧址、岳麓书院等经典和大众教育基地和展馆外,高校大学生可结合自身具体条件,遵循左宗棠的生活和工作路线,有选择地前往左宗棠曾到过的地方,自己深入了解左宗棠的人物事迹,探究左宗棠的思想精神,体验左宗棠的人生细节,感受左宗棠的真实评价,这种实践更为直观和深刻,也更符合高校大学生的个性与追求。比如前往湘阴县的左宗棠柳庄故居,高校大学生可以看到左宗棠用教书积蓄购置的田产和建造的住宅,不仅山清水秀,还能感受他研习农业、军事、地理等时务的"读破万卷"和"心忧天下";比如前往前身为福建船政学堂的福建船政交通职业学院,高校大学生可以尝试寻找左宗棠创办的曾培养出詹天佑、邓世昌等民族英雄的中国第一所近代海军学校的历史痕迹;比如前往乌鲁木齐水塔山公园,高校大学生可以感受左宗棠收复新疆的丰功伟绩和"一炮成功"的历史传奇,此种历史古迹遗址颇多,甚至位置偏远、自然环境恶劣的赛图拉哨所,当年也曾是左宗棠为守护国家边防要塞而设立的五千里防线之一。诸如此类资源,高校大学生可以自行发掘探寻。

其次是自我建设型校外实践活动。这类实践活动主要指高校大学生可以亲自去往目的地开展有意图指向的社会问询、探访和调查活动,依据客观实际形成客观结论,验证主观判断,从而达到更为清晰的认识和理解,可以锻炼大学生对于社会环境的适应能力,提高大学生的自我组织与管理能力。具体到左宗棠德育思想及行为的当代价值应用实践过程,高校大学生可以前往西北,来到著名的河西走廊,来到"一带一路"陆上"丝绸之路"的重要交通要道,感受

---

① 田丽、赵婀娜、黄超、吴月:《大思政课,总书记心中的一件大事》,《人民日报》2022 年 5 月 22 日,第 01 版。

这里的风土人情,实地了解左宗棠当时治政安民的艰辛与功绩,同时可以开展社会调查,近距离了解当地群众对于左宗棠修路、治水、植树、办学等具体功绩还留存多少记忆、怀有何种感情,并形成有价值的社会调查报告,相信这种社会经历会成为高校大学生的一笔人生财富,完全可用于自身的道德修养和学术研究中,也可以起到积累实践经验和提升实践能力的作用。

最后是社会公益型校外实践活动,包括社会中的各类志愿服务或公益活动,高校大学生可以从服务与被服务的具体实践中,强化责任意识和责任担当,更好地把自身的道德修养和专业知识与社会需求结合起来。具体实践中,高校大学可以积极倡导左宗棠的修身和爱国思想,积极参加社会志愿服务活动,如在新冠的疫情防控过程中,高校大学生积极为一线医护人员的子女补课,积极参与社区防疫抗疫具体工作,为疫情的有效控制贡献力量;高校大学生可以积极倡导左宗棠的为国为民精神,积极参与社会公益行动,比如去倡议保护河西走廊上现存的"左公柳"与"左公杨",去参加全国范围内(尤其是沙漠和戈壁地带)的公益植树义举等行动;左宗棠曾在西北地区为官多年,深感西北民众生活的艰难困苦,其一生也做出了许多开发西北经济和改善西北环境的行为,习近平总书记也在深度贫困地区脱贫攻坚座谈会上引用过左宗棠对于甘肃某地"苦瘠甲天下"的感慨,高校大学生可以积极倡导左宗棠的助贫解困行为,积极投身于社会公益事业,比如报名参与大学生志愿服务西部计划,响应"新西部、新生活、新成长"的活动主题,到西部基层开展教育、卫生、农技等志愿工作,甚至可以到左宗棠曾经开办"义学"的地区开展支教工作。通过上述的社会公益型校外实践活动,高校大学生不仅能够通过传统文化和社会现实的有机结合,提升道德修养、爱国精神与实践能力,真正做到由教育到内化与外化的转变,而且充分实现理论与实践的有效统一,实现个人追求与社会价值的有效统一,实现个人梦与中国梦的有效统一。

(三)有效利用新兴媒介作为思想政治教育传播渠道

高校大学生是善于接受新兴事物和勇于尝试新兴事物的群体,随着社会进入信息化时代,网络已成为人们必不可少的生活组成部分,高校大学生尤其是网络生活的主力军,近年来信息媒体飞速发展,信息生产和传播方式快速颠覆和更新着社会的思维认知,使新媒体这个相对概念也在不断快速更新其内涵以保持与发展的同频,也相应出现了微媒体和自媒体的传播概念及形式,而高校大学生无疑属于主要的受众群体。新时代高校大学生的思想政治教育应与时俱进,运用新思维和新技术以适应全新的教育生态环境。基于传播形式与目的的差异,对于左宗棠德育思想及行为的当代价值在高校大学生群体中的应用实践,利用新兴媒介作为传播渠道时应注意以下几点:

首先,左宗棠德育思想的合理内核及行为应作为高校大学生思想政治理论课网络教学的主题资源。"网络育新人"已成为新时代的教育模式,各大高校在保持传统教学方式优势的同时,也在积极发展网络教学和新媒体教学方式,尤其是新冠疫情防控阶段,网络教学成了常规和普遍的教学手段,发挥了至关重要的作用。高校的思想政治教育也同样在新的教学模式下积极尝试新的变化,以符合高校大学生群体的特征偏好,其中网络教学素材是一大重要因素,在传统文化教学应用方面,左宗棠德育思想及行为可以作为一种主题资源应用于高校大学生的网络教学,引导大学生在修身、爱国、实践等思想方面进行自主学习和自我教育。这种实践方式的应用难点是要求高校的思想政治教育工作者在新网络媒体时代必须拥有互联网思维和技术,具备相应的互联网素材制作和传播能力,具备相应的互联网教学操作和使用能力,这样才能在网络教学中实现精准教育和高效教育,提高互联网教学效果。

其次,左宗棠德育思想的合理内核及行为应作为高校大学生中流行的智媒体的传播主题。信息传播进入智媒时代的主要特征不仅体现在智能技术的先进上,还体现在全民发声的自由上,而作为智媒受众主力的高校大学生在获得更多信息的同时也更容易受到网络思潮的影响,因此新时代的社会主流价值观更应该抢占智媒的思想高地,在意识形态领域对高校大学生进行引领,培养大学生正确发声、合理发声的道德自觉,这就需要智媒空间不断出现新的主题和素材以供利用,倡导正能量,吸引高校大学生的关注、制作和传播,发挥其正确舆论传播功能,形成公民道德建设在智媒空间的良性发展。转化创新后的左宗棠德育思想更符合社会主义核心价值观的理念,左宗棠的爱国情感和民族精神也更容易引发高校大学生的共鸣,因此应成为流行智媒的传播主题之一,只是在实际应用过程中应注意,主题和素材要想被高校大学生真心喜爱,就要强化用户思维,从用户需求出发,在内容品质和表现形式上下足功夫,提升产品沉淀力。具体要甄选左宗棠的鲜明人物特点及典型先进事迹,发掘其新时代特征,研发微精品素材,贴近微生活、捕捉微现象、发现微问题、树立微典型、优化微话语、讲解微故事、制作微视频,展示微动漫、制造微话题、引导微交流。要使传播素材言之有"趣"、有"物"和有"情",使用大学生惯用的符号、图片和语言等话语模式对理论进行转化,使素材更有生命力和趣味性,但要将思想和本质用浅显的微话语表达出来,用"微言"彰显"大德",使素材更有说服力和号召力,还要关注高校大学生情感的交互和体验,这样才能发挥左宗棠德育思想当代价值的育人作用。

最后,左宗棠德育思想的合理内核及行为应作为高校大学生虚拟现实的体验主题。在飞速发展的当今社会,智能技术已广泛应用于各个领域的具体实践中,包括 5G、云计算、大数据、区块链、物联网、人工智能在内的现代信息技术名词已越来越被人们所熟知,作为始终处于科技应用前沿的教育行业,国内的某些教育机构已开始尝试使用虚拟现实(VR)、增强现实(AR)等技术手段建立实验室,将虚拟现实、增强现实等技术应用于教育实践。近年来,这种技术已逐步在思想政治教育领域进行尝试,出现了"重走长征路"等主题应用,以实现教育模式的创新与革新以及向智能化发展嬗变,这种沉浸式的体验传播方式可以破除时空局限,使过去、现在和未来实现有效融合,让受众者集中、忘我地接受信息,可视化、体验化、交互化的场景再现能够增强受众者的体验感和获得感。随着虚拟现实技术的发展和普及,可以在高校大学生感受左宗棠德育思想当代价值的应用实践中进行合理使用,对于左宗棠所处时代真实历史的现实还原,有利于为高校大学生提供有厚度、有态度、有温度的优秀传统文化资源,使高校大学生真实体会处于特定时代背景下的左宗棠的所学、所思、所行、所感,更利于理解左宗棠德育思想精华,更容易实现左宗棠德育思想的合理内核现实转化,帮助高校大学生提升自身的道德修养、爱国情怀和经世思维,激发高校大学生凭实学、经实干、做实用的报国热情,同时让左宗棠德育思想充满感染力和绽放时代光芒。

### 三、子女教育、事业发展、生活娱乐:社会人群道德提升的实践路径

与中小学生群体和高校大学生群体不同,即使同处接受教育的状态下,

但学习已不是社会人群的第一要务，因此社会人群多数已缺失对于学习的内在动力来源和外在趋同环境，而且伴随社会角色的增加，承担的责任和义务在增加，担负的生活压力也在逐步增加，这在一定程度上造成社会人群学习进步的惰性，成为道德提升的阻力，即使接触到道德素质再学习和再提升的机会，也多带有"任务性"和"一次性"的主观倾向，作用不大，收效甚微，因此将左宗棠德育思想当代价值对于社会人群的应用实践定位于道德的缓慢完善和预防退化是存在现实基础的。研究社会人群层面的实践路径，要遵循其生活规律，找到其普遍重视的生活方向作为合理的切入点，以此提升效果，调动"被动变主动"的主观能动性。结合社会人群的现实状态，主要从子女教育、事业发展、生活娱乐三方面开展具体的研究工作，以助力公民道德建设的有效覆盖。

我国家庭比较重视家庭教育，多数社会人群也比较重视家长的角色，将培养子女的责任和义务放在首要位置，因此子女教育是左宗棠德育思想当代价值应用的一个重要切入点，子女的德育会对家长起到重要的连带教育，对子女德育的重视也会激发家长重视自身道德修养的主观能动性，但当今社会的家庭教育仍然存在重智育、轻德育的倾向，因此"立德树人"观念的持续普及是势在必行的。

具体到左宗棠德育思想当代价值应用的实践方法，一是以德育为抓手开展家庭德育的专项培训。随着人们对家庭教育的重视程度普遍提高，相应的家庭教育培训机构和培训讲师应运而生，但出于需求和利益导向，目前的家庭教育培训基本以智育的方式方法为主，这会使"重智轻德"之风愈演愈烈，有必要适时转变家庭教育培训导向，增加家庭德育培训的内容，形成体系化的培训教程，目前这项工作也有部分机构和个人在坚持开展，虽然初始阶段存在市场认知困难，但随着公民道德建设的深入，市场空间巨大。左宗棠德育思想的修身、爱国、经世内容具有应用价值，特别是其家庭德育的方式方法可以对新时代的家庭德育开展发挥启示作用，应该被纳入培训体系，用于授课实践中，这不仅有利于家庭德育的开展，也有利于为人父母的社会人群的个人道德修养提升与完善。

二是以德育为目标开展家庭德育的普及性活动。想要在家庭教育中普及"立德树人"的观念，应大力开展社会范围的普及性活动，扩大观念影响范围，如专家学者讲座、名人现身说法、家训家风展示等形式。目前此类活动已相应出现，例如某社区开展的"让德育充满活力"专题讲座进社区活动、某城市开展的由北大知名教授主讲的成功家庭教育公益讲座。目前也有一些热心的名人后代公开自己的优秀家风，例如孔子的第七十七代孙孔德墉老先生就曾在媒体见面会中讲述了孔家传世千年的"诗礼传家"家风，朱德的孙子朱和平曾在"开讲了"里讲述了"立德树人、勤俭持家"的家风。作为中华优秀传统文化的组成部分，左宗棠德育思想也应该作为主题资源加以应用，同时左宗棠后世子孙也秉承左氏家风，大多成长为各领域的人才，可邀请其子孙对左氏家风进行现身说法，分享家庭德育精华，激励社会人群的家庭德育实践和家庭风气建设。

三是以德育为基石开展家庭德育的公益实践。前文在中小学生德育部分已述，社区志愿活动是中小学生体验式道德启蒙教化和践行社会主义核心价值观的最直接方式，这里不再重复阐述，需要强调的是，通过学校或社区号召家长参与，也能实现对身为家长的社会人群进行协同教育，有利于公民道德建设工作的顺利开展。公益实践要积极发挥"家委会"的作用，以点带面不断扩展。公益实践可以融入左宗棠德育思想，拟定道德系列小主题，使活动内容有故事情节可依托，有历史人物为榜样，增加主题性、趣味性和持续性，避免"一次性"和"应付性"，体现公益实践价值。

党的事业和社会事业是社会人群注意力的聚焦点，单位已成为社会人群的重要活动场域，事业发展是社会人群的追求之一，职业道德也是社会公德之一。新时代，各单位积极响应践行社会主义核心价值观的政策性号召，积极参与文明创建活动，投入人力、物力、财力、精力积极开展员工思想政治教育工作，因此事业可以作为社会人群在实践中应用左宗棠德育思想当代价值的一个切入点。首先，以道德修养为出发点开展单位专项学习、主题参观等活动。新时代的各种性质单位都应具备责任义务担当意识，不能单方面追求利益，还要注重成员的个人道德培养和综合素质培养，将"财富自信"的物质观念转化为"文化自信"的精神追求，这不仅利于单位发展进步，也利于公民道德建设。左宗棠的修身思想、爱国思想和经世思想可用于提升单位员工的个人道德修养、爱国主义精神和实践创新精神，可外聘讲师或内培讲师，进行系统而专业的讲解。此外可以组织员工到爱国主义教育基地参观学习、开展"团建",左宗棠故居、左宗棠纪念馆、岳麓书院等都是不错的活动备选地点,此类活动可以增加员工的向心力和凝聚力。其次,以道德修养为落脚点开展单位员工的综合评比、主题竞赛等活动。单位开展爱国主义教育和时代进取精神教育时,一般会学习榜样人物的先进事迹,开展诸如"铁人精神""亮剑精神"的主题活动,左宗棠抵御侵略的爱国精神、永不妥协的民族精神和勇者无惧的进取精神也是令人敬佩和值得学习的,单位可以以此为主题,以青年员工或新入职员工为主开展主题演讲比赛或主题征文比赛,通过全员的动员鼓励、现场观摩和投票参评,达到全员教育的活动目的。此外个人道德提升不能只落实在活动中,还应贯彻和执行于制度中,单位可以进行"新时代、新风尚"的综合素质评比,参考于左宗棠德育思想,参考于社会主义核心价值观的个人践行内容,对全员贯彻宣传、集中学习和综合评比,并作为职业晋升的依据和条件,将个人道德提升落到实处,营造单位优秀文化。最后,以道德修养为主线开展公益服务、爱心援助等活动。借鉴左宗棠德育思想中的崇俭广惠、扶贫救困和治政安民,单位要善于聚集全员力量助力社会公益,可以单独组织、联合组织或直接参与,如福利院和敬老院的志愿服务、抗疫救灾的志愿行动、扶贫脱贫的公益助力、植树造林的公益行为等,以此培养员工崇俭广惠、乐善好施、助人为乐、守护公德的道德品质,倡导奉献精神。还可以开展爱心助学、助贫、助灾、助医等援助活动,对象可以是本单位员工,也可以是社会个人或群体,互助互利、不加强迫、不限金额、不走形式,可以使员工内心萌生爱心并落实在行动上,进而爱他人、爱单位、爱民族、爱国、爱党、爱社会主义,借鉴左宗棠德育思想为社会主义事业贡献力量。

面对世界百年未有之大变局以及社会飞速发展,人们的生活压力骤增,减压已成为最流行的词汇之一,生活娱乐需求相应增加,因此生活娱乐可以作为左宗棠德育思想当代价值应用的主要切入点之一。把左宗棠德育思想和人物事迹融入生活,使其当代价值的应用在不知不觉中完成、在顺理成章中完成、在潜移默化中完成,是社会人群主观意识中最期许的实践方法。首先,体现在大众娱乐活动中,形式主要涵盖社会人群生活中普遍接触和运用的传播媒介,可以将左宗棠德育思想及人物事迹作为素材广泛应用于大众传媒资源,增加曝光率,扩大影响面。第一种是平面传媒,包括书籍、报纸、杂志等,目前关于左宗棠的人物传记、人物评传类书籍较多,可以增加大众娱乐特点的人物事迹、小说、演义类的书籍,增加报刊和杂志上的版面覆盖,增加一些民间传说、地方风俗、民族情怀类的故事和点评,情节中凸显人物性格、思想和精神,引发大众共鸣;第二种是影视传媒,包括电视剧、电影等,目前左宗棠题材的影视剧较少,可以增加制作量,重点刻画民族英雄形象,也可以从洋务运动或家庭德育角度尝试制作,这都符合社会人群的喜闻乐见范围;第三种是网络传媒,其普及程度不容忽视,情景短剧、短视频、微动画、H5页面制作,都可以用到左宗棠的英雄事迹或经典语录,同时也不能遗漏电子图书、电子报纸、电子期刊的影响力,让人们在放松时接受德育。其次,体现在文化活动中。此种形式涵盖部分社会人群喜爱的戏剧艺术,如歌剧、话剧等,也包括京剧等传统戏曲形式,还包括书画展、诗词展等展览活动。可以将左宗棠抵御侵略的英雄事迹和强国富民的爱国事迹搬上舞台,以历史剧、话剧等形式供人观看,也可以联合左宗棠故里的相关单位或展馆,在全国开展左宗棠家书展、诗词古文展、人物事迹展等活动,并辅以专业性的讲解以及互动交流。此外也不应忽视如百家讲坛、湖湘讲坛等具有典型文化色彩的大众类节目,其对于社会人群的道德修养影响广泛,也能够助力公民道德建设。最后,体现在旅游观光中。旅游是社会人群最常见的娱乐方式之一,也是德育的最好平台,将左宗棠德育思想融入旅游,是适合社会人群感受其当代价值的实践方法,国内纪念左宗棠的景点较多,比如位于福建省福州市的三坊七巷是国家5A级旅游景区,古今大批社会名流汇聚此地,名人故居众多,其中有一处左宗棠文化纪念展馆,2021年3月24日,在福建考察调研的习近平总书记曾参观这里,社会人群可循着总书记的足迹参观游览。此外提一个可行性建议,志在扩建为国家5A级旅游景区的左宗棠文化园可以尝试在目前3D情景剧场的基础上效仿"西安事变实景影画剧院"建造实景体验馆,还原历史场景,利于旅游体验,近距离感受左宗棠的爱国情怀和民族精神,对于左宗棠德育思想和人物事迹的传播会起到积极的促进作用,助力增强社会人群的文化自信。

　　本章遵循马克思关于人的全面发展理论、社会存在与社会意识的唯物史观理论、习近平新时代中国特色社会主义思想关于思想政治教育的重要论述,重点研究左宗棠德育思想的当代价值。首先是左宗棠德育思想的当代价值转化，即坚持"两有"与"两相"的原则对左宗棠德育思想进行批判继承，坚持"两创"的原则对左宗棠德育思想进行转化创新，并明确了左宗棠德育思想当代价值应用的定位是支援性资源的育人功能。其次，从中小学生、高校大学生以及非学生群体三类应用对象分别阐述左宗棠德育思想的当代价值，其中应用于中小学生道德启蒙教化，即"学为圣贤"助力中小学生建立崇德修身的信仰，"抵御侵略"助力中小学生培植爱国爱民的情感，"读书明理""学以致用"助力中小学生培养自我教育的习惯；应用于大学生思想政治教育，即"崇俭广惠""自省自律"助力大学生修炼高尚君子之人格，"抵御侵略""自强自立"助力大学生明确报国利民之志向，"穷经将以致用"助力大学生锻炼经世致用之能力；应用于社会人群道德完善，即"礼制傲气""见利思义"助力社会人群提升个人道德修养，"爱国安民""自强自立"助力社会人群规范爱国实践行为，家庭德育内容与方式启发社会人群家庭德育理念。最后，分析论述了左宗棠德育思想当代价值的实践路径，其中从家庭、学校、社会"三位一体"论述了应用于中小学生道德启蒙教化的实践路径；从思政课、活动实践、传播媒介角度论述了应用于大学生思想政治教育的实践路径，包括充分发挥思想政治理论课的主渠道作用，拓宽校外实践活动的思想政治教育渠道，有效利用新兴媒介的思想政治教育传播渠道；从子女教育、事业发展、生活娱乐角度论述了应用于社会人群道德提升的实践路径。对于左宗棠德育思想当代价值应用对象的划分，充分考虑社会发展规律和个人发展规律，充分结合不同社会成员的年龄特点和性格特点，充分遵循大中小学思想政治教育一体化建设规划，使研究趋于科学合理和有的放矢，使左宗棠德育思想合理元素能够融入不同社会成员群体的德育和思想政治教育实践，探寻当代价值的具体应用方法，从而起到助力新时代公民道德建设、助力"大思政"育人实践的作用。本书研究左宗棠德育思想，并不是仅限于对古代思想的诠释，而是通过学习习近平新时代中国特色社会主义思想，特别是"四个自信"的论述所引发的灵感，为深入研究左宗棠德育思想提供了新的视角。我们国家谈文化自信最有说服力，因为世界上有的国家只有二百余年历史，而我国有超过五千年的文明史，是最有资格讲文化自信的。近现代史中的左宗棠是一位具有传奇色彩的民族英雄，其人物事迹和精神品质令人钦佩。由此本书对左宗棠德育思想进行研究,在摒弃阶级局限性和时代局限性的基础上探究思想中的合理元素及当代价值,目的是使左宗棠德育思想的合理元素能够在新时代发挥德育作用,能够在新时代的思想政治教育中得到具体应用,能够适应不同对象群体的道德提升需要,产生切实可行的效果。通过提升新时代社会成员个体的道德修养,助力公民道德建设,丰富"大思政"育人的内容和形式,助力培育和践行社会主义核心价值观,从而有利于培养文化自信和凝聚中国力量,有利于培育中国精神谱系,有利于增强习近平总书记在党史学习教育讲话中强调的"志气、骨气、底气",进而能够为中华民族伟大复兴中国梦的顺利实现贡献一份力量。

# 参考文献

## 一、中文文献

(明末清初)黄宗羲:《宋元学案》,北京:中华书局,1986 年。

(明末清初)王夫之:《船山全书》,长沙:岳麓书社,1996 年。

(清)宝鋆等:《筹办夷务始末·同治朝》,台北:文海出版社,1971 年。

(清)龚自珍:《龚自珍全集》,上海:上海人民出版社,1975 年。

(清)钱大昕:《十驾斋养新录》,上海:上海书店,1983 年。

(清)魏源:《魏源全集》第 12 册,长沙:岳麓书社,2005 年。

(清)曾国藩:《曾国藩全集》,长沙:岳麓书社,1986 年。

(清)左宗棠:《左文襄公全集》,台北:文海出版社,1979 年。

(清)左宗棠:《左宗棠全集》,长沙:岳麓书社,2014 年。

(清)左宗棠:《左宗棠全集》,上海:上海书店,1986 年。

(宋)程颢、程颐:《二程遗书》(第 15 卷),上海:上海古籍出版社,2000 年。

(宋)黎靖德:《朱子语类》(第 64 卷),北京:中华书局,1986 年。

(宋)朱熹:《四书章句集注》,北京:中华书局,1983 年。

[美]W. L. 贝尔斯:《左宗棠传》,王纪卿译,南京:江苏文艺出版社,2011 年。

[美]W. L. 贝尔斯:《左宗棠传》,邹命贵译,南京:江苏人民出版社,2014 年。

[美]爱德华·希尔斯:《论传统》,傅铿等译,上海:上海人民出版社,1991 年。

[美]费正清、刘广京:《剑桥中国晚清史》,郭巧纹译,北京:中国社会科学

出版社,1985年。

[英]包罗杰:《阿古柏伯克传》,北京:商务印书馆,1976年。

《列宁全集》第33卷,北京:人民出版社,1985年。

《论语》,张燕婴译注,北京:中华书局,2006年。

《马克思恩格斯全集》第6卷,北京:人民出版社,1995年。

《马克思恩格斯文集》第1卷,北京:人民出版社,2009年。

《马克思恩格斯选集》第1—4卷,北京:人民出版社,2012年。

《毛泽东文集》第8卷,北京:人民出版社,1999年。

《孟子》,邓启铜、王川注释,南京:东南大学出版社,2013年。

《墨子》,戴红贤译注,太原:书海出版社,2001年。

《尚书》,姜建设注说,开封:河南大学出版社,2008年。

《中国共产党第十九次全国人民代表大会文件汇编》,北京:人民出版社,2017年。

《中庸》,王国轩译注,北京:中华书局,2015年。

阿剑波:《思想政治教育现代化发展研究》,博士学位论文,兰州大学,2020年。

安静波:《左宗棠与民本主义》,《黑龙江社会科学》1996年第6期。

班华:《现代德育论》,合肥:安徽人民出版社,2005年。

本书编写组:《思想政治教育学原理》,北京:高等教育出版社,2018年。

毕红梅、陈万柏:《思想政治教育学原理》,北京:中国人民大学出版社,2021年。

蔡栋:《湖湘文化百家言》,长沙:湖南人民出版社,2008年。

曹永霞:《论左宗棠新疆之治对新疆社会文化发展的有功之论》,《兰台世界》2013年第15期。

陈秉公:《思想政治教育学原理》,北京:高等教育出版社,2006年。

陈谷嘉、朱汉民:《中国德育思想研究》,杭州:浙江教育出版社,1998年。

陈来:《二十世纪思想史研究中的"创造性转化"》,《中国哲学史》2016年第4期。

陈来:《论儒家的实践智慧》,《哲学研究》2014年第8期。

陈明福:《晚清名将左宗棠全传》(上),北京:军事科学出版社,2009 年。

陈明福:《左宗棠传略》,北京:军事科学出版社,2012 年。

陈青霞:《习近平的中国传统文化观论析》,《河海大学学报(哲学社会科学版)》2019 年第 3 期。

陈戍国:《礼记校注》,长沙:岳麓书社,2004 年。

陈万柏、张耀灿:《思想政治教育学原理》,北京:高等教育出版社,2015 年。

陈亚峰:《论时代新人的理论意蕴与实践指向》,《学校党建与思想教育》2019 年第 12 期。

程碧英:《"忠恕"之道与文化理想》,《社会科学家》2010 年第 2 期。

邓曙光:《左宗棠家书》,北京:中国华侨出版社,1994 年。

邓亦兵:《论左宗棠的洋务思想》,《东岳论丛》1982 年第 5 期。

丁根林:《略伦儒家伦理普及教化的历史经验及当代启示——兼论社会主义核心价值体系的大众化》,《浙江社会科学》2010 年第 3 期。

董蔡时:《左宗棠评传》,北京:中国社会科学出版社,1984 年。

董大亮、洪戎:《左宗棠收复新疆之役的战略合力形成路径探究》,《兰台世界》2020 年第 7 期。

董蕾:《邓小平德育思想发展研究》,博士学位论文,吉林大学,2010 年。

董晓蕾:《大学生思想政治教育方法的理论与实践研究》,北京:北京师范大学出版社,2018 年。

董娅:《当代思想政治教育方法发展新论》,北京:中国社会科学出版社,2012 年。

范文澜:《中国通史》,北京:人民出版社,2015 年。

冯天瑜:《中华元典精神》,上海:上海人民出版社,1994 年。

高华德:《从兰州织呢局的创办看左宗棠的爱国思想》,《齐鲁学刊》1994 年第 5 期。

郭廷以:《近代中国史纲》,上海:格致出版社、上海人民出版社,2009 年。

韩喜平、巩瑞波:《中国梦:现代化的中国智慧与中国贡献》,《马克思主义研究》2018 年第 12 期。

湖北省人民政府文史研究馆:《湖北文征》,武汉:湖北人民出版社,

2000 年。

黄向阳：《从道德教育论到德育原理——德育理论寻脉记》，《中国教育科学（中英文）》2021 年第 2 期。

黄向阳：《德育原理》，上海：华东师范大学出版社，2000 年。

黄钊：《儒家德育学说论纲》，武汉：武汉大学出版社，2006 年。

黄钊：《中国古代德育思想史纲》，北京：中国社会科学出版社，2011 年。

黄志斌：《当代思想政治教育方法论》，合肥：合肥工业大学出版社，2012 年。

姜鸣：《左宗棠入军机的台前幕后》，《近代史研究》2013 年第 4 期。

姜希玉：《荀子德育思想及其当代价值研究》，博士学位论文，山东大学，2016 年。

姜喜任：《论习近平关于继承和弘扬传统文化的三个方针》，《思想政治教育研究》2018 年第 6 期。

蒋致洁：《从进军新疆筹粮筹运看左宗棠的民本思想》，《甘肃社会科学》1988 年第 6 期。

焦会琦：《论左宗棠的义利观》，《天中学刊》2009 年第 3 期。

教育部课题组：《深入学习习近平关于教育的重要论述》，北京：人民出版社，2019 年。

靳环宇、蒋书同、胡国强：《论湖南经世致用学风》，《当代教育论坛》2003 年第 12 期。

鞠忠美：《中华传统文化创造性转化创新性发展实现机制研究》，博士学位论文，山东大学，2018 年。

蓝廖国、旷永青：《现代化视域下大学生思想政治教育的转型》，《学校党建与思想教育》2021 年第 7 期。

李存山：《解析、综合与理论创新——张岱年先生的哲学思想和文化观》，《中国哲学史》2020 年第 1 期。

李福英：《论左宗棠的义利观——兼谈福州船政局、兰州织呢局的伦理实践》，《湖南师范大学社会科学学报》2007 年第 1 期。

李海伟：《新媒体视域下大学生精神补钙的思考》，《山东社会科学》2016 年第 S1 期。

李基礼:《新时代坚持爱国主义的若干思考》,《思想理论教育导刊》2019 年第 10 期。

李健:《为仁由己:孔子德育思想及其人本价值研究》,博士学位论文,西安科技大学,2018 年。

李谧:《马克思主义民生伦理思想研究》,北京:中国社会科学出版社,2016 年。

李索:《左传正宗》,北京:华夏出版社,2011 年。

李喜所:《鸦片战争前的今文经学与经世致用思潮》,《社会科学研究》1998 年第 4 期。

李晓锋:《左宗棠之忠介人生》,武汉:长江文艺出版社,2003 年。

李晓兰:《地域与人文:湖湘文化与当代湖南教育》,《教育文化论坛》2014 年第 3 期。

李晓兰、刘雨姝、车丹:《论大学生个人品德建设的四个维度》,《思想政治教育研究》2014 年第 4 期。

李佑新:《走出现代性道德困境》,北京:人民出版社,2006 年。

李振宏:《儒家"平天下"思想研究》,《中国史研究》2006 年第 2 期。

李政、岳现超:《论左宗棠农业思想的特色》,《西北农林科技大学学报(社会科学版)》2006 年第 1 期。

梁铭:《思想政治教育如何彰显实践育人功能》,《人民论坛》2021 年第 8 期。

梁田:《大众文化视域下青少年思想政治教育研究》,《河南社会科学》2020 年第 3 期。

林庆元:《左宗棠的洋务思想和我国资本主义的发生》,《福建师范大学学报(哲学社会科学版)》1984 年第 3 期。

刘利才:《试论德育艺术的特征及功能》,《思想教育研究》1999 年第 4 期。

刘满平:《左宗棠对晚清图书事业发展的影响》,《兰台世界》2016 年第 13 期。

刘梅:《公民的本质精神与公民道德教育的建构》,《华南师范大学学报(社会科学版)》2005 年第 2 期。

刘维民:《左宗棠吏治思想溯源》,《人民论坛》2014 年第 8 期。

刘泱泱:《左宗棠研究述评》,《求索》1986 年第 2 期。

刘泱泱:《左宗棠研究文选》,长沙:湖南人民出版社,2012 年。

刘永强:《论左宗棠在晚清新疆水利开发中的作用》,《学术交流》2009 年第 9 期。

罗炽:《中国德育思想史纲》,武汉:湖北教育出版社,1998 年。

罗国杰:《马克思主义伦理学的探索》,北京:中国人民大学出版社,2015 年。

罗耀九、黄顺力:《左宗棠爱国思想剖析》,《厦门大学学报(哲学社会科学版)》1985 年第 2 期。

罗正钧:《左宗棠年谱》,长沙:岳麓书社,1982 年。

骆郁廷:《当代大学生思想政治教育》,北京:中国人民大学出版社,2010 年。

骆郁廷:《理想信念是中国共产党凝聚力的核心》,《思想理论教育》2021 年第 4 期。

骆郁廷:《思想政治教育原理与方法》,北京:北京师范大学出版社,2020 年。

马海军、张秀荣:《立德树人需要发挥教育评价指挥棒作用》,《人民论坛》2021 年第 9 期。

马啸:《国内五十年来左宗棠在西北活动研究述评》,《中国边疆史地研究》2008 年第 2 期。

马啸:《左宗棠与甘肃吏治人才》,《西北民族大学学报(哲学社会科学版)》2004 年第 3 期。

马啸:《左宗棠在甘肃》,兰州:甘肃人民出版社,2005。

孟志中:《思想政治教育要素论》,《中国青年社会科学》2003 年第 3 期。

穆渊:《左宗棠在收复新疆过程中的爱国主义精神》,《历史教学》1984 年第 9 期。

牛济:《左宗棠的爱国主义思想初探带》,《山东师大学报(哲学社会科学版)》1982 年第 5 期。

欧阳跃峰:《略论左宗棠的洋务活动》,《安徽师大学报(哲学社会科学版)》1986 年第 2 期。

潘静:《习近平关于爱国主义的重要论述:价值定位、逻辑理路与基本特质》,《思想政治教育研究》2020 年第 5 期。

彭大成、杨浩:《左宗棠的家教思想及其当代启示》,《湖南师范大学教育科学学报》2015 年第 3 期。

彭昊、张四连:《左宗棠家训译注》,上海:上海古籍出版社,2020 年。

平飞:《马克思主义中国化与儒家文化》,北京:人民出版社,2012 年。

齐清顺:《关系新疆命运的一场论战——兼论左宗棠在收复新疆中的历史作用》,《新疆大学学报(哲学社会科学版)》1980 年第 3 期。

钱基博、李冉聃:《近百年湖南学风·湘学略》,长沙:岳麓书社,1985 年。

钱穆:《中国历代政治得失》,上海:生活·读书·新知三联书店,2001 年。

秦翰才:《左文襄公在西北》,长沙:岳麓书社,1984 年。

秦翰才:《左宗棠全传》(下),北京:中华书局,2016 年。

秦翰才:《左宗棠逸事汇编》,长沙:岳麓书社,1986 年。

芮红磊:《左宗棠的吏治思想探析》,《湘潭大学学报(哲学社会科学版)》2005 年第 S2 期。

沈传经:《福州船政局》,成都:四川人民出版社,1987 年。

沈传经、刘泱泱:《左宗棠传论》,成都:四川大学出版社,2002 年。

沈壮海:《思想政治教育有效性研究》,武汉:武汉大学出版社,2016 年。

宋春华、史慧华:《新时代大学生家国情怀培育的逻辑分析和模式构建》,《广西社会科学》2020 年第 11 期。

孙爱春、牛余凤:《思想政治教育原理与方法》,北京:光明日报出版社,2018 年。

孙其昂:《现代性视阈中青少年思想道德教育的特征及认识思路》,《学校党建与思想教育》2019 年第 19 期。

孙占元:《论左宗棠的教育思想》,《社会科学战线》1996 年第 6 期。

孙占元:《儒学经世传统的复兴与近代中国的中学和西学观》,《东岳论丛》

2009 年第 11 期。

孙占元:《左宗棠吏治思想述论》,《山东社会科学》1995 年第 3 期。

孙占元:《左宗棠评传》,南京:南京大学出版社,2002 年。

檀传宝:《"德""育"是什么? 德育概念的理解与德育实效的提高》,《中国德育》2016 年第 17 期。

檀传宝:《学校道德教育原理》,北京:教育科学出版社,2005 年。

唐兆梅、刘敦玉:《左宗棠治学思想的形成与实践》,《湖湘论坛》2000 年第 2 期。

田丽、赵婀娜、黄超、吴月:《大思政课,总书记心中的一件大事》,《人民日报》2022 年 5 月 22 日,第 01 版。

童广俊:《试论左宗棠办洋务的爱国动机和民族立场》,《兰台世界》2013 年第 25 期。

万光侠:《中华传统文化创造性转化创新性发展的哲学审视》,《东岳论丛》2017 年第 9 期。

万光侠、夏锋:《新时代弘扬中华优秀传统义化服务现代化强国建设的系统思考》,《东岳论丛》2019 年第 5 期。

万美容:《思想政治教育方法发展研究》,北京:中国社会科学出版社,2007 年。

汪晖、陈燕谷:《文化与公共性》,上海:生活·读书·新知三联书店,1998 年。

王定平:《湘军记》,长沙:岳麓书社,1983 年。

王国宇:《晚清湖湘经世学风的兴起与演变》,《求索》2019 年第 6 期。

王纪卿:《清末有个左宗棠》,北京:团结出版社,2009 年。

王继平:《论晚清学术与湖南学术思想之流变》,《湘潭大学学报(哲学社会科学版)》2005 年第 4 期。

王建华、俞晓群:《论传统文化典籍创造性转化、创新性发展》,《浙江社会科学》2020 年第 6 期。

王静琦:《湖湘经世致用的理学传统》,《湖南师范大学社会科学学报》2012 年第 6 期。

王林:《大家精要:左宗棠》,昆明:云南出版社,2009 年。

王敏光:《张岱年"文化与哲学"思想探要》,《社会科学家》2018 年第 12 期。

王勤:《思想政治教育学新论》,杭州:浙江大学出版社,2004 年。

王少普:《论左宗棠的洋务思想的进步作用》,《湖南师大学报(哲学社会科学版》1985 年第 3 期。

王小波:《关于左宗棠伦理思想极其实践研究》,博士学位论文,湖南师范大学,2013 年。

王易:《传统文化与思想政治教育创新》,北京:中国人民大学出版社,2018 年。

王易:《增强人民精神力量推进文化强国建设》,《红旗文稿》2021 年第 2 期。

王莹:《中华优秀传统文化"两创"分析》,《当代世界与社会主义》2018 年第 6 期。

吴根友、孔建龙:《"成人"优于"举业"——左宗棠〈家书〉的核心价值取向探论》,《湖北大学学报(哲学社会科学版)》2021 年第 1 期。

吴林龙:《论新时代学生思想政治教育系统化及其进路》,《思想教育研究》2019 年第 8 期。

吴潜涛:《推动优秀传统文化的现代性转化》,《人民日报》2015 年 7 月 15 日,第 07 版。

吴潜涛、张新桥:《思想政治教育学科内涵与定位研究综述》,《思想教育研究》2014 年第 5 期。

吴文莉:《思想政治教育的道德关怀研究》,博士学位论文,东北师范大学,2014 年。

习近平:《高举中国特色社会主义伟大旗帜,为全面建设社会主义现代化国家而团结奋斗》,《人民日报》2022 年 10 月 26 日,第 01 版。

习近平:《决胜全面建成小康社会　夺取新时代中国特色社会主义伟大胜利》,北京:人民出版社,2017 年。

习近平:《论中国共产党历史》,北京:中央文献出版社,2021 年。

习近平:《习近平谈治国理政》,北京:外文出版社,2014 年。

习近平：《习近平谈治国理政》第二卷，北京：外文出版社，2017 年。

习近平：《习近平谈治国理政》第三卷，北京：外文出版社，2020 年。

习近平：《在庆祝中国共产党成立 95 周年大会上的讲话》，北京：人民出版社，2016 年。

习近平：《中共中央关于党的百年奋斗重大成就和历史经验的决议》，《人民日报》2021 年 11 月 17 日，第 01 版。

肖芳林：《左宗棠与中国教育近代化》，《湘潭大学学报（哲学社会科学版）》2007 年第 3 期。

肖谦：《湖湘文化对洋务教育思想的影响》，《当代教育论坛（上半月刊）》2009 年第 5 期。

谢春山：《试论左宗棠经世致用思想的渊源》，《辽宁师范大学学报》1997 年第 6 期。

谢孝明：《"俭以广惠"：左宗棠理学经世的路径——以其廉俸的使用为视角》，博士学位论文，湖南大学，2013 年。

谢孝明：《左宗棠理学本源的植入路径与固本手段》，《朱子学刊》2015 年第 2 期。

谢卓芝：《习近平新时代中国特色社会主义思想探赜》，《思想政治教育研究》2018 年第 5 期。

熊春林：《论湖湘洋务教育思想的基本特点》，《江西社会科学》2011 年第 7 期。

熊亮、韩冰：《浅析左宗棠洋务思想》，《现代企业教育》2008 年第 1 期。

熊亮、韩冰、黄正泉：《浅析湖湘文化与左宗棠教育思想》，《现代企业教育》2009 年第 8 期。

徐复观：《中国人文精神之阐扬：儒家精神的基本性格及其限定与新生》，北京：中国广播电视出版社，1996 年。

徐志频：《左宗棠：帝国最后的"鹰派"》，北京：中国青年出版社，2014 年。

徐志频：《左宗棠的正面与背面：为官有术，做人有道》，北京：中国青年出版社，2016 年。

徐中煜：《左宗棠收复新疆过程中的军粮采运》，《新疆大学学报（哲学·人文社会科学版)》2010年第2期。

许啸天、胡翼云:《民国文存13:左宗棠家书》,北京:知识产权出版社,2013年。

薛贵仁:《价值观的理论与实践——价值观若干问题的思考》,北京:北京师范大学出版社2006年。

薛莉:《论左宗棠平定陕甘回民起事与善后治理问题》,《湖北民族大学学报(哲学社会科学版)》2015年第6期。

薛莉:《左宗棠民族教化思想与实践研究》,博士学位论文,南京理工大学,2016年。

薛莉、张连:《左宗棠教育观及其实践路径》,《教育评论》2016年第2期。

鄢常勇:《左宗棠收复新疆的历史功绩研究》,《兰台世界(下半月)》2013年第11期。

杨波:《左宗棠军事思想研究》,博士学位论文,湖南师范大学,2011年。

杨东梁:《"千秋独有左文襄":历史上的左宗棠及其功绩》,《光明日报》2016年3月16日,第011版。

杨东梁:《左宗棠》,北京:人民文学出版社,2015年。

杨东梁:《左宗棠卷》,北京:中国人民大学出版社,2017年。

杨东梁:《左宗棠评传》,长沙:湖南人民出版社,1985年。

杨东梁:《左宗棠评价新识》,《北京日报》2014年3月10日,第020版。

杨国欣:《德育与思想政治教育比较及现实意义》,《中国特色社会主义研究》2009年第1期。

杨杰、胡曼云:《恪守程朱理学思想的左宗棠》,《河南大学学报(哲学社会科学版)》1998年第1期。

杨绍安、王安平、刘惠:《现代思想政治教育学原理》,成都:西南交通大学出版社,2013年。

杨慎之:《左宗棠研究论文集》,长沙:岳麓书社,1986年。

杨雅丽:《论儒家乐论的伦理政治型特征》,《学术论坛》2006年第7期。

姚润田:《左宗棠收复新疆思想研究》,《辽宁师范大学学报》2000年第5期。

叶永烈:《红色的起点:中国共产党诞生纪实》,成都:天地出版社,2019 年。

永州市政协学习宣传文史委员会编:《永州古楹言》,2008 年。

于洪燕:《中国传统"道德"内涵的现代解读与转换》,博士学位论文,西南大学,2010 年。

于伟:《儒家的濡化与国民性问题再思》,《教育研究》2016 年第 6 期。

于祥成、陈梦妮:《高校微思政:内涵、特征与进路》,《新疆师范大学学报(哲学社会科学版)》2021 年第 5 期。

于欣:《先秦儒家德育思想及其当代价值研究》,博士学位论文,山东大学,2019 年。

余明侠:《左宗棠晚年洋务思想的变化及其进步性——从徐州近代化煤矿的创办谈起》,《学术月刊》1986 年第 8 期。

余友情:《新媒体技术对高校思想政治教育的影响》,《山西财经大学学报》2021 年第 S1 期。

喻岳衡:《左宗棠教子书》,长沙:岳麓书社,2002 年。

袁银传、史素花:《论思想政治理论课是落实立德树人根本任务的关键课程》,《学校党建与思想教育》2020 年第 7 期。

张岱年、方克立:《中国文化概论》,北京:北京师范大学出版社,2004 年。

张建堂:《左宗棠收复新疆时期的治军思想》,《军事历史研究》2000 年第 2 期。

张玮:《浅论左宗棠对河西的开发》,《兰台世界》2016 年第 4 期。

张延华:《修身文化在青少年身心发展中的作用》,《教育评论》2014 年第 7 期。

张耀灿、郑永廷、吴潜涛等:《现代思想政治教育学》,北京:人民出版社,2007 年。

张应凯:《论儒家道德人格价值观》,《理论月刊》2002 年第 8 期。

张圆梦:《中国传统文化创造性转化和创新性发展的当下思考》,《理论月刊》2018 年第 7 期。

赵尔巽、柯劭忞等:《清史稿 17·列传卷 383—卷 452》,台北:洪氏出版社,1981 年。

赵炎才:《伦理重构中的时代性与超越性——刘师培伦理道德思想析论》,《贵州师范大学学报(社会科学版)》2001 年第 3 期。

赵炎才:《左宗棠的心性观与"师夷之长技以制夷"》,《江汉大学学报》1996年第 2 期。

赵野田、张应平:《思想政治教育过程研究综述》,《思想政治教育研究》2009 年第 2 期。

郑永廷:《论思想政治教育学科特点与研究前沿》,《思想政治教育研究》2011 年第 4 期。

郑永廷:《思想政治教育方法论》,北京:高等教育出版社,2019 年。

郑永廷:《郑永廷文集》,广州:中山大学出版社,2013 年。

郑永廷、江传月等:《主导德育论:大学生思想政治教育一元主导与多样发展研究》,北京:人民出版社,2008 年。

郑永廷、张彦:《德育发展研究——面向 21 世纪中国高校德育探索》,北京:人民出版社,2006 年。

中共中央党史和文献研究院:《毛泽东 邓小平 江泽民 胡锦涛关于中国共产党历史论述摘编》,北京:中央文献出版社,2021 年。

中共中央文献研究室:《十八大以来重要文献选编(上)》,北京:中央文献出版社,2014 年。

中共中央宣传部:《习近平总书记系列重要讲话读本(2016 年版)》,北京:人民出版社,2016 年。

钟俊生、左浩淼:《新时代立德树人在高校思想政治教育中的现状及对策分析》,《思想政治教育研究》2019 年第 4 期。

周全胜、朱茂程:《素质教育视阈下青少年思想政治教育与德育的衔接问题研究》,《高教探索》2016 年 S1 期。

周世旺:《学校应加强青少年传统道德教育》,《中国教育学刊》2020 年第S2 期。

周险峰:《左宗棠家庭教育思想简论》,《湖北大学学报(哲学社会科学版)》1998 年第 4 期。

周晔:《学校实践性德育:概念与理论架构》,《西北师大学报(社会科学版)》2021 年第 1 期。

朱德裳：《续湘军志》，长沙：岳麓书社，1983 年。

朱光辉：《新时代大中小德育一体化的内涵、挑战与对策》，《思想政治教育研究》2020 年第 4 期。

朱汉民：《实用理性传统与中国文化近代化——以湖湘士大夫与湖湘文化为例》，《湘潭大学学报(哲学社会科学版)》2014 年第 4 期。

卓明：《左宗棠西征谋略的爱国主义色彩》，《湖南师范大学社会科学学报》1984 年第 3 期。

左景伊：《我的曾祖左宗棠》，长沙：湖南人民出版社，2010 年。

左景伊：《左宗棠传》，北京：华夏出版社，1997 年。

## 二、外文文献

C. E. Black：*The Dynamic of Modernization，A Study in Comparative History*，New York，1966.

Chenhong Ge：*View of Moralization：Study on Confucian Moral Thought*，Berlin：Springer Press，2020.

Dwight H. Perking：*Agriculture Development in China，1368—1968*，Chicaga，1969.

Gideon Chen：*Tso Tsung T'ang：Pioneer Promoter of the Modern Dockyard and the Woolen Mill in China*，Peiping，China：Department of Economics，Yenching University，1938.

Gilbert Rozman：*The Modernization of China*，New York，1981.

Hallvard Lillehammer："Moral Luck and Moral Performance，" *European Journal of Philosophy*，Vol. 28(2020).

Robert Audi：*Moral Value and Human Diversity*，Oxford：Oxford University Press2007.

Swope："General Zuo's counter-insurgency doctrine，" *Small Wars & Insurgencies*，Vol. 30(2019).

Wellington K. K. Chan：*Merchant，Mandarins，and Mordern Enterprise in Late Ching China*，Cambridge，Mass，1977．

William Schweiker， John Wall， David Hall：*Paul Ricoeur and Contemporary Moral Thought*，New York：Routledge，2020．

Yao Jianguang，Liu Zhiyuan："Zuo Zongtang's Knowledge-Seeking and Education-Promoting，" *Wonkwang Journal of Humanities*，Vol. 18(2017)．

# 后　记

　　本书是基于我在哈尔滨工程大学读博期间的博士学位论文以及结合之后的继续研究而成,也是本人主持的浙江省社科规划"高校思想政治工作"专项一般课题(含自筹)"中华优秀传统文化融入高职院校'大思政'育人的路径研究"(编号:22GXSZ065YBM)的阶段性成果。读博和工作期间,我围绕中华优秀传统文化和思想政治教育发表了若干文章,也申请了相关课题,这也增强了我继续研究并最终完成本书的信心。在出版之际,诚挚感谢我的导师祝福恩教授和郑淑芬教授。感谢恩师无微不至的悉心教导,这不仅体现在研究写作过程中,还体现在为学、为人、为事的诸多方面,也必然印刻于我今后的人生之路。具体于论文的研究与撰写过程,从思路框架到词句标点,恩师均事无巨细亲自修改指正,答疑解惑,建议良多,还提供了许多珍贵而有价值的参考资料,一路指引我的具体研究过程。恩师认真严谨的治学品质、刻苦勤奋的钻研精神以及和蔼谦逊的处世态度都令我感动并且深受裨益,是我终身学习之榜样。此外,还要感谢哈尔滨工程大学思政教研部的所有老师,以及答辩委员会的各位评审专家,是你们的渊博学识、深刻见解和中肯建议,使得我的研究不断完善。

　　"不忘历史才能开辟未来,善于继承才能善于创新。"拥有五千年悠久历史的中华优秀传统文化中蕴含着丰富的精华资源,为新时代中国特色社会主义事业的不断发展提供滋养。近现代历史中的中国社会动荡不安,民不聊生,甚至一度陷入濒临民族危亡的险境,一代代志士仁人与劳苦大众为救亡图存而勇敢探索和不懈奋斗。因此,从近现代史中发掘"自强不息、厚德载物"的民族英雄和爱国志士,窥探其德育思想,并在社会转型的历史进程中凝练其德育资源,这对于推进新时代公民道德建设和思想政治教育实践,助力增强国人的志气、骨气、底气,助力提升国人的历史自信与文化自信都具有重要的现实作用。习近平总书记在党的二十大报告中指出:"只有把马克思主义基本原理同中国具体实际相结合、同中华优秀传统文化相结合,坚持运用辩证唯物主义和历史唯物主义,才能正确回答时代和实践提出的重大问题,才能始终保持马克思主义的蓬勃生机和旺盛活力。"作为传播马克思主义的主渠道,思想政治教育工作也需要注重同中国具体实际相结合、同中华优秀传统文化相结合,提升国人的道德素养和政治素养,坚定国人的历史自信和文化自信。尤其是肩负培养合格社会主义接班人重任的教育工作者,更要善于结合大中小学思政一体化建设和"大思政"育人的实践要求,在坚持马克思主义科学世界观和方法论为指导的前提下,对中华优秀传统文化进行发掘与阐释,使其具有顺应新时代社会发展的新价值,能够成为提升社会主义建设者和接班人思想政治素质的滋养,能够成为坚定历史自信和文化自信的滋养,能够成为筑牢马克思主义中国化时代化根基的滋养,在世界百年未有之大变局的关键时刻,为新时代以中国式现代化全面推进中华民族伟大复兴做出一些贡献。

本书的研究是一次抛砖引玉的过程,以历史与现实相结合的双线逻辑开展研究,力求对左宗棠思想进行系统梳理,归结出"修身、爱国、经世"的左宗棠德育思想内容及表现形式,并对左宗棠德育思想进行客观、科学的评价,对左宗棠德育思想的当代价值进行合理转化和实践应用,以鉴别、继承、转化、创新的思路开展对左宗棠德育思想当代价值的研究工作,并结合公民道德建设、社会主义核心价值观践行、大中小学思想政治教育一体化建设、"大思政"育人的实践要求,从不同社会成员群体的角度具体研究左宗棠德育思想的当代价值及实践路径,丰富对传统文化德育思想价值的理论研究。左宗棠德育思想虽包含封建社会统治阶级意识形态,但它是"多源并举"的共生型文化产物,汲取了中华优秀传统文化的精华,其本身也是中华优秀传统文化的组成部分。左宗棠德育思想是对儒家思想的实践运用,价值观念是左氏义利观,终极旨归是统治阶级意识形态下的为国为民,客观上其适应了社会和人民的实践要求,因此其剔除局限性的精神追求无论处于任何时代都是高尚而伟大的。左宗棠德育思想的当代价值转化是有现实意义的,具有可行性和可操作性,符合践行文化自信的社会发展需要。左宗棠德育思想的当代价值应用于社会成员的不同群体,是符合现代性和大众化原则的,有助于新时代公民道德建设和思想政治教育的实践工作。

综上所述,对"左宗棠德育思想"的研究是新时代重视与发掘、继承与发扬、创新与发展中华优秀传统文化的应时之作,也是一项兼具历史与现实、理论与实践意义的重要课题。只是碍于本人知识素养和理论水平有限,研究方法和遣词达义颇为稚嫩,尚存在不十分到位和不尽如人意的地方,还有待完善,我今后仍会继续开展相关研究工作,这也会成为本人加强学习、持续努力的动力与方向。

最后,还要感谢左公,左公凭借自己的真才实学和责任担当,成为晚清的一名践行实干家,他的修身立德、他的实践行为、他的民族大义、他的爱国精神给我以极大的教育与鼓舞。此外,也要感谢刘泱泱先生、王纪卿先生、杨东梁教授、孙占元教授、马啸教授、沈传经教授,读文犹见人,你们的研究成果给予我莫大的启迪和帮助。这部专著获得了浙江旅游职业学院的专项资助,也获得了浙江大学出版社的出版支持,在此一并表示诚挚的谢意!